中国旅游职业教育年度报告

（2021—2022年）

全国旅游职业教育教学指导委员会 ◎ 编

北京·旅游教育出版社

图书在版编目（CIP）数据

中国旅游职业教育年度报告. 2021—2022年 / 全国旅游职业教育教学指导委员会编. -- 北京：旅游教育出版社，2023.12

ISBN 978-7-5637-4608-8

Ⅰ．①中… Ⅱ．①全… Ⅲ．①旅游教育－职业教育－研究报告－中国－2021-2022 Ⅳ．①F592

中国国家版本馆CIP数据核字(2023)第211493号

中国旅游职业教育年度报告（2021—2022年）
全国旅游职业教育教学指导委员会　编

策　　划	黄明秋
责任编辑	施云峰
出版单位	旅游教育出版社
地　　址	北京市朝阳区定福庄南里1号
邮　　编	100024
发行电话	（010）65778403　65728372　65767462（传真）
本社网址	www.tepcb.com
E - mail	tepfx@163.com
排版单位	北京旅教文化传播有限公司
印刷单位	北京柏力行彩印有限公司
经销单位	新华书店
开　　本	787毫米×1092毫米　1/16
印　　张	16.75
字　　数	241千字
版　　次	2023年12月第1版
印　　次	2023年12月第1次印刷
定　　价	68.00元

（图书如有装订差错请与发行部联系）

《中国旅游职业教育年度报告（2021—2022年）》编委会

编委会主任： 陶　诚
执行主编： 杜兰晓
编　者： 　王　方　　李成军　　张　帆　　陈威民　　朱倩倩　　吴雪飞
　　　　　　　刘婷婷　　张永波　　叶乐安　　蒋炯坪　　方　敏　　胡　剑
　　　　　　　叶志良　　郎富平　　陈　蔚　　夏　天　　夏嘉平　　许　静
　　　　　　　俞　盈　　李卓君　　王蕴韵　　杨　芳　　余梦露　　吴思琦
　　　　　　　王绍懿　　陈晓燕　　汪晶晶　　谢维瑾　　叶　榕　　陈　璐
　　　　　　　刘婉昆　　邵雨薇　　孟金霖　　刘娟娟　　朱若然　　高星宇
　　　　　　　徐倩文　　李　冬　　刘晓虎　　杨月其

序

党的二十大报告指出，"坚持以文塑旅、以旅彰文，推进文化和旅游深度融合发展"。这既是对我国文旅融合发展经验的高度总结，也为新时代新征程文旅深度融合发展提供了根本遵循。

旅游是人民实现美好生活的重要组成部分，文化和旅游在推动物质和精神共同富裕中担当着越来越重要的角色。为不断满足人民群众多样化、多层次、多方面的精神文化需求，文化和旅游部、浙江省人民政府联合印发《关于高质量打造新时代文化高地推进共同富裕示范区建设行动方案（2021—2025年）》，推动文化和旅游成为高质量发展建设共同富裕示范区的牵引性载体，以总结一批可复制、可推广的经验模式，使其在全国发挥引领示范作用。2021年4月，文化和旅游部发布《"十四五"文化和旅游发展规划》，同年12月国务院又印发《"十四五"旅游业发展规划》（以下简称《规划》）。可见党中央、国务院对旅游业发展的殷切关注和至深用心。《规划》提出，到2025年，旅游业发展水平不断提升，现代旅游业体系更加健全，旅游有效供给、优质供给、弹性供给更为丰富，大众旅游消费需求得到更好满足；展望2035年，旅游需求多元化、供给品质化、区域协调化、成果共享化特征更加明显。可以说，"十四五"期间及至更长时间，以文化引领旅游发展、用旅游促进文化繁荣，文化和旅游业态融合、产品融合、市场融合的优势互补必将更加突显，多元发展的合力必将更加强劲。

旅游业要实现高质量发展，旅游产品要更好地满足人民美好生活的需求，人才是最核心因素。如何在行业发展日新月异的态势下加快高素质职业人才培养是新时代对文旅人才发展提出的重大课题。如何解决"留住人才、引进人才、培育人才、提振人才、储备人才"这五大难题是未来旅游高质量发展的关键所在。而发展旅游职业教育正是解决人才问题的有效手段。文化和旅游部高度重视旅游人才队伍建设，在打造高素质专业化人才培养高地、提高人才供需匹配度、完善产教融合机制、构建科研平台和智库体系、打造高层次国际交流合作平台等方面，与相关高校特别是共建高校开展了积极的实践探索，也取得了不凡的成效。旅游职业教育作为旅游业高素质技术技能型人才培养的主阵地、文旅产教深度融合的主力军，为推动旅游产业迭代升级，促进旅游经济全面发展发挥着不可替代的重要作用，涌现了一大批有特色、有内涵、有竞争力、社会贡献度高的旅游职业院校，并逐渐形成体现行业特征、彰显中国特色的中国旅游职业教育模式，受到了越来越多的关注和认可。

为全面梳理我国旅游职业教育的发展情况，更好地总结提炼成功的经验和做法，客观分析存在的问题并为未来发展提出一些建设性意见，文化和旅游部科技教育司、全国旅游职业教育教学指导委员会委托浙江旅游职业学院牵头完成《中国旅游职业教育年度报告（2021—2022年）》（以下简称《报告》）的编撰工作。《报告》是文化和旅游部科技教育司和全国旅游职业教育教学指导委员会的一项重要工作，将为更好地推进我国旅游职业教育高质量发展提供重要参考，同时对相关政府部门、旅游职业院校、旅游行业企业的决策具有重要的建设性价值。

《报告》内容主要包括总报告、分报告和专题报告三部分。其中总报告部分对本报告编制情况、2021—2022年全国旅游职业教育总体发展情况、面临的行业新挑战及未来发展的思考等进行阐述。分报告主要对旅游高职教育、旅游中职教育，以及本科层次旅游职业教育的基本情况、特色亮点、存在的问题及未来发展进行系统梳理。专题报告主要针对2021—2022年旅游职业教育一些热点问题进行专题分析，主要包括"三教"改革、产教融合、数字化转型和助力乡村振兴发展。

文化和旅游部科技教育司高度重视报告编制工作，全程给予指导和把关。浙江旅游职业学院杜兰晓校长亲自牵头，并组织校内外大量专家参与报告编制。大家群策群力、深思熟虑、站高望远，确保了本报告结构严谨、体系完整，资料翔实、内容丰富，分析客观、对策实用。本报告的撰写也得到了中国职业技术教育学会智慧旅游职业教育专业委员会及许多旅游职业院校的大力支持和协助，在此一并表示感谢！

以此为序。

文化和旅游部科技教育司司长：陶诚

2023年12月5日

目录
CONTENTS

第一部分 总报告
中国旅游职业教育年度总报告（2021—2022 年）……………………………… 2

第二部分 分报告
中国旅游高职教育年度报告（2021—2022 年）…………………………………… 24
中国旅游中职教育年度报告（2021—2022 年）…………………………………… 65
中国本科层次旅游职业教育报告（2021—2022 年）……………………………… 103

第三部分 专题报告
中国旅游高职教育"三教"改革报告（2021—2022 年）………………………… 126
中国旅游职业教育产教融合发展报告（2021—2022 年）………………………… 163
中国旅游高职院校数字化转型发展报告（2021—2022 年）……………………… 196
中国旅游职业教育助力乡村振兴发展报告（2021—2022 年）…………………… 226

第四部分 附录
图表目录………………………………………………………………………………… 250

第一部分

总报告

中国旅游职业教育年度总报告
（2021—2022 年）[①]

近年来，旅游职业教育面临的行业背景和职业教育发展政策环境出现了前所未有的新变化，最为突出的是大数据、云计算、人工智能等技术加速应用，文旅融合、旅游业跨界融合深入推进，旅游新业态层出不穷，旅游业转型升级加紧推进。与此同时，国家出台了一系列职业教育发展政策，为职业教育快速发展注入了强大动力。例如，2019 年国务院颁布的《国家职业教育改革实施方案》，教育部、财政部发布的《关于实施中国特色高水平高职学校和专业建设计划的意见》；2022 年 12 月，中共中央办公厅、国务院办公厅印发《关于深化现代职业教育体系建设改革的意见》，就产教融合提出"打造市域产教联合体""打造行业产教融合共同体"等重要意见。

在这样的大背景下，为满足旅游业对旅游人才培养的新需要，落实国家相关职教政策文件精神，各旅游职业院校在学校治理、人才培养、"三教"改革、产教融合等方面都进行了改革与创新，取得了一些有益经验。为全面梳理我国旅游职业教育发展现状，总结实践探索中的经验亮点，找出发展中的问题，提出对策建议，文化和旅游部科技教育司委托浙江旅游职业学院牵头，联合杭州市旅游职业学校等全国相关旅游职业院校，编制《中国旅游职业教育年度报告（2021—2022 年）》，以期为进一步推动我国旅游职业教育高质量发展提供数据支撑和智力支持。

[①] 总报告负责人：李成军，浙江旅游职业学院高职研究所所长，博士，教授。成员：徐倩文，浙江旅游职业学院，助教；高星宇，浙江旅游职业学院，助教。

一、编制基本情况

（一）研究意义

1. 为政府部门宏观决策提供数据支持

编制组通过广泛收集各方面资料，掌握各层次旅游职业院校发展基本情况数据，全面梳理和分析我国旅游职业教育现状、问题及发展趋势，客观呈现2021—2022年中国旅游职业教育的概貌，为相关政府部门从宏观上把握旅游职业教育发展的总体情况、问题及发展趋势提供参考。

2. 为各相关院校旅游类专业发展提供经验借鉴

编制组期望通过对各层次旅游职业院校有关教育教学改革的经验进行总结，筛选一批代表性经典案例，为相关院校推进教育教学改革提供借鉴。

3. 为旅游行业企业促进产教融合、校企合作提供参考

编制组期望通过翔实数据、典型案例，为旅游行业企业全面了解旅游职业教育发展现状，进一步推进产教融合，开展校企合作育人提供参考。

（二）编制说明

1. 研究对象

本报告所指的"旅游职业院校"是根据教育部《中等职业教育专业目录》《高等职业教育专科专业目录》招收旅游大类专业学生的中职学校和高职院校。其中，招收《中等职业教育专业目录》旅游大类专业学生的中职学校简称为旅游中职学校，招收《高等职业教育专科专业目录》旅游大类专业学生的高职院校简称为旅游高职院校。高职旅游大类共计18个专业，中职旅游大类共计9个专业。本报告所指的本科层次旅游职业教育主要包括两部分：一是旅游高职院校与普通本科高校旅游类专业共同招生，共同进行人才培养和管理的旅游职业教育；二是职业本科旅游大类专业教育，即招收职业本科旅游大类专业的高职院校（以下简称旅游职业本科院校）所举办的旅游职业教育。根据2021年教育部颁布的专业目录，职业本科旅游大类共计4个专业。目前招收旅游职业本科专业的院校较少。

2. 时间范围

本报告所收集资料的范围以2022年为主，涉及2021年。

（三）数据来源

本报告所有数据来源主要有以下几个方面。

1. 问卷调查

（1）旅游职业院校。调查内容主要包括旅游中职学校和旅游高职院校的教学改革、师资、招生、就业、社会服务、科研、国际化等方面情况。通过发函、电话等方式将调查问卷发给各相关旅游中职学校和旅游高职院校，并通过"问卷星"历时2个多月进行数据收集，回收旅游高职院校有效问卷156份，旅游中职学校有效问卷321份。回收问卷涉及31个省（自治区、直辖市）。

（2）旅游职业院校教师。调查内容主要包括旅游高职院校"三教"改革、师资队伍建设等方面情况。通过"问卷星"共计回收有效问卷291份，涉及31个省（市、自治区）。

（3）旅游企业。调查内容主要包括产教融合基本情况、成本收益情况等。调查对象为全国相关旅游企业，通过"问卷星"共计回收357份有效问卷，涉及31个省（自治区、直辖市）。

2. 院校官网数据

通过"八爪鱼"收集共计323所旅游高职院校官网新闻报道相关信息12 729条，通过编写程序进行有效筛选，共计获得有效数据6627条，涉及31个省（自治区、直辖市）及港澳台部分院校。

3. 教育部数据

主要来源为教育部"全国职业高等院校人才培养工作状态数据采集与管理平台"统计数据（以下简称教育部数据），共计981所旅游高职院校，内容包括在校生数、专任教师数等9项基本数据。其中部分数据项有部分院校未填写。

4. 典型案例

通过收集旅游职业院校专业建设、"三教"改革、产教融合、乡村振兴、数字化转型等方面的典型案例，总结归纳旅游职业教育的进展和值得借鉴的做法。

二、全国旅游职业教育概况

（一）旅游高职教育

1. 院校数量

截至 2022 年 9 月，全国旅游高职院校共 1097 所（含招收高职专科旅游大类专业的普通本科院校），占全国高等学校总数（含普通高等学校和成人高校）的 36.41%。其中，华东地区数量最多，共 324 所，华中、西南、华北、华南四地区别为 188 所、167 所、131 所和 116 所，西北（90 所）和东北（81 所）最少。

2. 在校生数量

2022 年全国共有 974 所旅游高职院校填写"全国职业高等院校人才培养工作状态数据采集与管理平台"旅游大类全日制在校学生数。根据该平台统计结果，2022 年旅游高职院校旅游大类全日制在校学生数共计 43.0978 万人。其中，华东地区在校生规模最大，共 13.8692 万人，占全国总数的 32.18%；其次是西南地区，共 7.4213 万人，占比 17.22%；东北地区在校生规模最小，为 2.3382 万人，占比 5.43%；东北、西北和华北三个区域全日制在校学生总数比华东地区少 4.8333 万人，占比少 11.21%；华中、华南、西南三地区相对均衡。

旅游高职院校旅游大类全日制在校生规模排名前五的省份依次为广东、山东、江苏、河南和浙江。旅游高职院校旅游大类全日制在校生规模排名前十的院校依次为浙江旅游职业学院（8654 人）、郑州旅游职业学院（6028 人）、江苏旅游职业学院（5916 人）、山东旅游职业学院（5211 人）、青岛酒店管理职业技术学院（4862 人）、南京旅游职业学院（4028 人）、江苏联合职业技术学院（3263 人）、辽宁现代服务职业技术学院（3183 人）、长沙商贸旅游职业技术学院（3164 人）、黑龙江旅游职业技术学院（2889 人），10 所旅游高职院校在校生共计 4.7198 万人，占全国旅游职业院校在校生比重为 10.95%。

（二）旅游中职教育

1. 学校数量

2022 年全国旅游中职学校共有 2436 所。根据教育部数据，2022 年全国中等职业学校（不含技工院校）数量为 7201 所，旅游中职学校在其中占比 33.82%。

2. 专业开设数量

全国旅游中职学校开设高星级饭店运营与管理专业的有 901 所，占比 36.9%；开设旅游服务与管理的有 1544 所，占比 63.4%；开设导游服务的有 80 所，占比 3.3%；开设茶艺与茶营销的有 55 所，占比 2.3%；开设会展服务与管理的有 30 所，占比 1.2%；开设康养休闲旅游服务的有 85 所，占比 3.5%；开设西餐烹饪的有 197 所，占比 8%；开设中餐烹饪的有 1067 所，占比 43.8%；开设中西面点的有 190 所，占比 7.8%。

（三）本科层次旅游职业教育

目前我国本科层次旅游职业教育主要包括以下两个方面。一是职业大学开办的旅游本科层次职业教育。截至 2022 年 12 月，我国 11 所职业本科主要开办了旅游管理和酒店管理两个专业。① 二是高职与普通（应用型）本科合作开设旅游大类本科专业的院校目前查到共有 29 所，2022 年招收学生 1818 人，主要为旅游管理和酒店管理专业。

三、旅游职业教育年度热点话题分析

本部分以"八爪鱼"收集到的 323 所职业院校 6627 条新闻报道相关数据为来源，通过"话题密度"指数，对 2022 年度热点话题关注情况进行分析，以梳理各旅游高职院校对相关教育政策的响应情况及其发展状况。

（一）话题密度指数概念

话题密度指的是一个话题当中所有文献涉及该话题讨论的频次，主要以关键词搜索结果的频次为指标。本报告对所有话题讨论采用两级编码，一级话题数为该话题所有二级话题频次数量之和。二级话题数为一级话题之子话题数总和，为该话题所有关键词频次数量之和。话题密度指数公式如下所示。

$$X_{话题密度指数} = \frac{X_{原始} - X_{原始平均}}{\sigma_{原始}}$$

其中，"$X_{原始}$"为话题频次，"$X_{原始平均}$"为话题频次之平均数；"$\sigma_{原始}$"为话题标准差。

---

① 尚未找到相关院校招生数等数据。

（二）话题密度指数分析

通过对 2022 年度旅游高职院校相关新闻资讯进行文本聚类分析，共生成 16 项一级话题，分别是人才培养、产教融合、教学改革、师资队伍、思政教育、招生就业、社会服务、课程建设、科研、抗疫、专业建设、院校管理、学生管理、学校发展、数字化转型、国际化（图 3-2-1）。每项一级话题下面还有若干二级话题。二级话题共计 52 项。

1. 话题密度总体情况

由图 3-2-1 可知，2022 年，旅游高职院校所涉及的 16 个一级话题中，人才培养话题密度指数最高，为 1.612。密度指数在 1 以上的话题有 3 个，占比 18.75%，分别为人才培养（1.612）、产教融合（1.588）、教学改革（1.207），其话题密度占所有话题的 34.90%。这些话题在当前旅游高职院校中讨论度最高。话题密度指数在 0~1 之间的有 4 个，占比 25.00%，分别为师资队伍（0.939）、思政教育（0.815）、招生就业（0.759）和社会服务（0.476），其话题密度占所有话题的 35.95%。话题密度指数小于 0，意味着话题讨论度低于平均值，共有 9 个话题。这些话题数占话题总数的 56.25%，话题密度仅占 29.15%，分别是课程建设（-0.265）、科研（-0.371）、抗疫（-0.665）、专业建设（-0.755）、院校管理（-0.860）、学生管理（-0.903）、学校发展（-1.053）、数字化转型（-1.179）、国际化（-1.343）。

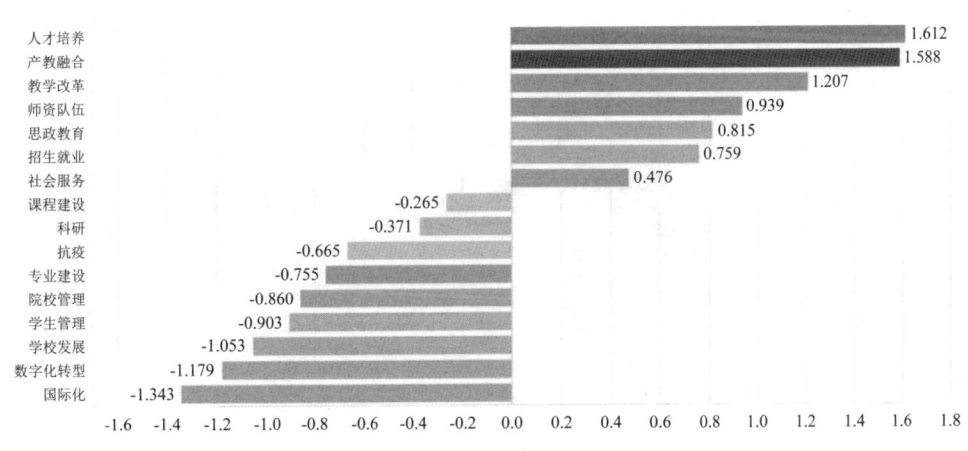

图 3-2-1　一级话题密度指数分布

在二级话题中，共有 2 个话题的密度指数大于 3，具有较为显著的讨论度，分别是就业（3.048）、校企合作（3.040）（图 3-2-2）。其中，讨论度最高的话题是就业。2021 年 8 月，国务院印发了《"十四五"就业促进规划》，明确提出了就业优先战略，以及更加充分和更高质量的就业目标。就业的高讨论度既表明了高职院校旅游专业的人才培养导向，也表明疫情背景下，旅游高职院校在关注学生创业就业方面做了大量工作。在52个二级话题中，除就业、校企合作外，还有4个话题密度指数高于1，占比11.54%，分别是红色文化传承（2.925）、课堂教学（1.594）、人才培养模式（1.466）、课程（1.227）。以上6个话题密度在52个话题中占比达到38.08%。

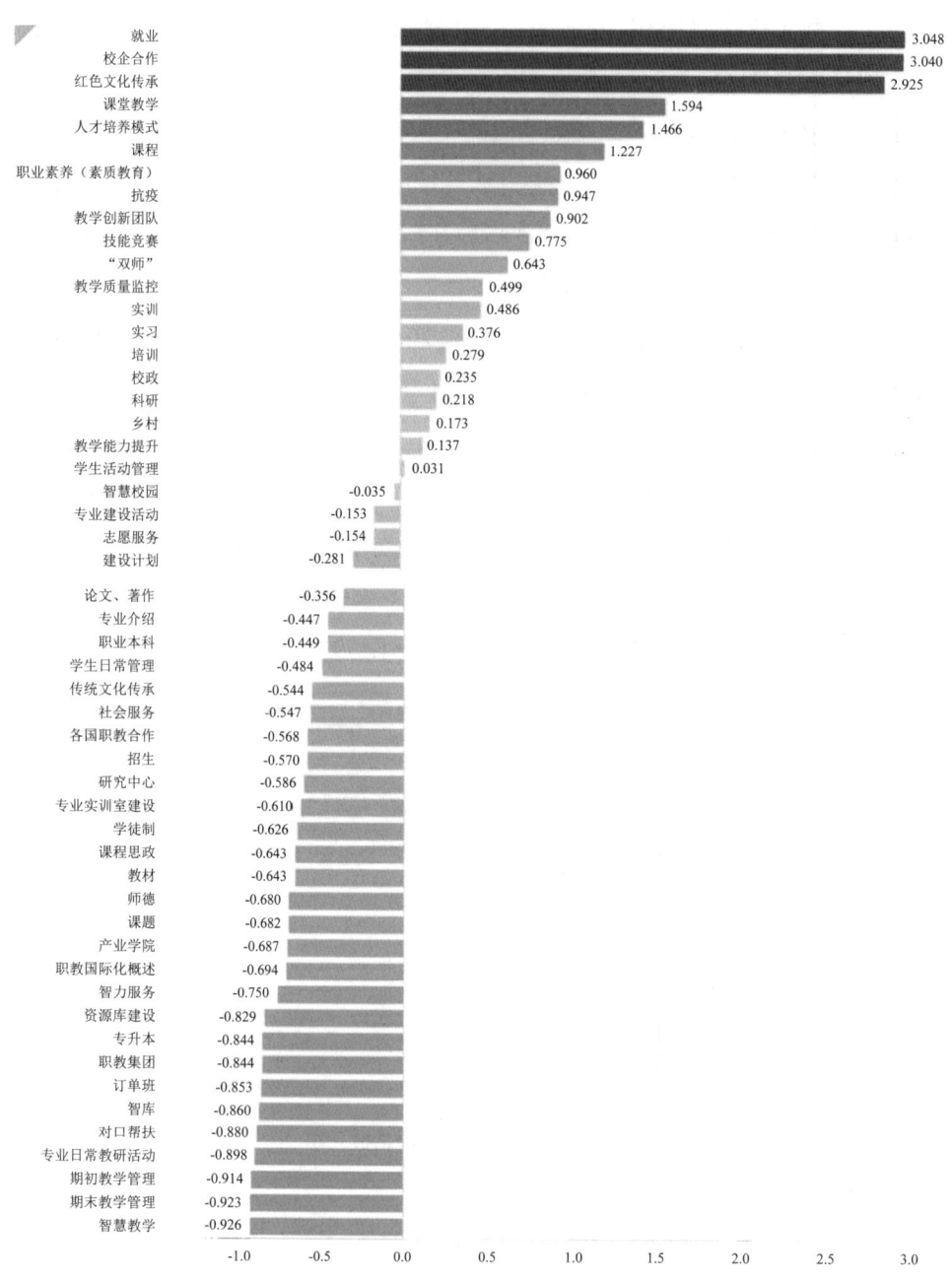

图 3-2-2 二级话题密度指数分布

其中，红色文化传承话题主要包括思政教育、课程思政、红色文化、"三全育人"、立德树人、爱国主义、党的二十大精神、雷锋精神、红船精神等内容。党中央、国务院非常重视大学生思想政治教育,颁布了系列政策文件,主要如中共中央、国务院2017年印发的《关于加强和改进新形势下高校思想政治工作的意见》和2019年印发的《关于深化新时代学校思想政治理论课改革创新的若干意见》,以及教育部2020年印发的《高等学校课程思政建设指导纲要》等。从数据来看,这些政策文件在旅游职业院校得到了很高的响应。

有关课堂教学话题主要涉及课堂教学比赛、线上教学、公开课、云课堂、教学研讨等话题。课堂教学话题讨论度较高,很大一部分原因在于当前教育部门对"三教"改革的重视。代表性政策文件如2020年,教育部等部门发布的《职业教育提质培优行动计划(2020—2023年)》提出实施职业教育"三教"改革攻坚行动,提升教师"双师"素质,加强职业教育教材建设,提升职业教育专业和课程教学质量。"三教"改革话题中,教师话题关注度也较高,其中教学创新团队话题密度指数为0.902,"双师"为0.643,显示旅游高职院校对"三教"改革相关政策文件的响应较为积极。

值得注意的是,产教融合话题内部的话题密度差距最大,差值为3.893,各话题受关注度并不均衡。二级话题校企合作的话题密度指数为3.040,话题密度较为显著、讨论度较高,而其余各二级话题的讨论度较低,包括校政(0.235)、学徒制(-0.626)、产业学院(-0.687)、职教集团(-0.844)、订单班(-0.853)。

2. 话题密度区域分布

按照区域进行话题密度分析,结果如下所示。

东北地区话题密度指数大于1的讨论度较高的一级话题有2个,分别是产教融合(2.986)、招生就业(1.297)(图3-2-3)。二级话题中,话题密度指数最高的是校企合作(5.226),其次是就业(3.575),东北地区话题密度分布不均,这两个话题的话题密度占全部52个二级话题的32.86%。

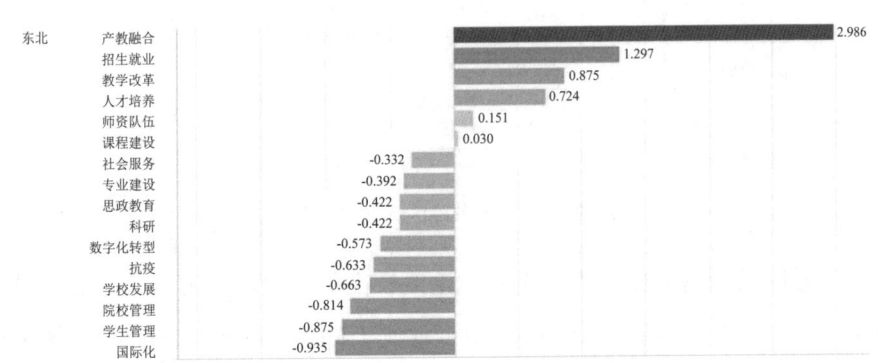

图3-2-3 东北地区话题密度指数

华北地区话题密度指数大于1的讨论度较高的一级话题有4个，分别是产教融合（1.771）、思政教育（1.414）、人才培养（1.250）、教学改革（1.087）（图3-2-4）。话题密度指数大于3，受关注度较高的二级话题有2个，分别是红色文化传承（3.720）、校企合作（3.197）。

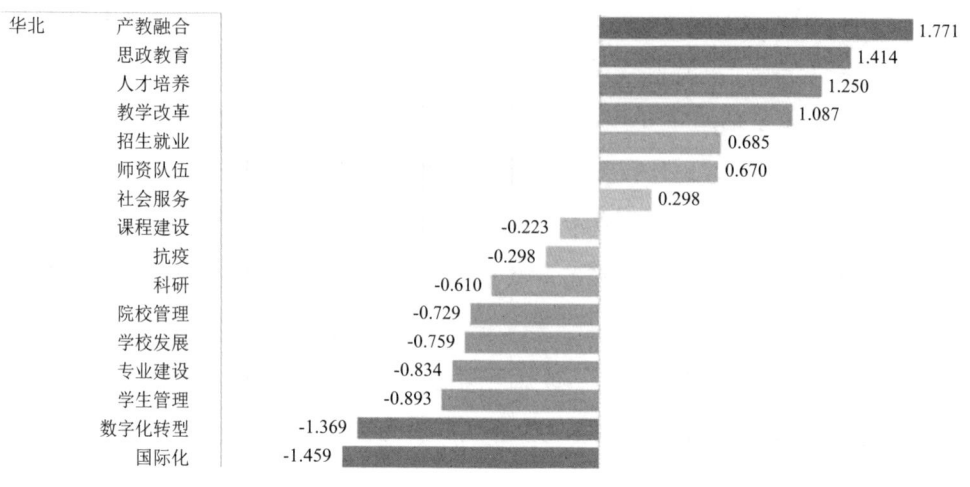

图 3-2-4　华北地区话题密度指数

华东地区话题密度指数大于1的讨论度较高的一级话题有3个，分别是人才培养（1.552）、产教融合（1.525）、教学改革（1.325）（图3-2-5）。话题密度指数大于3，受关注度较高的二级话题是红色文化传承（3.201）。

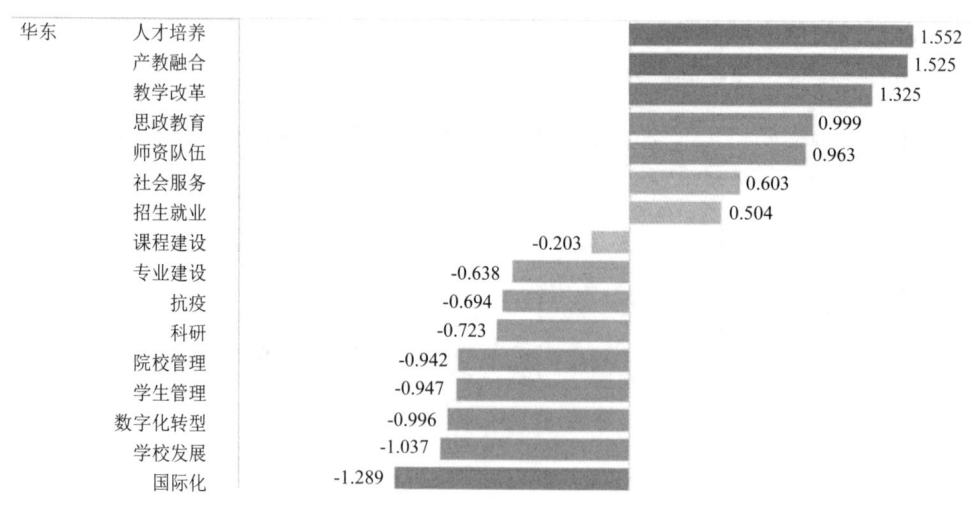

图 3-2-5　华东地区话题密度指数

华南地区话题密度指数大于1的讨论度较高的一级话题有3个，分别是产教融合（1.654）、人才培养（1.545）、招生就业（1.103）（图3-2-6）。话题密度指数大于3，受关注度较高的二级话题是就业（3.659）。

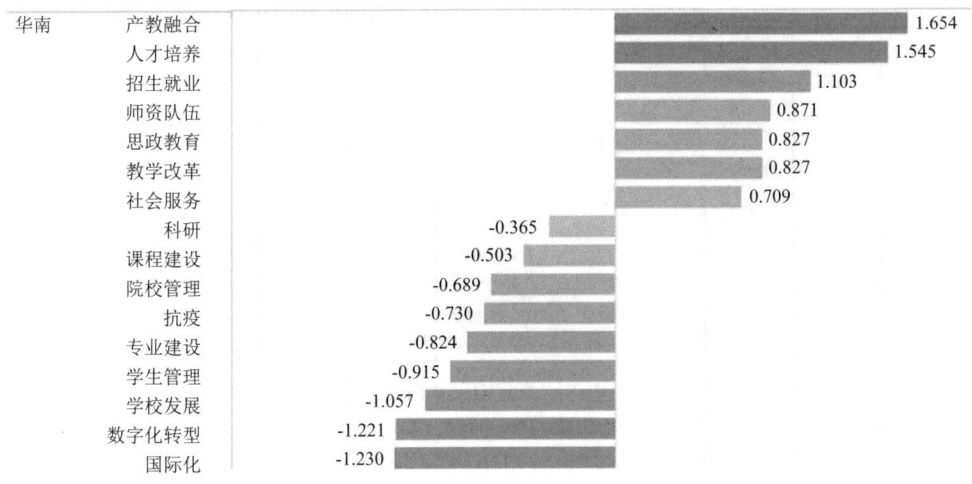

图 3-2-6　华南地区话题密度指数

华中地区话题密度指数大于1的讨论度较高的一级话题有5个，分别是教学改革（1.568）、产教融合（1.241）、人才培养（1.185）、招生就业（1.117）、思政教育（1.095）（图3-2-7）。话题密度指数大于3，受关注度较高的二级话题是红色文化传承（3.250）和就业（3.184）。

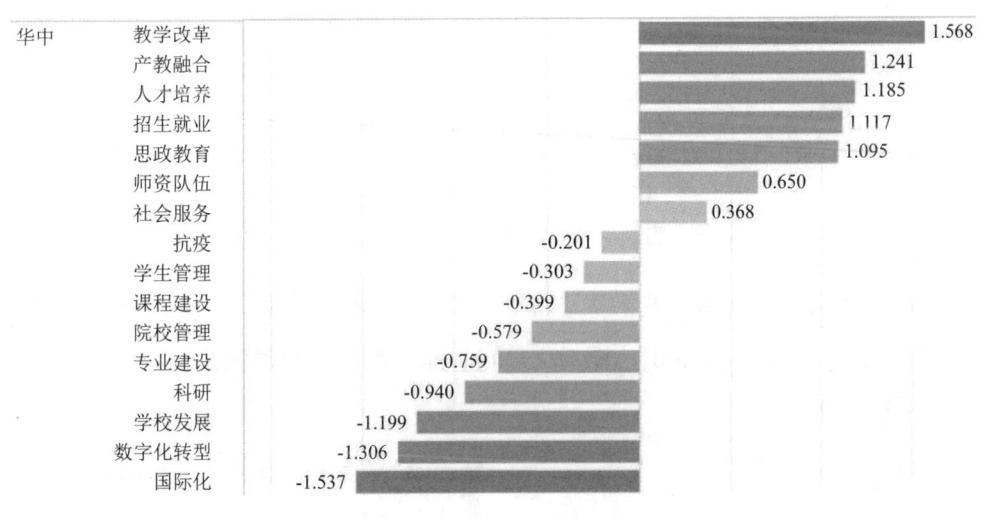

图 3-2-7　华中地区话题密度指数

西北地区话题密度指数大于1的讨论度较高的一级话题有3个，分别是教学改革（1.970）、人才培养（1.569）、产教融合（1.346）（图3-2-8）。二级话题中话题密度指数大于3，受关注度较高的话题是校企合作（3.205）。

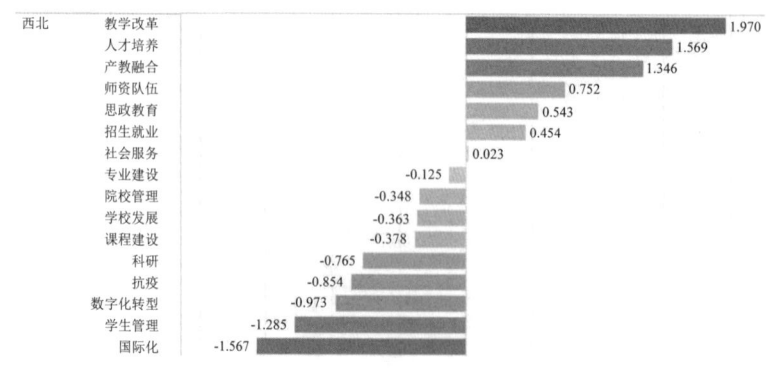

图 3-2-8　西北地区话题密度指数

西南地区话题密度指数大于1的讨论度较高的一级话题有4个，分别是人才培养（2.020）、教学改革（1.516）、师资队伍（1.124）、产教融合（1.124）（图3-2-9）。二级话题中受关注度较高的话题是校企合作（2.939）和就业（2.834）。

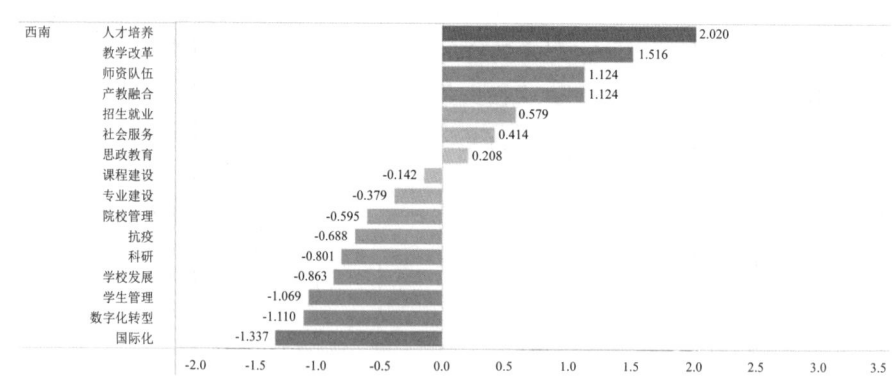

图 3-2-9　西南地区话题密度指数

港澳台地区话题密度指数大于1的讨论度较高的话题有2个，分别是科研（2.994）和人才培养（1.260）（图3-2-10）。话题密度指数最高的二级话题是职业素养（2.929）。

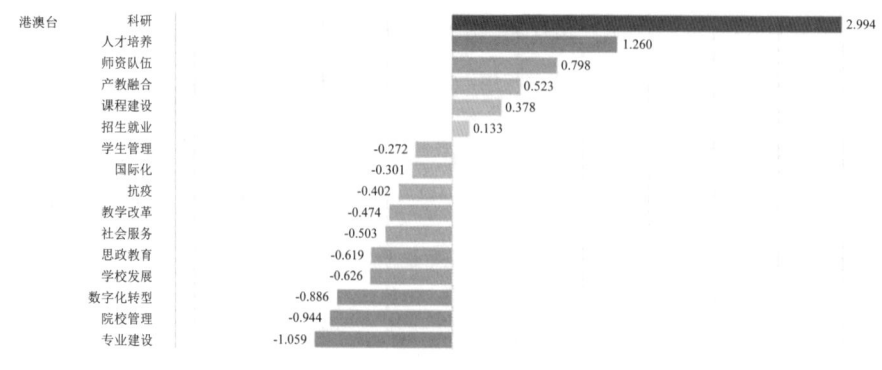

图 3-2-10　港澳台地区话题密度指数

总体来看，华东地区在各个话题的讨论度上贡献较为突出，总体话题密度贡献率占43.10%，其次是华南地区，占比22.37%。华北、华中、西南地区均有4个以上高密度的一级话题。这表明，这三个地区话题关注度较为均衡。东北、华北、华南地区话题密度指数最高的话题是产教融合。华东、西南地区话题密度指数最高的话题是人才培养。华中、西北地区话题密度指数最高的话题是教学改革。港澳台地区话题密度指数最高的话题是科研。在二级话题中，除港澳台地区以外，校企合作和就业两个二级话题在其余各个地区的话题密度均较为显著。红色文化传承在华北、华东、华中地区的话题密度指数较高。

各地区也存在关注不足或缺乏关注的话题。东北地区二级话题的话题密度指数差距在全国各地区中差距最大，各话题间的讨论度不均衡，校企合作受关注程度最高，而国际化相关讨论极少。华北地区在二级话题中，缺少对于对口帮扶的讨论。西南地区对智库缺乏关注。在港澳台地区，产教融合话题中除校企合作与校政受关注外，其余二级话题均未发现相关讨论，对专业建设的关注度较低。

四、中国旅游职业教育面临的新挑战

（一）国家有关政策对旅游职业教育体系建设提出了明确要求

为了推动建立完善的现代职教体系，国家相继于2010年颁布了《国家中长期教育改革与发展规划纲要（2010—2020年）》，2014年颁布了《国务院关于加快发展现代职业教育的决定》和《现代职业教育体系建设规划（2014—2020年）》。这些政策文件提出了建立相互衔接的现代职业教育体系的设想。就职业教育的办学类型而言，《现代职业教育体系建设规划（2014—2020年）》提出，"职业院校同时开展学历职业教育和非学历职业教育，满足行业、企业和社区的多样化需求"；就职业教育的层次结构，提出职业教育体系包括初等职业教育、中等职业教育和高等职业教育，其中高等职业教育要求"在办好现有专科层次高等职业学校的基础上，发展应用技术类型高校，培养本科层次职业人才"等。[①]2019年，国务院印发的《国家职业教育改革实施方案》提出"开展本科层次职业教育试点"。2022年新修订的《中华人民共和国职业教育法》（以下简称《职业教育法》）提出"职业学校教育和职业培训并重，职业教育与普通教育相互融通，不同层次职业教

---

① 教育部等六部门关于印发《现代职业教育体系建设规划（2014—2020年）》的通知。

育有效贯通，服务全民终身学习的现代职业教育体系"。这些文件是旅游职业教育体系建构的基本依据。按照这些文件的要求，旅游职业教育体系应该包括中职、高职、本科等层次，且学历教育应该与非学历教育并重。但实际上，旅游职业教育体系存在以下两方面短板。

1. 非学历职业教育远不能满足旅游行业需求

目前旅游职业教育体系主要包括旅游中职学校和旅游高职院校等学历教育，非学历教育项目较少，且主要为旅游行业人才培训。目前，旅游人才培训的主力是旅游中职、高职院校，尤其是旅游高职院校发挥了不可替代的作用。调查显示，目前，无论旅游中职院校还是旅游高职院校都难以满足旅游行业对人才培训的需求。根据编制组问卷调查，大部分旅游高职院校学生规模比较小，其中学生年招生数在100人以下的学校占23.73%，100~200人的占23.16%，201~600人的占31.64%，三者共计78.53%。学生规模小，则师资数量也普遍少，在满足基本教学和学生管理外，难以兼顾旅游行业人才培训等社会服务。旅游高职院校主要分布于省会城市和地级市，教育资源下乡存在一定难度。而一般地市的旅游高职院校由于学生规模更小，师资力量薄弱，更是难以有效承担大量旅游人才培训等社会服务工作。可以说，目前旅游职教体系注重学历教育，非学历的职业教育发展不够，这不是个别现象，而是一种体制性短板。

2. 职业本科教育是旅游职业教育体系的薄弱环节

自国家相关政策文件提出举办职业本科教育以后，2021年教育部公布《职业本科专业目录》。根据该目录，旅游大类包括"旅游管理""酒店管理""旅游规划与设计""烹饪与餐饮管理"四个专业，为旅游职业本科专业体系的建立奠定了基础。根据教育部数据，2021年全国职业本科招生4.14万人。[①]

旅游职业教育体系主要包括中职、高职（专科），目前有2所由旅游高职高专院校升格的旅游本科院校，如由四川烹饪高等专科学校于2013年升格的四川旅游学院，由桂林旅游高等专科学校于2015年升格的桂林旅游学院。这2所升格的旅游本科院校的办学定位均为"普通本科高校"。目前，虽然已经有部分职业本科院校开始举办职业本科教育，但是数量比较少，独立建制的旅游高职院校尚无一所举办旅游类职业本科专业。可见，目前职业本科教育仍然是旅游职业教育体系的最薄弱环节，需要在未来的旅游职教体系建设中加以完善。

---

① 《2021年全国教育事业发展统计公报》。

（二）旅游业转型升级对旅游人才培养带来新需求

由于新技术的广泛应用及文旅融合的深入推进，当前旅游业面临重要的转型升级，并由此对旅游人才培养提出新要求。

1. 新技术的广泛应用引发的旅游人才新需求

2022年1月，《"十四五"旅游业发展规划》提出"推进智慧旅游发展"，具体包括加快推动大数据、云计算、物联网、区块链及5G、北斗系统、虚拟现实、增强现实等新技术在旅游领域的普及，以科技创新提升旅游业发展水平。尤其随着数字技术在旅游业中的广泛应用，旅游业数字化、网络化、智能化转型升级开始加速推进。一是随着数字技术在旅游经营管理过程中的应用，智慧景区、智慧酒店、云端旅游开始出现，旅行社、旅游饭店、旅游景区等旅游企业开始推动业务流程再造，推动管理和经营数字化，促使服务效率和管理水平得以提高。二是随着数字技术在旅游公共服务过程中的广泛使用，旅游公共信息服务平台、舆情监测情报系统和突发事件应急系统等将建立起来，推动信息化管理，实现旅游业的适时管理、动态管理、精确管理。三是随着机器人的广泛应用，旅游企业为了降低人工成本，一些岗位不可避免被机器人替代。相应地，新技术的应用推动了旅游企业的迭代升级。2022年文化和旅游部组织开展智慧旅游创新企业和项目遴选，10家企业入选"2022智慧旅游创新企业"，20个项目入选"2022智慧旅游创新项目"，为发展智慧旅游提供示范标杆。新技术的广泛应用，对于旅游业发展产生了深刻的影响。

新技术的应用将对职业院校旅游人才培养提出新的需求。2021年浙江省76家旅游企业的抽样调查显示，43.48%的旅游企业认为旅游人才新需求在于"微信公众号等新媒体运营人才"，36.23%认为是"智慧旅游技术人才"；37.68%认为当前旅游企业最紧缺的高层次人才是"适应新媒体时代的营销人才"，36.23%认为是"文旅融合的中高层管理人才"，认为是"旅游投资项目管理人才"的占10.14%，认为是"掌握新技术的技术人才"和"高技能人才"的占7.25%等。

2. 文旅融合的深入推进引发旅游人才新需求

2022年1月，国务院颁布的《"十四五"旅游业发展规划》提出"要求坚持以文塑旅、以旅彰文，推进文化和旅游融合发展。同时，要充分发挥旅游业在传播中国文化、展示现代化建设成就、培育社会主义核心价值观方面的重要作用"。2022年12月，文化和旅游部、自然资源部、住房和城乡建设部联合印发《关于开展国家文化产业和旅游产业融合发展示范区建设工作的通知》，要求开展国家文化产业和旅游产业融合发展示范区建设工作。可见，文旅融合工作已经成为推动旅游业发展的重要抓手。同样，文旅融合发展也对旅游人才培养提出了新的要求。一是文旅融合引发的人才人文素养要求的提高。文化与旅游的融合，关键是两者在旅游"吃住行游购娱"各个要素、各个环节的融合。对于旅游人才而言，仅仅掌握旅游知识和相关技能远远不够，需要将旅游知识和相关技能与人文素养融合在一起。但是，目前旅游人才人文素养的不足，严重困扰文旅融合的深入推进，如很多景区运营管理在挖掘文化场景方面存在不足，一些革命根据地景区、历史文化景区等尚未提炼出其文化底蕴，文化氛围和文化品质相对不足等。其直接原因在于旅游人才的人文素养不足。要满足旅游业新要求，对于旅游职业院校而言，旅游人才培养不能仅强调旅游知识和职业技能，还需加强文旅两方面素质的融合。二是文旅融合引发的旅游人才岗位新需求。《"十四五"旅游业发展规划》提出要"充分结合文化遗产、主题娱乐、精品演艺、商务会展、城市休闲、体育运动、生态旅游、乡村旅游、医养康养等打造核心度假产品和精品演艺项目，发展特色文创产品和旅游商品，丰富夜间文化旅游产品"。文旅融合产品设计、营销等都需要专门的旅游人才，文旅产品和项目设计、营销、管理等也需要旅游职业院校，尤其是旅游高职院校及时跟进相关人才培养。再如，博物馆、美术馆、文化馆、图书馆等"四馆"及旅游演艺、非遗、动漫等方面的文旅融合产品开发人才的培养等，都需要旅游职业院校加大培养力度。

（三）数字化设施改善对旅游职业院校治理提出了更高要求

2017年，教育部颁布《关于进一步推进职业教育信息化发展的指导意见》，对职业院校信息化建设提出了具体要求，包括提升职业教育信息化基础能力，推动优质数字教育资源共建共享，加快管理服务信息平台建设与应用，深化基于信息技术的教育教学模式创新，提升师生和管理者信息素养等。这些要求概括起来主要包括三个方面内容，即基础设施建设、师生信息素养、信息化教学改革，对于职业院校信息化的建设具有重要指导作用。2020年《职业院校数字校园规范》（修订）出台，对于师生信息素养、数字资源建设、校园管理数字平台建设、信息化教育教学等方面提出了具体规范。全国职业院校积极贯彻落实相关文件精神，在数字化校园建设方面取得了重要的成绩。据调查，截至2021年，高职院校校园网覆盖率达到99.3%，79.9%的高职院校已建设虚拟仿真实训教室等。[①] 根据本报

---

① 郭日发，杨成明，李梦，等.数字化转型背景下高职院校信息化教学的成效、问题及建议——来自28省226所高职院校的调查[J].中国高教研究，2023（6）：101-107.

告的调查数据，2022年，旅游高职院校中接入互联网的学校占比接近100%，其中68.25%的院校实现了有线、无线网络全覆盖；校均多媒体教室占学校教室的比例为68.93%，其中20.63%的院校多媒体教室占学校教室比例达到100%；84%以上的旅游高职院校构建了统一身份认证中心，实现校园业务系统一个账号、一个密码、单点登录、应用漫游；旅游高职院校87%以上的学校建立了信息门户，其中77.78%的院校通过信息门户或网上办事大厅实现了信息系统与应用集中呈现、一网通办等。

随着数字化硬件设施的完善，职业院校数字化建设进入了一个新阶段，即对于院校治理的数字化提出了更高要求。如何适应新的要求，进一步提升治理效能，成为旅游职业院校面临的紧迫任务。

1. 对治理主体多元协同提出了更高要求

数字技术带来的便捷性、移动性、实时性、广泛性等特征，让旅游职业院校的治理过程能够将以人为主体的生物世界、以物为主体的物理世界和以数字化为主体的数字世界进行融合，形成立体信息交互维度，通过智能化、移动化、扁平化、共享化，让生物、物理和数字三个维度的信息交互以多边互动的形式存在，让线上数据的虚拟性和现实世界场景交流的现实性实现耦合，让院校治理同时具备虚拟和现实的双重边界，从而能够使时间掣肘、空间限制得到突破。

治理边界的拓展，对治理主体的多元协同提出了更高要求。数字空间所具有的超越物理时空的特点，使得原本不可能同时"在场"的治理主体在数字空间中同时"在场"成为可能，从而为院校管理过程中多元治理主体即时参与数字空间提供可能。相应地，也对旅游职业院校推动多元主体，包括校内的各个部门、校企、校政等协同参与院校治理提出了更高要求。

2. 对完善治理运行机制提出了更高要求

随着各项设施设备的数字化程度的提升，旅游职业院校各部门日常运行的数字化、智能化程度也相应提高，运行过程中数据生产量持续增多、数据运用需求持续加大和数据管理业务日趋增多。但目前，很多旅游高职院校不同部门之间的数据和信息往往由于格式不同等各种现实问题而无法兼容，不同部门之间无法互相提取数据，形成"数据孤岛"现象。如何整合这些数据，破除数据孤岛现象等都对旅游职业院校治理机制建设提出了新的要求。

数字时代为旅游职业院校带来广泛的数字化应用场景的同时，也带来了海量数据资源。这些数据是旅游职业院校治理创新中重要的数据资源。把数据资源转化为治理过程中破解信息不对称难题的抓手及刻画治理过程中所面对的人、事、物的数据画像，让数字技术延伸出的数据资源真正成为职业院校数字赋能治理创新的数据驱动，是职业院校数据治理的关键所在，也是提升数字化治理成效的关键所在。这就需要旅游职业院校转变治理思想，并把数据治理作为推动旅游职业院校治理现代化变革的核心手段与驱动力量。对于旅游职业院校而言，如何将数字化应用和数字化数据进行资源整合，形成由数字应用到数据治理的治理创新，这是一个时代的使命。

五、中国旅游职业教育未来发展思考

为适应旅游职业教育发展的新需求，我们认为，旅游职业教育要在以下几个方面做出努力。

（一）补齐旅游职业教育体系短板

1.强化非学历职业教育

强化非学历职业教育短板既是满足旅游行业对人才培训需求的重要措施，也是未来应对生源可能大幅减少的重要举措。根据国家统计局数据，2003年新生人口1599万，到2021年新生儿降为1062万，2022年首次跌破1000万，为956万。[①]2021年高校招生规模1001.315万[②]，占2003年出生人口的62.62%。很明显，按照2021年高校招生规模，到2039年，即2021年新生儿进入高校就学的时间，适龄人口数与高校招生人数已经接近，而2040年，适龄人口数已经少于高校招生规模。在这样的情境下如何突破生源困境，将是职业院校生存的首要问题。其中，加大非学历职业教育和培训的招生，将是关键的突破口。

另外，从世界职业教育发展情况看，强化非学历职业教育符合普遍规律。世界上很多国家的职业教育主要指非学历的职业教育培训。例如，欧盟所谓职业教育主要指的是VET（Vocational Education and Training），即旨在向人们提供能够适用于劳动力市场的技能和能力的教育与培训。[③]在欧盟内，职业教育与培训一般包括初始职业教育与培训（Initial Vocational Education and Training，IVET）和继续职业教育与培训（Continuing Vocational Education and Training，CVET或VET）。要满足非学历职业教育的需要，旅游职业院校需要进行转型，在现有继

---

① 数据来源：国家统计局2021—2022年发布的国民经济和社会发展统计公报。
② 数据来源：教育部2021年教育统计数据——全国基本情况。
③ 荀顺明.欧盟职业教育政策研究［D］.重庆：西南大学，2013：7.

续教育体系的基础上进行重构，建立类似于澳大利亚TAFE（Technical And Further Education）的教育机构，举办各类中长期教育培训。

由此，旅游职业院校需逐渐形成学历教育和非学历教育两个不同系统，类似于研究型本科高校的本科生院和研究生院，现有通过高考录取的高职学生进入学历学院学习，合格后颁发大专或本科等高等教育学历文凭；而非学历学院则招收各类短期、中长期职业证书教育学生，合格后颁发各类职业能力证书。当然，由学历教育为主转向学历教育和非学历教育并重非一朝一夕所能完成，需要长时间的转型。毋庸置疑，谁能抓住先机，谁就能赢得未来发展机遇。

2. 加强旅游职业本科教育

推动旅游高职院校，尤其是独立建制旅游高职院校积极申办旅游职业本科专业，这是完善旅游职业教育体系的关键环节。举办旅游职业本科教育首要问题就是找准其定位。旅游职业本科既不同于一般应用型本科，也不同于现有高职专科教育，如何明确其独特之人才培养目标定位，这是一个值得深入思考的问题。①

目前有关职业本科定位问题的文件，主要见于教育部于2021年印发的《本科层次职业教育专业设置管理办法（试行）》（教职成厅〔2021〕1号）。当时尚未明确"职业本科"的说法。相较于高职定位为"技术技能人才"，该文件将本科层次职业教育专业人才培养定位设定为"高层次技术技能人才"。难点就在于如何在"技术技能人才"培养中达到"高层次"要求，即如何体现技术技能人才的高层次。笔者认为，"高层次"并不意味着技能和技术的复杂程度，也不意味着熟练程度，主要指的是对于所掌握技术或技能有较强的反思和改进能力。因为技术或技能熟练程度与其实践操作重复性程度有关，重复越多，则越熟练，通过学校教学进行重复训练似乎有点浪费，而反思能力则与思维习惯、专业训练有关，可以通过学校教学予以培养。这种反思和改进能力的基础是一定的理论知识和综合能力。对于旅游类专业而言，高层次技术技能人才培养应该先确保技能培养（实践课时占比50%），并通过增加的1年时间，提升综合能力和反思能力的培育等。

---

① 有关职业本科其他问题见分报告《中国本科层次旅游职业教育年度报告（2021—2022年）》，此处不再赘述。

（二）增强旅游职业教育人才培养的适应性

1. 推进旅游类专业数字化转型

为了适应旅游业数字化发展需要，2021年3月教育部颁发最新的《职业教育专业目录》将酒店管理专业更名为酒店管理与数字化运营专业，景区开发与管理专业更名为智慧景区开发与管理专业，新增智慧旅游技术应用专业。这些专业虽然名字已经完成"数字化"，但是，在数字化人才培养规格及实验实训设施建设等方面还需要加强。

（1）加强旅游类数字素养教育。2021年，中央网络安全和信息化委员会印发《提升全民数字素养与技能行动纲要》。该文件将"数字素养与技能"界定为"数字社会公民学习工作生活应具备的数字获取、制作、使用、评价、交互、分享、创新、安全保障、伦理道德等一系列素质与能力的集合"。这是我国政府政策文件中第一次对"数字素养"概念的清晰界定。在此基础上，旅游类专业要结合旅游业数字化发展需要，制定旅游类数字素养要求的基本框架，在人才培养方案编制过程中专门对相关教学内容提出要求，以建立旅游类数字素养教育课程内容体系。

（2）完善旅游类数字素养教育的教学条件。一是完善数字化实训设施。针对旅游类专业各类仿真、全真等实验实训室的不同特点，融合云计算、物联网、大数据等智能化技术，甚至运用VR/AR与数字化运营技术，进行数字化改造提升，实现混合实训、远程协作的课堂教学与训练、实训操作或应用的功能，能在进行实验实训教学的同时，收集即时数据进行可视化分析，以实现对实践教学的实时监控和反馈。二是加强数字素养教育师资培养。建立和完善师资数字素养培训、培养的制度体系，建立教师数字化教学能力技能大赛制度，提升教师数字素养水平。

2. 加强旅游职业院校人文素养教育

为了适应文旅深度融合的需要，旅游职业院校需要大力加强人文素养教育。

一是推动人文素养课程资源开发与共享。推动旅游职业院校将人文素养课程纳入人才培养方案，推动开发包括国学、旅游礼仪等内容的人文素养课程体系。限于师资、设施设备的不足，单一专业、院校难以全面推动人文素养教育的实施。为加强人文素养教育，首要事务就是推动跨院校、跨专业进行课程选修。由相关教师团队以综合课程（模块课程）形式授课，有计划地培育校级、省级乃至国家级人文素养精品课程或教学资源库，推动建立各级人文素养教育在线教育平台，推动旅游职业院校人文素养教育资源免费开放，并推进旅游类与文化类院校开展学分互认试点，推动五星联盟等主要旅游高职院校之间实现资源共享。

二是完善校园文化活动机制。加强规划，点面结合，构建以传统节日、纪念日、重要时间节点等为主体的大型校园文化活动体系，推动旅游职业院校建设一批师生喜闻乐见的文化活动品牌。有计划地推动高雅艺术进校园活动，加强活动宣传与组织，积极引进高级别演出团体，提升师生艺术鉴赏力。举办各级各类文艺专项竞赛活动，促进旅游职业院校不断提升演出层次与水准。积极打造旅游职业院校高品质教职工人文素养活动品牌，提升教职工人文素养水平。

（三）提升旅游职业院校治理现代化水平

旅游职业院校治理现代化的关键就是通过数字技术的应用，促进数据的使用与共享，并形成一种基于大数据的管理运行流程与机制，依据院校运行过程中形成的大量数据，及时、科学作出管理决策，降低管理成本，提高治理效率。

1. 推动完善基于数字技术的院校运行机制

一是促进各部门管理模块之间数据融通。目前，很多旅游职业院校由于历史原因各部门业务管理系统往往各自独立运行，底层架构中信息互通连接通道不够。打通底层业务模块功能，加强分散数据的收集和分析能力是关键应对办法。此外，底层信息标准化不够是旅游职业院校"数据孤岛"形成的直接原因。因此，还要完善底层信息的标准化和规范化，尤其是统一信息格式以及要求。

二是推动基于数字技术的管理流程优化。通过流程梳理，发现院校运行的难点、痛点、堵点，尤其是针对那些审批签字、师生材料提交等方面管理流程的堵点进行优化，提高运行效率。例如，推动教学管理全程信息化，从学籍基本信息管理、人才培养方案及课程管理、考务安排、成绩管理、教学质量评估到毕业资格审核等学生在校学习期间的各个环节，全部通过综合教务管理系统完成，全部在网上操作，实现全过程多方位的管理流程信息化。

三是完善基于大数据的管理决策机制。充分利用现有的学生管理、课堂教学管理、宿舍管理、食堂管理、师资管理等各方面学校管理的大数据，依托于相应管理系统，建立任务或政策实施的过程性信息库，建立和完善大数据搜集、整理、分析、发布、共享制度，建立和完善基于大数据的决策流程等。

2. 推动建立和完善多元主体协同参与机制

旅游职业院校治理涉及政府部门、职业院校、社会组织、旅游行业企业及家长、学生等利益相关者。院校治理数字化需要通过数字技术，将不在场的各利益相关者转变为数字空间的在场，推动不同主体之间数据共享及基于共享数据基础的即时决策，从而在多主体间架起一座座通向院校"善治"的桥梁。

具体办法即建立多主体的虚拟组织联动机制。虚拟组织指的是具有共同目标和合作协议，通过信息技术特别是网络技术的运用达成的一种松散、平等的组织形态。[①] 当前旅游职业院校治理所涉及的各类主体可以借助大量数字手段，以虚拟组织的方式建立起数字化运行机制。借助虚拟组织，可以通过模糊组织边界，打破传统实体组织时空界限，降低建立实体组织造成的人员和使用成本增加。例如，建立以授课任务和教学研究任务为工作内容的，包括校外内专家组成的教学团队；建立包括各部门领导、任课教师、班主任等人员在内的学生"三全育人"团队等。

---

① 钟惠英，龙龙. 虚拟组织与学习型高校组织模式创新［J］. 中国行政管理，2011（4）：50-52.

第二部分

分报告

中国旅游高职教育年度报告（2021—2022 年）①

为了解我国旅游高职教育 2021—2022 年基本情况，编制组在充分收集资料的基础上撰写了《中国旅游高职教育年度报告（2021—2022 年）》，以期为推动我国旅游高职教育高质量发展提供参考。

一、全国旅游高职教育概况

根据教育部"高等职业教育专科拟招生专业设置备案结果数据检索平台"统计数据，2022 年 9 月，全国设置高职专科旅游大类专业的高职院校共 1097 所（含招收高职专科旅游大类专业的本科院校，以下简称旅游高职院校）。根据教育部数据，截至 2022 年 5 月，全国高等学校共计 3013 所，其中普通高等学校 2759 所，含本科院校 1270 所、高职（专科）院校 1489 所，成人高等学校 254 所（未包含港澳台地区高等学校）。全国旅游高职院校占全国高等学校总数 36.41%。

（一）院校数量及分布

从全国各区域分布来看，华东地区旅游高职院校数量最多，共 324 所，华中、西南、华北、华南四地区次之，分别为 188 所、167 所、131 所和 116 所，西北（90 所）和东北（81 所）最少（表 1-1-1）。

---

① 负责人：夏天，浙江旅游职业学院，副教授。成员：俞盈，浙江旅游职业学院，助理研究员；李卓君，浙江旅游职业学院，副教授。

表 1-1-1　各区域旅游高职院校数量分布统计

区域	所含省份	院校数	区域排名
华东	上海市、江苏省、浙江省、安徽省、福建省、山东省、江西省	324 所	1
华中	河南省、湖北省、湖南省	188 所	2
华北	北京市、天津市、河北省、山西省、内蒙古自治区	131 所	4
华南	广东省、广西壮族自治区、海南省	116 所	5
西南	重庆市、四川省、贵州省、云南省、西藏自治区	167 所	3
东北	辽宁省、吉林省、黑龙江省	81 所	7
西北	陕西省、甘肃省、青海省、宁夏回族自治区、新疆维吾尔自治区	90 所	6

就各省域分布来看，河南省居全国第一，共 88 所，占比 8.02%。超过 50 所院校数量的省份共 7 个，合计 472 所，占比 43.03%。院校数量在 20~39 所的省域最为集中，涉及 15 个省，合计 444 所，占比 40.47%。西藏自治区仅 2 所，数量为全国最少（表 1-1-2）。

表 1-1-2　全国旅游高职院校省域分布统计

院校数量（所）	省域分布
0~9	西藏（2）、青海（4）、宁夏（8）
10~19	天津（10）、海南（12）、北京（17）
20~29	上海（21）、甘肃（21）、吉林（23）、黑龙江（23）、陕西（27）、重庆（28）、贵州（29）、内蒙古（29）
30~39	新疆（30）、山西（31）、浙江（33）、辽宁（35）、福建（37）、广西（38）、湖南（39）
40~49	云南（40）、河北（44）、江西（44）
50~59	安徽（52）
60~69	湖北（61）、江苏（65）、广东（66）、四川（68）
70~79	山东（72）
80~89	河南（88）

根据文化和旅游部《2022 年度全国旅行社统计调查报告》，对照 2022 年全国各省域旅游业务营业收入，排名前五的广东、浙江、上海、江苏、北京五个省市旅游高职院校数量排名分别为第四、第十五、第二十五、第五和第二十六，院校数量最多的河南省 2022 年旅游业务营业收入排名全国第二十二。

（二）专业开设及分布

根据教育部印发的《职业教育专业目录（2021年）》，旅游大类共有旅游类专业13个，餐饮类专业5个，共计18个专业。其中，旅游管理和酒店管理与数字化运营两个专业在全国各省开设率为100%。全国开设院校数排名前五的专业依次为旅游管理（808所）、酒店管理与数字化运营（680所）、烹饪工艺与营养（213所）、会展策划与管理（145所）、研学旅行管理与服务（93所），排名后五的专业分别为民宿管理与运营（26所）、定制旅行管理与服务（25所）、葡萄酒文化与营销（11所）、营养配餐（11所）、旅行社经营与管理（10所）（图1-2-1）。

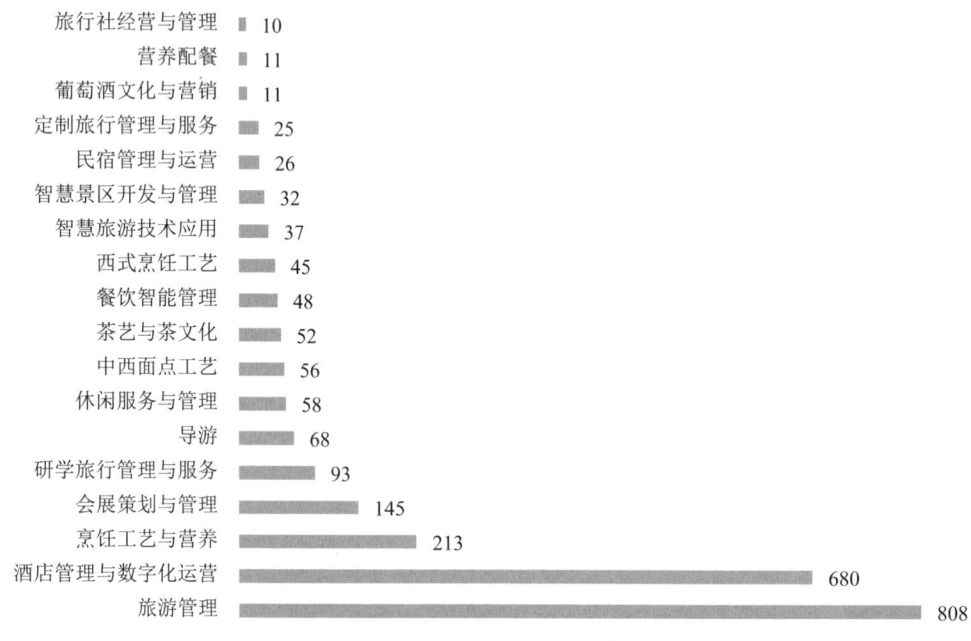

图1-2-1 18个旅游大类专业开设院校数量统计

从专业开设分布来看，江苏和山西是全国开设全部18个旅游高职教育专业的省份，西藏自治区开设专业最少，只有旅游管理、导游和酒店管理与数字化运营3个。其中，开设专业数量占比小于51%的省份共8个（除华东和华中两地区外），分别为西藏自治区（3个）、青海省（4个）、北京市（7个）、天津市（7个）、吉林省（7个）、宁夏回族自治区（7个）、内蒙古自治区（9个）、海南省（9个）、陕西省（9个）。

（三）学生规模及比较

根据教育部"全国职业高等院校人才培养工作状态数据采集与管理平台"旅

游大类全日制在校学生数据：2022年全国974所旅游高职院校（不含招收高职专科旅游大类专业的本科院校）旅游大类全日制在校学生数共计430 978人。

从全国各区域分布来看，华东地区在校生规模最大，共138 692人，占全国比重为32.18%；其次是西南地区，共74 213人，占比17.22%；东北地区在校生规模最小，为23 382人，占比5.43%；占比后三的地区，东北、西北和华北全日制在校学生总数比华东地区少48 333人，占比少11.21%；华中、华南、西南三地区人数相对均衡（表1-3-1）。

表1-3-1 全国各省域旅游高职院校全日制在校学生数统计

地区	所属省份	学生数（人）	总数（人）及占比（%）	地区	所属省份	学生数（人）	总数（人）及占比（%）
华北	北京市	1215	35 154（8.16）	华东	上海市	6178	138 692（32.18）
	天津市	5965			江苏省	32 131	
	河北省	15 424			浙江省	29 289	
	山西省	7555			安徽省	17 148	
	内蒙古自治区	4995			福建省	12 079	
东北	辽宁省	14 314	23 382（5.43）		江西省	9043	
	吉林省	1865			山东省	32 824	
	黑龙江省	7203		华南	广东省	34 341	63 354（14.70）
华中	河南省	31 422	64 360（14.93）		广西壮族自治区	20 065	
	湖北省	16 301			海南省	8948	
	湖南省	16 637		西北	陕西省	6691	31 823（7.38）
西南	重庆市	15 550	74 213（17.22）		甘肃省	7510	
	四川省	26 252			青海省	1735	
	贵州省	20 609			宁夏回族自治区	1772	
	云南省	11 166			新疆维吾尔自治区（含新疆生产建设兵团）	14 115	
	西藏自治区	636					

资料来源：2022年教育部统计数据。

在全国各省域的分布中，旅游高职院校旅游大类全日制在校生规模排名前五的省份依次为广东省、山东省、江苏省、河南省和浙江省。其中，广东、江苏、浙江三省均为2022年全国各省域旅游业务营业收入排名前五，山东省排名第十六、河南省排名第二十二。

从各院校来看，全国旅游高职院校旅游大类全日制在校生规模排名前十的院校依次为浙江旅游职业学院（8654人）、郑州旅游职业学院（6028人）、江苏旅游职业学院（5916人）、山东旅游职业学院（5211人）、青岛酒店管理职业技术学院（4862人）、南京旅游职业学院（4028人）、江苏联合职业技术学院（3263人）、辽宁现代服务职业技术学院（3183人）、长沙商贸旅游职业技术学院（3164人）、黑龙江旅游职业技术学院（2889人），共4.7198万人，占全国比重为10.95%。

二、旅游高职院校办学情况

本部分主要通过收集旅游高职院校官网及相关部门官网2021—2022年相关数据，对旅游高职院校办学情况进行分析，具体情况如下所示。

（一）专业建设

1. 课程建设

目前在独立建制旅游高职院校中，2022年，立项国家级职业教育专业教学资源库5个，省级职业教育专业教学资源库29个，省级精品资源共享课21门，国家级精品课程16门，省级精品课程173门（表2-1-1）。

表2-1-1 独立建制旅游高职院校课程建设情况汇总（部分）

序号	院校名称	国家级教学资源库（个）	省级教学资源库（个）	省级资源共享课（门）	国家级精品课程（门）	省级精品课程（门）
1	河北旅游职业学院	—	—	—	—	3
2	山西旅游职业学院	—	—	9	1	5
3	太原旅游职业学院	1	—	5	1	10
4	黑龙江旅游职业技术学院	—	—	—	—	5
5	上海旅游高等专科学校	—	6	—	—	14
6	南京旅游职业学院	—	—	—	1	16
7	江苏旅游职业学院	1	1	—	—	8
8	浙江旅游职业学院	1	2	—	2	13
9	江西旅游商贸职业学院	—	5	—	1	20
10	山东旅游职业学院	—	—	—	—	3
11	青岛酒店管理职业技术学院	—	2	7	3	13

续表

序号	院校名称	国家级教学资源库（个）	省级教学资源库（个）	省级资源共享课（门）	国家级精品课程（门）	省级精品课程（门）
12	郑州旅游职业学院	—	3	—	—	16
13	三峡旅游职业技术学院	—	2	—	2	2
14	湖南高尔夫旅游职业学院	—	—	—	—	1
15	长沙商贸旅游职业技术学院	1	2	—	2	21
16	三亚航空旅游职业学院	—	1	—	1	9
17	重庆旅游职业学院	—	1	—	—	2
18	云南旅游职业学院	1	3	—	2	7
19	黑龙江旅游职业技术学院	—	—	—	—	5
20	陕西旅游烹饪职业学院	—	1	—	—	—
	合计	5	29	21	16	173

资料来源：各院校官网及《2023年高等职业教育质量年度报告》。

2. 实训基地建设

根据调研数据，截至2022年，独立建制旅游高职院校目前拥有中央财政支持示范性实训基地18个，省级财政支持示范性实训基地41个，数量如表2-1-2所示。其中，浙江旅游职业学院有省级财政支持实训基地13个，数量最多；其次为太原旅游职业学院，有8个。中央级财政支持实训基地数最多的是江西旅游商贸职业学院，有5个；其次为上海旅游高等专科学校，有4个，河北旅游职业学院、太原旅游职业学院都有2个。

表2-1-2 独立建制旅游高职院校中央级、省级实训基地汇总（部分）

序号	院校	中央级（个）	省级（个）
1	河北旅游职业学院	2	—
2	山西旅游职业学院	1	3
3	太原旅游职业学院	2	8
4	黑龙江旅游职业技术学院	—	1
5	上海旅游高等专科学校	4	—
6	南京旅游职业学院	1	2
7	江苏旅游职业学院	1	3
8	浙江旅游职业学院	1	13
9	浙江舟山群岛新区旅游与健康职业学院	—	3

续表

序号	院校	中央级（个）	省级（个）
10	江西旅游商贸职业学院	5	2
11	青岛酒店管理职业技术学院	1	1
12	烟台文化旅游职业学院	—	1
13	郑州旅游职业学院		2
14	三峡旅游职业技术学院	1	—
15	三亚航空旅游职业学院	1	1

资料来源：各院校官网及《2023年高等职业教育质量年度报告》。

3. 校企合作

其一，2022年，一些旅游高职院校在校企合作育人模式方面作出了新探索。上海旅游高等专科学校与携程校企融合，整合其供应商服务企业资源，打造旅游管理"1+1+N"（学校+头部企业+头部企业供应链服务企业）共享型实训基地。三亚航空旅游职业学院与全球最大的免税集团——中免集团的三亚市内免税店有限公司（三亚国际免税城）合作，启动现代学徒制工学交替育人模式。

其二，校企合作实训基地建设。2022年，太原旅游职业学院牵头山西"1+11"旅游职教共同体联盟，与开元酒店集团展开战略合作，促其成为职教联盟最大的实习实训基地。2022年，江苏旅游职业学院与瑞士洛桑酒店管理学院共建职业教育与技能实训（VET）中心项目，项目建成后挂牌"洛桑酒店管理学院认证实训基地"，加入VET全球网络，成为瑞士洛桑酒店管理学院集团在全国范围内首次与职业院校共建技能实训中心的项目。

4. 师资情况

根据2022年教育部数据，目前旅游高职院校专任教师数共计14 726人，师生比平均为1∶29（未含兼职教师和校内兼课教师）。其中，专任教师硕士及以上比例平均为55.41%，专任教师高级职称人数总计4384人，占总专任教师比值为29.8%（表2-1-3）。

表2-1-3 旅游高职院校专业师资现状

类别	专任教师数	平均师生比例	专任教师硕士及以上比例	专任教师高级职称人数	专任教师高级职称比例
总计	14 726人	1∶29	55.41%	4384人	29.8%

资料来源：2022年教育部"全国职业高等院校人才培养工作状态数据采集与管理平台"统计数据。

本报告以"6个月及以上国（境）外学习工作经历"为题对旅游类专业教师国际化经历进行调查，结果显示，48.86%的旅游高职院校其教师仅5%及以下具有该经历，8.52%的旅游高职院校其教师30%及以上具有该经历。总体而言，旅游高职院校教师国际化经历仍较为薄弱（图2-1-1）。

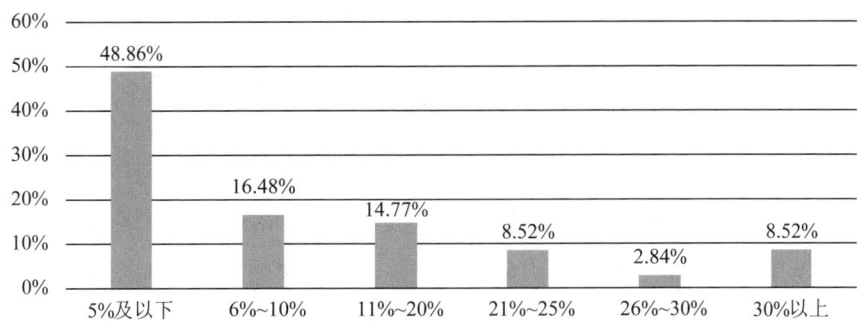

图 2-1-1　教师国（境）外学习工作经历不同占比分布

广东省一些旅游高职院校充分利用自身区位优势，加强与香港、澳门在高层次师资培养方面的合作。如珠海城市职业技术学院近三年委派5名教师赴澳门城市大学攻读国际旅游管理专业博士学位、2名教师赴澳门科技大学攻读博士学位、1名教师赴澳门旅游学院攻读博士学位，聘请澳门相关院校教师作为兼职教授5人。该学校先后共有10名教师赴澳门参加了国际酒店技能培训并考取了北美酒店管理中级资格证书；近三年参加澳门学术会议及学术论坛活动10余次，并有教师发表主旨演讲；与澳门教师共同申请课题获得省级以上立项5项，合作发表SSCI期刊论文10余篇，共同制定珠海市旅游行业服务标准3项，共同担任专家举办技能大赛7项等，取得了良好成效。

调查显示，42.05%的旅游高职院校其专任教师平均获市级及以上技能类人才称号或荣誉人次为1~3人次，21.02%的院校为4~6人次，26.14%的院校获得荣誉人次超过7人次，但也有10.8%的院校还未取得市级及以上技能类人才称号或荣誉（图2-1-2）。

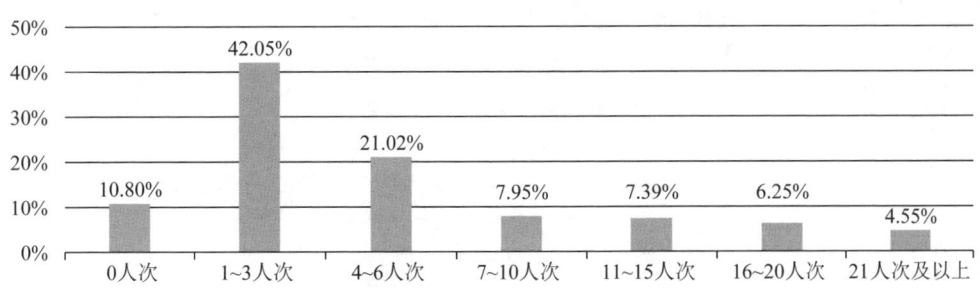

图 2-1-2　专任教师获市级及以上表彰不同占比分布

（二）科学研究

1. 省部级及以上课题立项情况

本报告以 2021 年、2022 年国家社科基金、国家自然科学基金、全国教育科学规划、教育部人文社科基金、全国旅游科学研究项目等主要人文社科类省部级及以上项目立项名单为数据来源，分析旅游高职院校科研水平。

其中，在 2021 年的国家社科基金艺术学项目中，仅浙江旅游职业学院荣获国家社科基金艺术学项目 2 项，分别是杜兰晓的《红色旅游与公众国家认同的文化逻辑及其建构策略研究》和王相华主持的《高质量发展视角下中国数字文化创意产业政策模型构建与实证研究》。全国教育科学规划课题有 3 所院校立项，分别是宁波职业技术学院王琪的《高水平对外开放背景下高职院校教师国际素养及其培养体系研究》、杭州职业技术学院梁宁森的《基于校企共同体的高职院校"三教改革"创新的内在机理及实践路径研究》及山东商业职业技术学院张宗国的《高职院校人才培养的增值性评价研究》。2021 年的教育部人文社科基金有 2 项，分别是南京旅游职业学院顾至欣的《遗产活化视角下的苏州古典园林博物馆化利用研究》和浙江旅游职业学院巫程成的《基于多源异构数据的文化旅游知识图谱构建及数字化融合路径研究》。2022 年的国家级课题研究中，浙江旅游职业学院金涛的《信息技术和人文智慧整合背景下的旅游治理体系现代化建设研究》获得国家社科基金艺术学立项，长沙商贸旅游职业技术学院邓子云的《我国高职专业的变迁脉络与调整对策研究》获得教育部重点课题立项，绍兴职业技术学院赵旎娜的《艺术介入乡村典型模式研究（2001—2022 年）》获得教育部人文社科基金立项。

旅游类省哲学社会科学规划课题立项方面，2021—2022 年全国共有 20 所院校获得 32 项课题立项，具体名单如下（表 2-2-1）。

表 2-2-1　主要旅游高职院校省哲社规划课题（旅游类方向）立项数统计

院校名称	立项数	立项项目
辽宁经济职业技术学院	2	①基于共同富裕视角农村社会养老保险匹配地方财政综合改革研究 ②数字技术在考古和文化遗产活化领域的应用研究
苏州经贸职业技术学院	1	江苏电竞数字文化体育产业创新发展研究
浙江经贸职业技术学院	1	数字经济赋能浙江省高质量发展的机制与效应研究——基于创业活跃度视角
宁波城市职业技术学院	1	RCEP 框架窗口期对浙江出口企业的影响与应对策略研究

续表

院校名称	立项数	立项项目
浙江商业职业技术学院	3	①新文创赋能浙江诗路文化带文化振兴可行性及对策研究 ②创新生态系统视角下中国企业海外研发网络拓展机制研究 ③从数字鸿沟走向数字包容：老年群体的数字融入困境与重构之道
浙江旅游职业学院	6	①浙江文化遗产话语及其当代价值研究 ②耦合数据：浙江文旅产业分类逻辑和价值研究 ③积极老龄化视域下适老化环境改造的优化路径与发展模式——以杭州市为例 ④集团控制上市公司治理机制的效应研究 ⑤文化基因解码理论、方法和路径研究 ⑥译论研究的中国叙事：生态翻译学构成性特征及其学术定位研究
江西旅游商贸职业学院	2	①百年党史视野下江西高校大学生红色基因传承长效机制研究 ②新时代高等职业教育服务乡村振兴研究
山东旅游职业学院	3	①科技赋能下山东旅游演艺治理现代化研究 ②研学旅行视角下水浒故里乡土文化传承研究 ③基于文化创意驱动的博物馆旅游品牌建设研究
郑州旅游职业学院	1	黄河文化与发展保护研究
河南职业技术学院	1	"双碳"目标引领下河南省低碳旅游发展模式研究
四川文化产业职业学院	1	价值共创视角下文旅融合高质量发展多维推动机制研究
酒泉职业技术学院	1	河西走廊近距城市文旅高质量一体化融合发展研究——以酒嘉一体化融合发展为例
山西旅游职业学院	2	①新时代高职院校产教融合高质量发展创新实践研究 ②全域旅游背景下山西乡村生态旅游发展研究
太原旅游职业学院	1	新媒体在山西文化对外传播方面的应用研究
烟台文化旅游职业学院	1	城乡融合战略下山东省促进乡村旅游发展的动力机制与政策保障研究
深圳职业技术学院	1	基于循证设计的乡村振兴文旅开发模式研究
河南职业技术学院	1	文旅融合视角下河南红色旅游体验研究
河北旅游职业学院	1	乡村振兴战略背景下河北省传统村落空间结构特征研究
河北艺术职业学院	1	5G等新一代信息技术推进河北文化和旅游产业升级发展的对策研究
西双版纳职业技术学院	1	文旅融合视角下西双版纳传统村落活化与保护研究

2. 旅游类重要期刊论文发表情况

本报告以《旅游学刊》《旅游科学》《旅游论坛》《四川旅游学院学报》四本旅游类重要期刊上发表的有关旅游学科论文数为准，统计旅游高职院校旅游类重要期刊论文发表情况。

统计结果显示，2021—2022年"中国知网"共收录《旅游学刊》论文424篇，包含浙江旅游职业学院、漳州职业技术学院、顺德职业技术学院、佛山职业技术学院、无锡商业职业技术学院和广东酒店管理职业技术学院发表的文章各1篇；收录《旅游科学》论文83篇，包含浙江旅游职业学院、广西生态工程职业技术学院、嘉兴职业技术学院及漳州职业技术学院发表的文章各1篇；收录《旅游论坛》论文124篇，其中发文最多的是浙江旅游职业学院，共3篇文章；收录《四川旅游学院学报》论文共252篇，其中浙江旅游职业学院、顺德职业技术学院发文数量较多，分别为6篇和4篇（表2-2-2）。

表2-2-2 主要旅游高职院校在旅游类重要期刊发文统计

期刊名称	学校及篇名	数量	篇名（旅游学科类论文）
《旅游学刊》	浙江旅游职业学院	1	再论体育旅游发展基础与路径
	漳州职业技术学院	1	旅游虚拟社区中意见领袖的网络权力特征及形成机制——以去哪儿网为例
	顺德职业技术学院	1	心理契约破裂对旅游企业员工知识隐藏的影响机制
	佛山职业技术学院	1	幸福在他处：退休流动者的深度休闲与心理幸福感
	无锡商业职业技术学院	1	理解——旅游体验的生存之维
	广东酒店管理职业技术学院	1	未来时间洞察力与旅游意向的关系研究——以成功老龄化群体为例
《旅游科学》	浙江旅游职业学院	1	旅游业、新型城镇化与经济增长
	广西生态工程职业技术学院	1	教育旅游中的学习：回顾与展望
	嘉兴职业技术学院	1	中国邮轮产业有形之手：政策创新与产业演化
	漳州职业技术学院	1	酒店员工情绪劳动策略对任务绩效的影响——基于ERP的研究
《旅游论坛》	浙江商业职业技术学院	1	基于三阶段DEA模型的民宿业经营效率研究——以杭州地区为例
	浙江旅游职业学院	3	①高铁网络视域下旅游经济联系空间格局及其影响因素研究——以浙江省为例 ②基于毕业生调查的旅游业人才素质研究：素质特征、影响因素、内在关联 ③专题笔谈：文化和旅游行业人才培养
	漳州职业技术学院	1	酒店员工的情绪智力在处理顾客投诉事件中的应用研究
	南充文化旅游职业学院	1	饮食相关人格特质的前因、结果与作用机制研究：一个文献综述
	广州华南商贸职业学院	1	重大灾害事件后旅游目的地恢复力研究综述：概念、对策与经验借鉴

续表

期刊名称	学校及篇名	数量	篇名（旅游学科类论文）
《四川旅游学院学报》	江苏联合职业技术学院	1	清代以来苏式面条发展研究
	无锡商业职业技术学院	1	无锡市民宿发展现状调查与对策研究
	南京旅游职业学院	2	①三国至南北朝时期江苏地区饮食风貌 ②美食设计：餐饮经营决胜的精妙之招
	浙江经贸职业技术学院	1	文旅融合背景下乡村博物馆文化记忆建构路径研究——以安吉县为例
	宁波城市职业技术学院	2	①"一带一路"视域下宁波地方特色小吃产业化发展研究 ②高职酒店管理专业企业师傅带徒效度研究
	浙江旅游职业学院	6	①"北冰南展"背景下冰雪运动小镇发展的浙江经验与启示 ②红色文化背景下乡村旅游振兴提质升级对策研究——以浙江下姜村为例 ③旅游凝视视角下景区旅游直播的游客感知研究——以"云游故宫"系列直播为例 ④美国高校本科旅游专业排名研究综述与启示 ⑤营养环境评价体系的应用研究综述 ⑥我国烹饪教育研究的特征与趋势——基于CiteSpace的计量分析
	顺德职业技术学院	4	①职教行业教学指导委员会性质、职能与发展思路——以餐饮行指委为例 ②新时期餐饮职业教育系列教材开发的创新与实践 ③餐饮职业教育高质量发展的新机遇——新版餐饮职业教育目录解读 ④基于与餐饮职业岗位对接的餐饮职业教育专业设置的辨析
	成都航空职业技术学院	1	乡村振兴战略下茂县羌族非物质文化遗产旅游开发研究
	河源职业技术学院	1	后疫情时代酒店用工模式创新研究
	乐山职业技术学院	1	乡村振兴战略下民族地区乡村民宿旅游发展研究——以四川凉山州美姑县为例
	安徽商贸职业技术学院	1	"课程思政"的混合式教学探索与实践——以酒店管理专业"宴会设计与管理"为例
	湘西民族职业技术学院	1	湘西州乡村体育旅游发展研究
	无锡工艺职业技术学院	1	基于IPA分析法的扬州团队游客餐饮满意度调查
	广州番禺职业技术学院	1	南粤古驿道保护与开发利用研究——以南江古水道为例
	江苏旅游职业学院	1	疫情防控背景下旅游文化双语教学实践研究——以扬州非遗文化英文推广为例
	广东农工商职业技术学院	1	民俗节庆的成长——基于"广州乞巧文化节"新闻报道的分析
	漳州城市职业学院	1	畲民民俗文化旅游纪念品的开发设计

资料来源：CNKI知网论文检索。

（三）社会服务

1. 行业培训

全国旅游高职院校人才培训的层次不断提高，影响力不断增强。

其一，承担了行业重要培训。例如，河北旅游职业学院受承德市政府委托，承担了2022年冬奥会培训。山西旅游职业学院培训760余名学生志愿者和百余名教师志愿者服务中华人民共和国第二届青年运动会。黑龙江旅游职业技术学院承担省内各项师资能力提高和专业技能培训项目，年均参培人数累计超过20 000余人次；举办了17期商务部援外官员培训研修班，60多个国家共500余名政府官员和大学教师来华学习中华优秀传统文化。上海旅游高等专科学校于2022年协同开展全国旅游行业2022年网络双选会、"2022年全国旅游类高校就业创业师资公益讲座培训营"等活动，推动高校就业创业工作体系建设；举办2022年全国旅游院校葡萄酒文化与营销专业教学骨干师资培训班，来自全国旅游院校的40名专业教师参加了本次培训。南京旅游职业学院举办江苏省中职学校专业负责人培训班和骨干教师培训班，培训人数近百人。江苏旅游职业学院2022年开办5期乡土人才培训班，累计培训学员300余人；面向退役军人开特色培训项目，围绕中餐烹饪、旅游管理、美容美发、应用电子技术等13个专业，先后培训农村籍退役士兵2000余名，提高其就业竞争力，进一步提高军民融合战略服务水平；深入社区开展老年培训，培训社区老年人约20 000人。三亚航空旅游职业学院开办了3期海南省高等职业院校教师素质提高研修班，培训规模近500人次。海南职业技术学院举办了"中国非遗传承人研培计划——2022年黎锦技艺传承及创意设计研修班"。

此外，不少旅游高职院校还受企业委托开展培训，如浙江舟山群岛新区旅游与健康职业学院2022年开展"救在身边、助力企业安全生产""红十字急救培训""海岛民宿品质提升""助理营销师考证"等各类培训60余场，开展社会培训6100余人次。三亚航空旅游职业学院于2022年4月增设免税品导购技能培训工种，是三亚市首个获批"免税品导购"培训资质的机构。先后对德航集团近百名一二线员工进行免税品导购专项能力培训及鉴定。上海邦德职业技术学院于2022年11月举办了第十三届旅游职业技能竞赛《西餐服务》和《烹饪》项目。广州城市职业学院在白云区老年干部大学举办"非遗传承"系列培训。

其二，承担旅游扶贫培训。2021—2022年，旅游高职院校积极响应国家扶贫政策，努力承担扶贫社会责任。例如，上海旅游高等专科学校对口援藏，助力喀什中职师资队伍建设，举办西藏自治区当雄县旅游与电商专业人才技能培训。太原旅游职业学院对口扶贫娄烦县盖家庄乡周家窑村，通过教育扶贫、旅游扶贫、产业扶贫等，该村已实现整村脱贫"摘帽"。青岛酒店管理职业技术学院与沂蒙红色影视基地合作，推进基础设施改善，带动5个村共905户、1395人实现脱贫，常山庄、新立村、董家庄3个山东省定扶贫工作重点村实现整体脱贫。贵州文化旅游职业学院为清镇市各乡镇、黔东南州黄平县、铜仁市德江县开设了文旅融合发展专题培训、红色讲解员和精品课程培育提升培训班，培训766人次。浙江旅游职业学院开展的送教下乡活动已经持续了15年，2022年送教下乡活动培训人数超4000人次。郑州旅游职业学院旅游管理学院"豫见美好"民族团结社会服务实践队走进西藏和新疆。陕西工商职业学院与定边县政府签订"双百工程"结对帮扶战略合作协议。新疆职业大学助力吐鲁番高昌区亚尔镇示范村建设，开展电子商务培训。

其三，承担涉外培训。2021—2022年，浙江旅游职业学院对接支持"一带一路"国家人才培养，面向国（境）外组织开展职业技能培训6067人；江苏旅游职业学院与马来西亚韩江小学缔结友好关系，促进海外华文教育在马来西亚韩江小学"标准化、正规化、专业化、信息化"推广，提升办学理念，开阔师生视野，并为泰国黎逸职业学院、曼谷工商管理与旅游学院、萨瓦帕职业学院开展援外培训，积极传播中华优秀文化，促进中外文明交流互鉴和中外民心相通。

2. 行业智力支持

2022年，浙江旅游职业学院打造"礼绽芳华"育人品牌，服务世界互联网大会等高层次礼仪需求，服务行业企业礼仪培训近1000家，培训人员达10万人，学校成为与杭州亚组委签订全面战略合作的唯一高职院校。学校紧紧围绕中央和省委的重要决策部署，充分发挥专业优势，深化校地合作、产教融合，主动服务"万村景区化"建设及旅游业"微改造、精提升""百县千碗"等重大文旅工程，与全省83个县（市、区）签订战略合作协议，连续15年开展暑期"送教下乡"活动，指导全省286个村庄发展乡村旅游，协助94个村庄成功创建省AAA级景区村庄，全程指导安吉余村等4个村创建成为国家AAAA级旅游景区。紧扣浙江省委"两个先行"奋斗目标，举全校之力启动为期三年的"助力山区26县共同富裕行动"，按照"地方所需、学校所能，服务为要，效果为重"原则，实施"党建领富、人才强富、产业创富、就业增富、智业聚富、文化兴富"六大行动，推进"11519"重点工作。

浙江旅游职业学院入选"2021世界旅游联盟——旅游助力乡村振兴案例"全国文化和旅游促进共同富裕典型案例、浙江省文化和旅游助力乡村振兴典型案例，并在浙江省高校助力乡村振兴大会上作典型发言，成为浙江省旅游产业产教融合联盟牵头单位（全省高职院校唯一）、浙江省高校助力乡村振兴联盟副理事长单位（全省高职院校共 2 所）和产业发展专委会副主任单位。

总之，全国不少旅游高职院校通过培训、智力支持等服务地方经济发展，作出了重要贡献。

（四）教育国际化

1. 国际化办学有所突破

经调研分析，全国旅游高职院校中，约三成院校与境外高校有着良好合作关系。在鼓励学生赴海外学习同时，旅游高职院校还招收留学生。从招收类型上看，留学生教育主要有汉语语言培训、学历教育、短期研修等类型。

太原旅游职业学院以应用韩语专业为龙头，积极与韩日合作大学开展形式多样的国际交流合作模式，在国际化学生培养和国际院校合作方面推出了多个项目。黑龙江旅游职业技术学院积极投身国家"一带一路"倡议，做好外交部援外官员培训班的接待工作，推进国际交流合作项目，立足对俄贸易桥头堡的地缘优势，探索"鲁班工坊"的建设项目，推进"中文＋职业教育"的国际化办学模式。上海旅游高等专科学校稳步推进国际化转型及教育国际化输出，努力开拓"一带一路"国家的旅游职业教育国际化道路，目前已与马来西亚、泰国、哈萨克斯坦、柬埔寨 4 个"一带一路"国家的旅游相关院校或政府部门达成合作意向，推广"观光汉语"系列"语言＋文化＋专业"三位一体项目。

南京旅游职业学院积极与澳大利亚威廉·安格里斯学院开展中外合作办学项目，引入澳大利亚 TAFE 职业教育体系，共同开发核心课程和双语课程 12 门，开展澳大利亚 ASQA 标准下的远程网络教学资源平台 Moodle 使用及中方教师 TAFE 技能培训。目前，该校已累计招收近 1000 名中澳合作办学学生，其中 20% 的学生走上了部门经理以上管理岗位，有 2 名学生在职业院校技能大赛中获得金奖。酒店管理与数字化运营专业获得"十四五"江苏省高校国际化人才培养品牌专业立项。

浙江旅游职业学院深耕国际化办学，擦亮国际教育"金名片"。学校积极响应"一带一路"倡议，建立了中俄旅游学院、中塞旅游学院和中意厨艺学院 3 个境外合作办学机构，构建了以"汉语＋导游""汉语＋烹饪"为教学特色的办学模式，3 个机构都成功入选浙江省首批"一带一路'丝路学院'"（立项数在全省高校中最多）。设有经省政府批准的非独立法人中外合作办学机构——中澳国际酒店管理学院。11 个专业通过联合国世界旅游组织旅游教育质量复核认证。学校成为全国唯一一所加入世界旅游联盟（WTA）的高职院校、中国境内第一所通过世界厨师联合会（WACS）"优质烹饪教育"资格认证高校、全省第一批具有留学生招收资格的高职院校，2021年获评首批"浙江省首批国际化特色高校"，"塞尔维亚鲁班工坊"入选全国首批鲁班工坊运营项目。

青岛酒店管理职业技术学院坚持开放办学，全面推进国际化办学工作。学校举办中澳酒店管理专业专科中外合作办学项目1个，境外建有中国烹饪学院3所，是全国首批"中美高素质技能型、应用型人才联合培养百千万交流计划"项目院校、山东省首批留学生奖学金获批单位，目前招收韩国、柬埔寨等"一带一路"国家学历留学生。与加拿大卡纳多学院、澳大利亚南澳TAFE学院、中国台湾高雄餐旅大学等10个地区的20余所院校、16个教育机构建立合作关系，广泛开展师资交流、学生交流、境外实习、外籍教师引进、优质教育资源引进等工作。黄河水利职业技术学院与泰国罗勇技术学院签约共建大禹学院。珠海城市职业技术学院与法国克莱蒙高等商学院携手开展了"中法2+2学分互认专升本"项目。

2. 国际交流层次不断提升

2022年初，上海旅游高等专科学校收到世界旅游组织TedQual复函，本科有旅游管理、会展经济与管理，专科有酒店管理与数字化运营、会展策划与管理4个专业认证材料顺利通过预审并收到新一轮质量报告任务要求。通过TedQual的教育质量认证，对提升学校旅游教育质量监控、程序化标准、内容品质化和视野国际化等方面大有裨益。

南京旅游职业学院秉持"开放化、国际化"的办学理念，以"开放合作"为基石，积极与澳大利亚威廉·安格里斯学院、哈萨克斯坦国际旅游与酒店管理大学、西班牙马德里康普顿斯大学、瑞士SEG教育集团、美国费尔利迪金森大学、日本大和语言教育学院、泰国格乐大学等10多所国外知名院校开展国际交流合作。

浙江旅游职业学院积极助力人才培养和行业技能培训，通过学历教育、技能培训等不同方式，对接支持"一带一路"国家人才培养，在促进职业教育和技术交流的同时，展示中国文化的深厚底蕴与独特魅力。截至2022年12月，该学校共计面向国（境）外组织开展职业技能培训6067人/日。其中，中俄旅游学院旅游汉语线上培训，有2516人/日；发展中国家会展业发展与管理研修班，有160人/日。2022年9月21—22日，浙江旅游职业学院举办亚太区旅游职业教育可持续发展研讨会，这是我国首次在旅游领域成功获批亚太经济合作组织（APEC）项目。研讨会得到了亚太地区的教育机构、企业、社会团体的热烈响应，来自中国、中国台北、中国香港和美国、加拿大、俄罗斯、日本、韩国、马来西亚、新加坡、泰国、印度尼西亚、文莱等地的 21 所院校机构积极参会。

3. 国际人才培训不断拓展

青岛酒店管理职业技术学院创新国际交流形式，提升国际办学水平，立足培养熟悉中华传统文化、中资企业急需的技术技能人才，组织 71 人次教师参加 3 个月以上赴境外培训项目。教师中有 21 人取得澳大利亚 TAE40116 教师职业资格证书。该学校还举办彗田大学学期制学习班 2 期，推进"中文＋职业技能"项目，融入中国职业教育"走出去"，建成海外文化推广中心 2 个、海外烹饪学院 2 个，建成《烹饪汉语》《饮食文化赏析与制作》"中文＋技能"大学慕课 2 门。

广东酒店管理职业技术学院与马来西亚 AGENSI PERKEJAAN CAREER MILESTONE SDN BHD 合作开展"大学生海外带薪实习项目"，与跨国企业直接签署实习协议。重庆商务职业学院承担第一批坦桑尼亚国家岗位职业标准开发项目。成都职业技术学院和新加坡南洋理工学院举办 2023 年双向研习周。

（五）职业能力

全国旅游高职院校高度重视学生职业能力发展建设，积极参加全国职业院校技能大赛。在导游服务、烹饪和餐厅服务的竞赛中，安徽工商职业学院、南宁职业技术学院、南京旅游职业学院、重庆旅游职业学院获奖数量最多，在技能竞赛中的表现最佳（表 2-5-1）。

表 2-5-1　全国职业院校技能大赛（旅游大类）获奖情况汇总

序号	省份	院校名称	国家级获奖数		合计总数
			2021 年	2022 年	
1	北京市	北京财贸职业学院	1	1	2
2	天津市	天津职业大学	2	2	4
3		天津现代职业技术学院	—	1	1
4		天津商务职业学院	1	—	1
5	河北省	河北旅游职业学院	2	2	4
6	辽宁省	辽宁现代服务职业技术学院	1	1	2
7		大连职业技术学院	2	2	4
8	黑龙江省	黑龙江旅游职业技术学院	—	1	1
9		黑龙江职业学院	1	—	1

续表

序号	省份	院校名称	国家级获奖数		合计总数
			2021年	2022年	
10	上海市	上海旅游高等专科学校	1	2	3
11		上海城建职业学院	2	1	3
12	江苏省	南京旅游职业学院	2	3	5
13		无锡商业职业技术学院	1	1	2
14		南京工业职业技术大学	—	1	1
15		江苏海事职业技术学院	—	1	1
16	浙江省	浙江旅游职业学院	2	2	4
17		宁波城市职业技术学院	—	1	1
18		浙江商业职业技术学院	1	2	3
19		浙江农业商贸职业学院	—	1	1
20	江西省	江西旅游商贸职业学院	2	2	4
21		江西工业贸易职业技术学院	—	1	1
22		江西现代职业技术学院	—	1	1
23	山东省	山东旅游职业学院	1	2	3
24		青岛酒店管理职业技术学院	1	3	4
25		威海职业学院	1	1	2
26	河南省	郑州旅游职业学院	—	1	1
27		河南农业职业学院	1	1	2
28		长垣烹饪职业技术学院	—	1	1
29	湖北省	三峡旅游职业技术学院	—	2	2
30		湖北三峡职业技术学院	—	1	1
31		恩施职业技术学院	1	1	2
32		长江职业学院	—	1	1
33		黄冈职业技术学院	—	1	1
34		仙桃职业学院	—	1	1
35	湖南省	湖南外贸职业学院	—	1	1
36		长沙商贸旅游职业技术学院	1	2	3
37		怀化职业技术学院	1	1	2
38		湖南工程职业技术学院	—	1	1

续表

序号	省份	院校名称	国家级获奖数		合计总数
			2021年	2022年	
39	广东省	珠海城市职业技术学院	1	1	2
40		广州工程技术职业学院	1	1	2
41		江门职业技术学院	—	1	1
42		广东南华工商职业学院	—	1	1
43		中山职业技术学院	—	1	1
44	广西壮族自治区	广西生态工程职业技术学院	—	1	1
45		广西职业技术学院	1	1	2
46		南宁职业技术学院	2	3	5
47		广西经贸职业技术学院	—	1	1
48	重庆市	重庆旅游职业学院	3	2	5
49		重庆城市职业学院	—	1	1
50		重庆商务职业学院	—	2	2
51	四川省	四川文化产业职业学院	—	1	1
52		南充职业技术学院	—	1	1
53		成都职业技术学院	—	1	1
54		泸州职业技术学院	1	1	2
55		绵阳职业技术学院	—	1	1
56		四川工程职业技术学院	—	1	1
57	云南省	云南旅游职业学院	1	—	1
58		云南国防工业职业技术学院	—	1	1
59		云南能源职业技术学院	—	1	1
60	陕西省	陕西旅游烹饪职业学院			1
61		杨凌职业技术学院	1	1	2
62		陕西工业职业技术学院	—	1	1
63	甘肃省	酒泉职业技术学院	1	3	4
64	宁夏回族自治区	宁夏工商职业技术学院	2	2	4
65	福建省	漳州职业技术学院	2	—	2
66		福州黎明职业技术学院	1	1	2
67		福州职业技术学院	—	1	1
68		福建林业职业技术学院	—	1	1

续表

序号	省份	院校名称	国家级获奖数		合计总数
			2021年	2022年	
69	安徽省	安徽工商职业学院	3	3	6
70		安徽国际商务职业学院	—	1	1
71		马鞍山职业技术学院	—	1	1
72	山西省	太原旅游职业学院	2	1	3
73	青海省	西宁城市职业技术学院	2	1	3
74	海南省	海南经贸职业技术学院	2	2	4
75	贵州省	贵州水利水电职业技术学院	—	1	1
76		贵阳职业技术学院	—	1	1
77		黔南民族职业技术学院	—	1	1
78	吉林省	长春职业技术学院		2	2

数据来源：2022年全国职业院校技能大赛获奖名单（高职组）。

（六）疫情应对

根据2021—2022年各校官网信息，旅游高职院校主要在防控措施及工作、线上教学活动、学生身心健康、实习就业工作四方面加强疫情应对，所做的具体工作如下。

1. 防控措施及工作

各院校在疫情防控方面采取了一系列措施，包括召开工作会议、组织安全检查、开展轮值活动、演练、检查工作落实情况、开展志愿者培训、组织专题宣讲和举办讲座等。这些措施旨在全面贯彻落实中央及各省委、省政府相关会议精神，确保校园疫情防控工作精准到位，保障全校师生的生命安全和身体健康。

例如，浙江旅游职业学院开展了疫情防控演练，切实提升校园疫情防控应急能力，更好地保障全校师生生命安全和身体健康。江苏旅游职业学院实行教师轮岗住校制度，保持服务学生不断线。太原旅游职业学院在疫情期间全方位保障师生的日常生活和学习工作环境等（表2-6-1）。

表 2-6-1 旅游高职院校防控措施及工作典型案例汇总

院校名称（排名不分先后）	防控措施及工作
太原旅游职业学院	①疫情期间，水电气暖保供、食宿餐饮保障、园林绿化养护、设施设备维修、基建工程推进、紧急故障处理等学院后勤部门工作有条不紊 ②餐饮中心为教职工送上暖胃暖心营养餐 ③静默管理期间，党员干部争先留守学校值班
江苏旅游职业学院	①制定了《江苏旅游职业学院隔离与管控组工作方案》《江苏旅游职业学院隔离与管控组工作流程》，印发了《江苏旅游职业学院贯彻落实省委组织部"抗疫十条"实施方案》，开展新冠疫情防控应急演练 ②基层党组织积极开展疫情防控走访工作，实行教师轮岗住校制度，每轮有100多位教师吃住在学校，一部分教师入住学生公寓，成为学生的"新舍友"，从而保持服务学生不断线
浙江旅游职业学院	①浙江省文化和旅游厅副厅长许澎一行来校督查疫情防控工作及亚运会场馆建设情况 ②多次开展疫情防控演练
青岛酒店管理职业技术学院	①酒店工程学院2019级现代物业管理专业共有95名实习生身处社区、企业物业抗疫一线，积极主动加入抗疫志愿者的行列，为战胜疫情作出了积极贡献 ②酒店工程学院开展暖心理发志愿服务活动 ③酒店管理学院依托"云端"上的家校对话，建立家校教育共同体，开展疫情防控专项教育、心理健康专题教育、防溺水专项教育等系列活动
郑州旅游职业学院	①旅游管理学院对学院教学楼和学生宿舍开展全面消杀通风工作 ②旅游管理学院组织师生共同观看钟南山院士《新冠（Omicron）疫情动态及应对》

2.线上教学活动

疫情无情人有情，线上学习学不停。在疫情防控期间，各旅游高职院校调整授课安排，优化作息时间，有条不紊地组织开展线上教学工作，充分利用已有课程教学资源及优质网络资源服务教学，不断总结改进、创新教学方法，增强趣味性、吸引力，提高学生课堂参与度，确保"变的是线上线下形式，不变的是优质的教学质量"，引导学生积极参与在线学习，展现责任和担当。这些举措有助于保障教育教学的连续性，提高学生的学习效果。

例如，太原旅游职业学院采取了2022年春季学期全程线上教学，秋季学期部分疫情防控重点地区师生暂缓返校的措施，实行线上线下并重并举、线上线下随时切换的融合教学方式，圆满完成教学任务。青岛酒店管理职业技术学院文旅学院通过系列活动提升在线课堂实效，多维度、全过程引导学生积极"云"学战"疫"，展现当代青年的责任和担当（表2-6-2）。

表 2-6-2　旅游高职院校线上教学工作典型案例汇总

院校名称（排名不分先后）	线上教学工作
太原旅游职业学院	①学院以腾讯会议的方式在线上召开党的二十大精神宣讲集体备课会 ② 2022 年春季教学实行"按期开学、线上授课"模式，师生延迟返校，秋季学期部分疫情防控重点地区师生暂缓返校
浙江旅游职业学院	由浙江省文化和旅游厅指导、五星联盟成员单位浙江旅游职业学院主办的"亚太区旅游职业教育可持续发展国际研讨会"在线上成功举办
青岛酒店管理职业技术学院	①建筑工程技术专业采取云端会场、线上办会的形式，举办山东省职业教育技艺技能传承创新平台"酒店建筑信息模型（BIM）应用技能创新平台"的技艺技能传承创新活动 ②酒店管理学院通过腾讯会议校内外联动"云"召开疫情防控暨教学工作会议
烟台文化旅游职业学院	旅游管理教研室举行线上教研活动

3. 学生身心健康

在疫情防控新常态化大背景下，学生心理健康问题不容小觑。多所学院和学校在疫情封校期间，关注学生心理健康，开展了一系列活动和讲座活动，旨在引导学生认识疫情期间可能出现的心理不良反应，了解相应的心理调适方法，加强"心理防疫"，增进心理健康。

例如，云南旅游职业学院聚焦"坚持就是胜利"这一鲜明的思政主题，将抗疫中的鲜活事例与典型素材作为教育教学的重要内容，加强了疫情期间学生思想引领和政治教育，牢固树立人人都是第一责任人意识，共同织密校园防疫"安全网"。郑州旅游职业学院校领导深入学生宿舍走访调研并与学生"拉家常、聊近况、话防疫"，了解学生的身心状况等，鼓励同学们调整心态，积极适应疫情时期的校园学习生活；举办线上心理委员工作会议，增强了心理委员们对心理健康工作的重视，明确了心理委员工作的职责和要求；线下有序组织学生参加以"乐跑"为核心的体育锻炼活动，以及心理小游戏等校园文化生活（表2-6-3）。

表 2-6-3　旅游高职院校学生身心健康工作典型案例汇总

院校名称（排名不分先后）	学生身心健康工作
太原旅游职业学院	①开展"'疫'路相伴"系列团体辅导，团辅围绕"人际交往""减压放松""自我成长""爱情观""情绪管理"5 个主题进行 ②组织 2000 余名在校生观看了中国心理卫生协会举办的"'疫'起同心"心理健康系列讲座："疫情下如何拥有阳光心态""抑郁症的识别与干预""中国文化视角下的情绪调节" ③举办各项实践体验活动大赛，"烹然心动"烹饪视频大赛、"'疫'起动起来"线上运动会等 7 项实践活动 ④心理咨询中心通过问卷星平台向全院学生发放《太原旅游职业学院学生疫情期间心理状况调查问卷》，共收回问卷 2383 份，并对调查结果进行统计分析

续表

院校名称（排名不分先后）	学生身心健康工作
江苏旅游职业学院	①学校为每位学生定制了"暖心大礼包"：拿出约12万元经费，为8000余名在校生发放了校园"暖心消费券"；联合校企合作单位，走进校园，为学生提供义务理发服务 ②党委宣传部联合工艺美术学院开展"'艺'心抗疫"主题书画活动，通过创作书画作品表达师生齐心协力共抗疫情的决心，治愈心灵焦虑
烟台文化旅游职业学院	健身社团通过腾讯会议"云端公益直播课"的形式，号召广大学生进行适宜的身体锻炼
郑州旅游职业学院	①召开"暂别校园 云端共勉 居家学习 一样精彩"主题班会 ②学院领导老师走访305间学生宿舍，为同学们传达抗疫政策、解决难题 ③召开"收获'心'成长，防疫'心'能量"主题班会，开展2022年春季学期开学疫情防控应急演练
贵州文化旅游职业学院	召开疫情防控线上会议
云南旅游职业学院	举行"抗击疫情，你我同行"主题演讲比赛

4. 实习与就业工作

在疫情防控常态化背景下，为深入贯彻党中央、国务院"稳就业、保就业、促就业"的重要指示精神，多所学院以落实教育部"访企拓岗促就业专项行动"为契机，广泛动员各方力量，持续加强校企深度合作、供需精准对接，全力以赴、多措并举推进毕业生就业工作，形成了"访企拓岗促就业，云端招聘送岗位"的局面。通过积极开展线上招聘会和校企洽谈云见面会，为用人单位和毕业生提供线上空中宣讲、简历投送筛选、视频面试、就业创业指导等一站式服务，为毕业生提供了更多就业渠道，促进毕业生高质量就业，克服疫情对就业的影响。

多所院校扎实开展校企合作，例如，河北旅游职业学院、南京旅游职业学院积极开办校企合作订单班，上海旅游高等专科学校召开"访企拓岗促就业"校企洽谈云见面会，浙江旅游职业学院等以"线上+线下"形式开展实习就业双选会，江苏旅游职业学院启动线上"直播带岗"招聘会（表2-6-4）。

表2-6-4 旅游高职院校实习就业工作典型案例汇总

院校名称（排名不分先后）	实习就业工作
河北旅游职业学院	①以产教融合机制的深化为牵引，推进校企深度合作，由校企共建订单班或冠名班，形成稳定的人才培养和人才供给机制，2022年度联系企业327家，新增就业单位86家，新建产教融合实训基地5家 ②加强与市旅游集团的深度合作，如与承德避暑山庄旅游集团等企业签署战略合作协议
上海旅游高等专科学校	①举办四场"书记校长访企拓岗促就业"专项行动暨校企洽谈云见面会，100家优质校企合作单位应邀参会 ②举行系列招聘、访企拓岗、就业指导、精准帮扶等专项就业活动

续表

院校名称（排名不分先后）	实习就业工作
南京旅游职业学院	①与金陵饭店产教深度融合项目——"金陵优才班"第四、第五期订单班顺利开班，搭建了"金陵优才班"这一优质的校企合作发展平台 ②设立了数字化酒店产业学院、金陵饭店集团产业学院 ③与万豪国际集团开展 2022 世界厨师日·校企联合庆祝活动 ④举办"访企拓岗促就业，心系学生助就业"南京旅游职业学院 2022 届毕业生招聘会
江苏旅游职业学院	①与希尔顿欢朋酒店（中国）开展校企合作洽谈会 ②举办 2022 届毕业生就业实习线下综合招聘会 ③启动线上"直播带岗"招聘会
浙江旅游职业学院	①联合杭州城北文澜大酒店开展管理课程培训，并在学生实习就业、课题研发和师资培养方面进行全方位的合作 ②酒店管理学院"课堂进企业系列"：走进杭州希尔顿嘉悦里酒店 ③旅行服务与管理学院承办 2022 年"大美中华"系列活动之旅游"讲读"公益大讲堂，通过线上线下方式举行。活动邀请了具有 30 年及以上工作经历的旅游工作者（旅游职业教育教师、旅游从业者），以及全国文旅系统劳动模范、先进人物，讲述从业初心、成长历程、奋斗故事与真实感悟，线上线下参会人数达 1000 余人 ④厨艺学院举行了夏季实习双选会 ⑤工商管理学院采用"线上+线下"双通道模式，举办实习双选会 ⑥酒店管理学院召开"访企拓岗促就业"校企座谈交流会 ⑦酒店管理学院召开 2021 级 3+2（非订单班）实习动员线上会议 ⑧旅游外语学院 2022 届毕业生引企荐才"云"招聘通过线上线下结合的方式举行
青岛酒店管理职业技术学院	①烹饪学院举办"工坊式"党建与专业融合基地揭牌仪式暨"工坊式"先锋岗创建仪式 ②学院承办 2022 年全国职业院校技能大赛烹饪赛项山东省选拔赛。受省内疫情形势影响，本次比赛采用线上形式举行，开烹饪赛项线上承办的先河 ③文旅学院启动旅游管理专业群云实训活动 ④文旅学院云端开启数字文旅现代学徒制培养计划 ⑤旅游学院举办"疫情防控新常态，校企合作促就业"校企座谈会
烟台文化旅游职业学院	召开 2022 届毕业生就业推介会暨校长访企拓岗促就业视频会议
南充文化旅游职业学院	旅游系赴江苏开展访企拓岗和实习就业单位考察专项行动
云南旅游职业学院	烹饪学院举办实习就业双选会，就业岗位以餐饮服务类、烹饪类为主

（七）提质培优行动计划

为贯彻落实《国家职业教育改革实施方案》《"十四五"旅游业发展规划》《文化和旅游部 教育部关于促进新时代文化艺术职业教育高质量发展的指导意见》，引导文化艺术职业教育和旅游职业教育紧密围绕行业产业需要培养人才，文化和旅游部决定组织实施文化艺术职业教育和旅游职业教育提质培优行动计划。

2021—2022 年，高职院校中共有 65 项"大学生团队实践扶持项目"及 66 项"'双师型'师资培养扶持项目"入选提质培优行动计划，涉及的旅游高职院校有

85 所。其中，南京旅游职业学院、浙江旅游职业学院、浙江艺术职业学院、云南旅游职业学院、上海旅游高等专科学校、黑龙江旅游职业技术学院这 6 所院校立项数量均突破了 4 项，立项项目数量占总立项数约 22%。甘肃工业职业技术学院、黑龙江艺术职业学院、太原旅游职业学院等 6 所院校分别入选了 3 个项目，湖南工艺美术职业学院、佛山职业技术学院、宁夏职业技术学院等 12 所院校入选了两个项目（表 2-7-1）。

表 2-7-1 提质培优行动计划入选超过 2 项的旅游高职院校名单

入选院校	大学生团队实践扶持项目	"双师型"师资培养扶持项目	项目合计
南京旅游职业学院	4	2	6
浙江旅游职业学院	3	2	5
浙江艺术职业学院	3	2	5
云南旅游职业学院	3	2	5
上海旅游高等专科学校	2	2	4
黑龙江旅游职业技术学院	2	2	4
甘肃工业职业技术学院	1	2	3
黑龙江艺术职业学院	1	2	3
太原旅游职业学院	2	1	3
江西旅游商贸职业学院	3	0	3
青岛酒店管理职业技术学院	2	1	3
福建艺术职业学院	2	1	3
湖南工艺美术职业学院	2	0	2
佛山职业技术学院	2	0	2
宁夏职业技术学院	2	0	2
云南文化艺术职业学院	1	1	2
石家庄信息工程职业学院	1	1	2
广州番禺职业技术学院	1	1	2
四川艺术职业学院	2	0	2
铜陵职业技术学院	1	1	2
湖南艺术职业学院	1	1	2
辽宁经济职业技术学院	0	2	2
长春职业技术学院	1	1	2
重庆文化艺术职业学院	1	1	2

三、旅游高职教育新探索

2021年以来，旅游高职院校在"双高"建设、深化思想政治教育、推动专业升级与数字化改造、数字化教学资源建设、推进创新创业教育等方面作出了一些新的探索。

（一）积极投入"双高"建设

为深入落实《国家职业教育改革实施方案》，强化职业教育内涵建设，引领新时代中国职业教育实现高质量发展，2019年教育部、财政部印发了《关于实施中国特色高水平高职学校和专业建设计划的意见》（以下简称"双高"计划），明确指出：集中力量建设一批引领改革、支撑发展、中国特色、世界水平的高职学校和专业群，带动职业教育持续深化改革，强化内涵建设，实现高质量发展。

1. 国家级"双高"计划建设情况

2019年共有197所院校入选国家"双高"计划单位，其中，"双高"专业群132个。高职19个专业大类，除新闻传播大类没有入选专业群外，涵盖了18个专业大类[①]，其中位居入选专业群数第一的装备制造大类，有25个专业群入选。相比而言，旅游大类专业群占比较小，优势较弱，仅有4个专业群入选，涉及5所院校，其中独立建制旅游高职院校3所。2022年4月，教育部办公厅、财政部办公厅印发《关于开展中国特色高水平高职学校和专业建设计划中期绩效评价工作的通知》，开启了对"双高"计划各建设单位的中期绩效评价（表3-1-1）。

表3-1-1 "双高"计划中旅游高职院校中期绩效评价等级

序号	院校名称	国家级"双高"计划专业群名称	类型	评价等级
1	浙江旅游职业学院	导游	专业群B	优
2	青岛酒店管理职业技术学院	酒店管理	专业群C	优
3	长沙商贸旅游职业技术学院	餐饮管理	专业群C	良
4	海南经贸职业技术学院	旅游管理、国际经济与贸易	学　校C	良
5	陕西职业技术学院	旅游管理	专业群B	优

3年建设期间，国家"双高"计划中旅游高职院校建设单位中期总体任务完成

---

① 李勤.国家"双高计划"入选学校及专业群数据分析与思考[J].贵州广播电视大学学报，2020，28(4)：16-22.

率平均达97.81%，高水平专业群中期总体任务完成率平均达97.39%[①]，均高于所有"双高"计划建设单位平均值[②]（分别为94.59%和94.81%），表现优良。围绕"1个加强""4个打造"和"5个提升"的十大改革任务，5所旅游大类"双高"计划建设单位取得了显著建设成效，形成了一批具有全国示范与区域特色的高水平高职学校和专业建设样板。

2019年至2022年，5所旅游高职院校"双高"计划建设单位充分发挥党建引领保障作用，建成全国党建工作样板支部8个，推动思政课程和课程思政协同育人，形成国家级课程思政示范课程、教学名师、教学团队7个。深入推进人才培养模式改革，创新技术技能服务，推动"双师"队伍建设，旅游大类"双高"计划建设单位建设国家级职业教育专业教学资源库2个，获国家级精品在线开放课程18门，获全国教材建设奖3项、"十三五"职业教育规划教材18部，打造国家级职业教育教师教学创新团队3个、培育立项1个，获全国职业院校教学能力大赛奖项15项。结合自身特色优势，积极服务乡村振兴、对口帮扶等国家战略。形成学校自主管理、自我约束的体制机制，推进治理能力现代化。信息化基础设施日渐完善，师生信息化素养得到较大提高（表3-1-2）。

表3-1-2 "双高"计划中旅游高职院校2019—2022年部分标志性成果汇总

标志性成果名称、数量	浙江旅游职业学院	青岛酒店管理职业技术学院	长沙商贸旅游职业技术学院	海南经贸职业技术学院	陕西职业技术学院
全国党建工作样板支部	2	2	1	1	2
国家级课程思政示范课程、教学名师、教学团队	2	1	2	1	1
国家级职业教育专业教学资源库	1	—	1	—	—
国家级精品在线开放课程	5	5	2	4	2
全国教材建设奖	2	1	—	—	—
"十三五"职业教育规划教材	9	5	1	2	1
国家级职业教育教师教学创新团队	1	1	1	1	—
全国职业院校教学能力大赛	3	3	3	6	—

各旅游高职院校"双高"计划建设单位在建设过程中形成了很多极富特色的亮点做法。浙江旅游职业学院深入推进"融合文旅、融汇德技、融通校企、融入国际"的"四融"人才培养模式改革；启动由行政、知识、校园、学术4个文化

[①] 数据来源："双高计划"中期绩效自评报告。
[②] 刘晓，钱鉴楠."双高计划"中期建设绩效与评价的若干思考［J］.中国高教研究，2023（3）：84-90.

系统组成的"人文铸旅"工程以文化人,传播"中国服务之美";构建校政行企"四位一体"协同开展课程思政建设新格局,形成"519"劳动育人模式;探索校企命运共同体建设模式,形成产教深度融合的办学生态;以"构建人类命运共同体"为理念,接轨国际输入输出旅游行业标准和教学标准。青岛酒店管理职业技术学院引入 ISO 21001:2018 教育组织管理体系,建立以人才培养过程为主线,以管理过程和支持过程为支撑,以 25 个过程模块为主要内容的多元协同内部管理体系,并成为首家取得认证的国内高职院校,有力推动内部管理的国际化、标准化和系统化,提升内部治理水平。长沙商贸旅游职业技术学院"立足长沙、服务三湘",紧密对接长沙打造美食之都、会展名城、世界旅游目的地、跨境电商综试区和夜市经济示范区等城市战略,找准自身的办学特色,深化产教融合,实施校企"双元"育人模式本土化,助力地方特色产业发展。海南经贸职业技术学院紧紧围绕国家赋予海南建设中国特色自由贸易港、国际旅游消费中心的战略定位,瞄准旅游业、现代服务业和高新技术产业等"3+1+1"主导产业布局,对标高端产业和产业高端,建设产教型专业群梯队。陕西职业技术学院以产业学院建设为主要的突破口,强化专业群服务地方文旅产业发展能力,通过与企业共建混合所有制性质的产业学院,增强学校整体办学实力,构建产教深度融合的协同育人长效机制。由此可见,旅游职业教育的"中国品牌""中国模式"正逐渐形成。

2. 省级"双高"计划建设情况

自 2022 年起,各省市也陆续开展省级"双高"建设工作,多所旅游高职院校入选。其中,独立建制旅游高职院校入选省级"双高"计划的专业群有 24 个,旅游大类有 15 个(其中旅游管理 8 个,酒店管理与数字化运营 4 个,会展策划与管理 1 个,康养旅游 1 个,烹饪类 1 个)。建设工作推动职业院校与所在省市经济社会发展需要更加契合、办学定位更加准确、办学特色更加鲜明、产教融合更加紧密、社会服务能力显著增强,综合办学水平达到国内一流、世界水平(表 3-1-3)。

表 3-1-3 旅游高职院校入选省级以上"双高"计划典型案例汇总

序号	院校名称	国家"双高"计划专业群名称	省级"双高"计划专业群名称
1	河北旅游职业学院	—	旅游管理
2	太原旅游职业学院	—	旅游管理
3	山西旅游职业学院		计算机应用技术
4	黑龙江旅游职业技术学院	—	旅游管理、数字商务

续表

序号	院校名称	国家"双高"计划专业群名称	省级"双高"计划专业群名称
5	上海旅游高等专科学校	—	旅游管理（都市旅游）、会展策划与管理、酒店管理与数字化运营
6	南京旅游职业学院	—	酒店管理与数字化运营
7	江苏旅游职业学院	—	大数据与会计、电子商务
8	浙江旅游职业学院	导游	酒店管理与数字化运营
9	浙江舟山群岛新区旅游与健康职业学院	—	导游
10	山东旅游职业学院	—	酒店管理与数字化运营、旅游管理
11	青岛酒店管理职业技术学院	酒店管理	烹饪类、现代商贸物流
12	郑州旅游职业学院	—	旅游管理
13	三峡旅游职业技术学院	—	旅游管理
14	长沙商贸旅游职业技术学院	餐饮管理	大数据与会计、电子商务
15	三亚航空旅游职业学院	—	飞机机电设备维修、空中乘务
16	云南旅游职业学院	—	旅游管理

（二）深入推进课程思政建设

2017年，教育部发布《高校思想政治工作质量提升工程实施纲要》，指出"大力推动课程思政为目标的课程教学改革"，课程思政首次在官方文件中出现。2020年，教育部发布了《高等学校课程思政建设指导纲要》，进一步明确了课程思政的教育教学意义，并从国家层面对高校"课程思政"建设做出了整体设计和部署。

2021—2022年，各旅游高职院校通过"紧紧抓住教师队伍'主力军'、课程建设'主战场'、课堂教学'主渠道'"，采用提升教师课程思政能力、科学合理地设计课程思政教学体系、注重教学模式改革、充分挖掘课程思政教学资源、探索信息化赋能的方式，围绕课程思政开展了多方面的实践探索，形成了一批可复制、可推广的经典"课程思政"教学案例，一些品牌课程也深受学生欢迎。2021年，全国开设旅游大类专业的高职院校共有119所，147门课程及课程思政教学名师和团队入选教育部课程思政示范项目名单。其中，独立建制旅游高职院校共有4所，获国家级课程思政示范课程、教学名师、教学团队6个（表3-2-1）。

表 3-2-1　旅游高职院校入选国家级课程思政示范课程汇总

序号	院校名称	入选个数	课程思政示范课程
1	浙江旅游职业学院	2	面点工艺、导游文化基础知识
2	青岛酒店管理职业技术学院	1	旅行社计调实务
3	长沙商贸旅游职业技术学院	2	审计基础与实务、湖湘饮食文化
4	三亚航空旅游职业学院	1	饮食营养与卫生

浙江旅游职业学院多措并举，坚持将"思政小课堂"和"社会大课堂"有机结合起来，依托省级思政名师工作室，成立课程思政教学创新团队，确立思政课教研室常态化的"三级备课""二级教学质量反馈"制度，开展"浙旅红"红色讲坛、"习语沐心梦想启程"读书会、"心声夺人"故事会等系列实践活动，建成全国高校首个"红色之旅"话题馆，逐步形成"浙旅红"思政育人品牌。青岛酒店管理职业技术学院开展"请进来+走出去"的教师"课程思政"育人能力提升策略，通过组织"课程思政"教学改革专题培训、选派教师参加专题培训班等多种方式，筑牢教师的育德意识和信念。组织教师集中思政"研课"，帮助教师形成思政与专业契合的讲授特点和独特风格。上海旅游高等专科学校以融入"创造幸福、分享快乐"校训精神思政元素库和图谱为引领，以营造沉浸式课程思政育人氛围为目标，以思政课程群与红色旅游课程群为双引擎，以红色文化协同创新中心为支撑，逐步形成具有鲜明旅游学科专业特色的一体化、浸润式课程思政育人模式。江西旅游商贸职业学院建设学校课程思政资源云管理系统，通过该系统组织学习和研修活动，促进一线教师育人能力和实践能力提升。长沙商贸旅游职业技术学院以专业群为背景构建"三层三度"课程思政模式，从专业群到专业到课程，按"三层"递进的逻辑挖掘思政元素；从"温度"到"深度"到"适度"，按"三度"相统一的教学原则开展课程思政教学。太原旅游职业学院立足山西丰富的红色资源，依托旅游办学优势，建设红色文旅教学资源，树立旅游类专业课程思政典范。

总体而言，各旅游高职院校都在全面推进课程思政建设、加强学生职业技能培养的同时，加强其职业道德和职业精神的塑造，以及人生观和价值观的引领。

（三）推动专业升级与数字化改造

2021年，教育部印发《职业教育专业目录（2021年）》（以下简称《目录》），这是新中国成立以来教育部进行的第七次重要的职业教育专业目录修订。《目录》系统总结了以往目录研制工作经验，同时适应我国进入新发展阶段的新形势，契合"十四五"规划和2035年远景目标的战略部署，充分体现了专业升级和数字化改造理念，形成了定位清晰、纵向贯通、横向融通的一体化专业目录体系。2022年，教育部发布新版《职业教育专业简介》，展现职业教育专业升级与数字化改造的最新成果。

1. 专业目录调整情况

《目录》中旅游大类高等职业教育专科分为旅游类13个专业，餐饮类5个专业，共计18个专业。其中更名8个专业（包含归属调整并更名专业1个），归属调整1个专业，新增3个专业，其余专业不做调整（表3-3-1）。

表3-3-1 旅游大类高等职业教育专科新旧专业对照

专业名称	原专业名称	调整情况
旅游类		
旅游管理	旅游管理	保留
导游	导游	保留
旅行社经营与管理	旅行社经营管理	更名
定制旅行管理与服务		新增
研学旅行管理与服务	研学旅行管理与服务	保留
酒店管理与数字化运营	酒店管理	更名
民宿管理与运营		新增
葡萄酒文化与营销	葡萄酒营销与服务	更名
茶艺与茶文化	茶艺与茶叶营销	归属调整、更名
智慧景区开发与管理	景区开发与管理	更名
智慧旅游技术应用		新增
会展策划与管理	会展策划与管理	归属调整
休闲服务与管理	休闲服务与管理	保留
餐饮类		
餐饮智能管理	餐饮管理	更名
烹饪工艺与营养	烹调工艺与营养	更名
中西面点工艺	中西面点工艺	保留
西式烹饪工艺	西餐工艺	更名
营养配餐	营养配餐	保留

此次旅游大类专业目录修订的特点主要体现在以下几个方面。一是深度关注文旅融合。注重文化要素在旅游产业的融入，从专业归属、专业名称到课程体系，

均做出校对调整。例如，把原属于财经商贸大类的"茶艺与茶叶营销"专业调整到旅游大类，并更名为"茶艺与茶文化"，将"葡萄酒营销与服务"专业更名为"葡萄酒文化与营销"，充分突出了旅游大类专业文化内涵建设、文旅融合发展的整体思路。二是坚持数字化改造原则。首先，突出了专业升级与数字化改造在专业名称中的落地，将智能、智慧、数字化等名词融入专业名称中，例如，将"酒店管理"专业更名为"酒店管理与数字化运营"，将"景区开发与管理"专业更名为"智慧景区开发与管理"。其次，全面充实相关调整专业的数字化内涵。在专业基础课程中普遍增设了计算机信息服务、数字化等相关的通识类课程，在专业核心课程中增加了与人工智能、大数据、5G技术应用相关的体现新技术的专业课程。三是超前增设新兴专业。新技术广泛应用于旅游产业各个环节的大背景要求从业者既懂旅游又懂技术，针对这一特点，《目录》增设了"智慧旅游技术应用"专业，为旅游业培养具有数字化思维、管理、运营与服务的应用型和技术技能型人才，增设了"定制旅行管理与服务""民宿管理与运营"两个专业，面向蓬勃发展的定制化市场需求与特色化民宿经济，体现了职业教育为行业培养人才又适度超前的特点。

2. 旅游高职院校专业升级和数字化改造情况

根据新版《目录》的修订精神及要求，旅游高职院校也不断推进旅游专业升级和数字化改造，推动了新时代旅游职业教育高质量发展。例如，作为全国第一所独立建制的酒店管理职业技术学院，青岛酒店管理职业技术学院聚焦酒店产业全科，依据酒店全生命周期，明确"市场投资—设计制造—运营管理—延伸拓展—支持保障"五大关键环节，优化重构8个专业群，形成专业链与相关产业链深度对接。面向产业数字化升级，重构人才培养目标、重塑专业课程体系、打造高端实训基地。引入国际惯例体系，提升内部治理水平，为高职院校专业建设和转型升级提供了有益参考与借鉴。浙江旅游职业学院为应对数字文旅融合的产业发展趋势，满足导游行业的人才需求变化，组建高水平导游专业群，培养具备"跨界融通、技能迭代"的复合型导游人才。导游专业群以产业发展、技能知识、文化引领、治理改革为逻辑主线开展建设，以点带面，在产业升级变迁中寻找专业群主引擎；以变应变，通过建立扶持和退出机制完善专业群结构。[1]

3. 省级及以上在线精品课程建设情况

2022年，全国共有340所旅游高职院校的811门课程入选2022年职业教育国

---

[1] 王雪颖.数字文旅背景下高水平导游专业群建设经验寻绎——访浙江旅游职业学院校长杜兰晓[J].职业教育（下旬刊），2022，21（1）：3-10.

家在线精品课程名单,其中独立建制的旅游高职院校有26门课程入选。青岛酒店管理职业技术学院和浙江旅游职业学院都有5门课程入选,位居旅游高职院校前列(表3-3-2)。

表3-3-2　旅游高职院校入选2022年国家在线精品课程名单(典型案例)

序号	院校名称	门数	课程名称
1	太原旅游职业学院	1	旅游英语
2	山西旅游职业学院	1	旅游应急处理与救护
3	上海旅游高等专科学校	2	旅游概论、旅游职业素养
4	南京旅游职业学院	2	乡村旅游开发与经营管理、前厅服务与管理
5	浙江旅游职业学院	5	中国良渚文化、导游文化基础知识、游遍亚运参赛国(地区)、旅游策划、旅游职业礼仪
6	江西旅游商贸职业学院	2	跨境电商实务、大学生创新创业指导
7	青岛酒店管理职业技术学院	5	会计基础、HTML5网页设计、物业管理实务、中式面点制作工艺、酒店物品艺术赏析
8	郑州旅游职业学院	1	导游实务与原理
9	长沙商贸旅游职业技术学院	2	导游讲解服务技术与实施、餐饮市场营销
10	三亚航空旅游职业学院	1	饮食营养与卫生
11	云南旅游职业学院	1	旅游规划、市场调查与分析

此外,文化和旅游部数据显示,全国旅游高职院校建有省级精品在线课程的有348所,建有10门及以上省级精品在线课程的有17所,其中独立建制的旅游高职院校有4所,占比23.5%,依次是长沙商贸旅游职业技术学院(18门)、郑州旅游职业学院(12门)、上海旅游高等专科学校(11门)、南京旅游职业学院(10门)。

4. 其他数字化教学资源建设情况

2021—2022年,受疫情影响,不少学校继续采用"停课不停学"的政策,网课教学成为应急措施,这也极大丰富了数字化教育资源的积累,推动全社会的数字化学习。对全国176所旅游高职院校的调研显示,近一半学校建设线上课程在9门以上,其中6.25%的学校在51门以上,但仍有41%的学校建设线上课程不足5门,在此基础上31.36%的学校都建有超过2个教学资源库。近两年来,旅游高职院校分别从课程资源、数字化教材、实验实训等方面大力推动数字化教学资源建设。

教学资源库建设方面,浙江旅游职业学院以智慧景区开发与管理专业国家级教学资源库建设为引领，全面推进4个专业群、8个二级学院教学资源库的建设和应用。2022年，国家级"智慧景区开发与管理"资源库已顺利通过验收，素材总量累计达20 482条，使用院校已超过3000所，累计学员逾17万人，建设成效明显。

数字教材方面，浙江旅游职业学院以提升课程教学内涵为基础，强化教材建设，依托相关在线课程建设项目，同步推进教材和课程的一体化建设。2022年开发12种与省级、校级精品在线开放课程配套的数字教材。江西旅游商贸职业学院与北京智启蓝墨等专业机构合作，启动了新形态数字化教材建设，在"旅商标杆课"中挑选7门课程，启动了新形态数字化教材建设。

实验实训方面，江西旅游商贸职业学院还对李渡酒、挛窑、擂茶、夏布绣4个非遗项目进行虚拟仿真实训教学资源开发，通过虚拟现实技术的应用，促进民族民俗和非物质文化遗产的保护和传播，推动文物"亮出来"、文化"活起来"。青岛酒店管理职业技术学院则依托学校丰富的数字化资源，创新提出高职"仿真—实操—仿真，仿真如真"的OTO（线上线下）实训模式，构建了"人人可学、人人能学、人人皆学"的泛在式物理学习空间。

同时，借助数字化教学带来的机遇，各院校都加强了自身的国际传播能力。例如，南京旅游职业学院打造了空中课堂，通过直播授课，为来自美国、加拿大、意大利、法国、德国、西班牙等15个国家的千余名海外华裔青少年开展烹饪技能、文化美育、实践创新等方面的系列教学活动，传播中华烹饪文化。

（四）进一步深化创新创业教育

《中华人民共和国国民经济和社会发展第十四个五年规划和二〇三五年远景目标纲要》指出，要"实施就业优先战略""建立促进创业带动就业、多渠道灵活就业机制"。推进"大众创业，万众创新"，需要现代职业教育体系的基础支持。旅游高职院校对于加强创新创业教育非常重视，采取了一系列措施，主要集中在将创新创业教育纳入人才培养体系，建立具有旅游行业特色的创新创业课程体系，将创业创新理念意识培养和思维养成融入教育教学全过程，将专业教育与创新创业教育相融合，搭建多元立体创新创业教育实践平台，通过以赛促创提升创业实操能力等方面，并取得了一定成效（表3-4-1）。

表 3-4-1 旅游高职院校第七、第八届中国国际"互联网+"大学生创新创业大赛获奖典型案例汇总

序号	院校名称（排名不分先后）	获奖数量（个）	第七届	第八届
1	太原旅游职业学院	3	职教赛道银奖：心槐天下 情系百家——大槐树下百家姓系列文创	①职教赛道银奖：晋技奇巧——传承晋作非遗创新晋式家具 ②"青年红色筑梦之旅"赛道铜奖：冷科技，新农村——冷链助力乡村振兴
2	上海旅游高等专科学校	1	—	职教赛道铜奖：承古法米食——"吴叔公"云下午茶
3	江苏旅游职业学院	1	—	职教赛道银奖：皇金宝——鲟农的发家致富鱼
4	浙江旅游职业学院	6	①职教赛道铜奖：旅邦科技——中小旅行社数字化革新引领者 ②职教赛道铜奖：蛋屋宜宿——国内移动式共享住宿服务引领者	①职教赛道银奖：行疆科技——助力小微旅行社走出至暗时刻的先行者 ②职教赛道铜奖：知我少年——中国研学旅行产业建构者 ③职教赛道铜奖：川铂装配—箱式模块化建筑新锐制造商 ④"青年红色筑梦之旅"赛道铜奖："这乡"拾遗——挖掘乡村非遗手工魅力 打造乡村振兴金矿
5	江西旅游商贸职业学院	5	"青年红色筑梦之旅"赛道铜奖：振兴之"鹿"——开辟农民长久致富新模式	①职教赛道铜奖：小茶益杯——争做全国接待用茶的首选品牌 ②职教赛道铜奖：致富有"鹿"——争做中国南方亚种梅花鹿特色品牌 ③职教赛道铜奖：兵鲜生——引领创新就业新模式，开创生鲜供应新未来 ④"青年红色筑梦之旅"赛道铜奖：情暖军属计划
6	青岛酒店管理职业技术学院	2	①职教赛道铜奖：盘活军产资源 打造青岛首家海军话题酒店 ②职教赛道铜奖："鱼"你有约——中国高档观赏鱼行业赋能者	—
7	长沙商贸旅游职业技术学院	4	①职教赛道铜奖：益生"菌"——科技助农的砥砺践行者 ②职教赛道铜奖：守艺人擂茶——舌尖上的非遗文化	①职教赛道铜奖：守艺人擂王擂茶——舌尖上的非遗文化 ②职教赛道铜奖：臻品"菌"享——科技助农的砥砺践行者
8	三亚航空旅游职业学院	3	职教赛道铜奖：电动自行车智能安全头盔	①职教赛道铜奖：智能安全电动自行车头盔 ②职教赛道铜奖：滨海救援无人机

不少旅游高职院校在创新创业教育方面的做法都有一定的参考价值。从人才培养体系构建来看，山西旅游职业学院形成完整的双创教育体系，重点发展基于

专业学习的创新创业教育，加强学生创新创业体验和创意训练。云南旅游职业学院建立起将课堂教学、自主学习、结合实践、指导帮扶、文化引领融为一体的创新创业教育体系。三峡旅游职业技术学院将创新创业教育纳入专业人才培养方案，融入专业课程教学，通过创新创业大赛等系列活动，培育学生的创新意识和创业精神。

从创新创业师资培养来看，浙江旅游职业学院重点强化师资力量培养，2021—2022年学校面向全校教师开展线上线下混合式创新创业教学工作坊共97期，每周四晚上开展线上虚拟教研，每月开展一次线下活动，参训专任教师及学生助教2000余人次。长沙商贸旅游职业技术学院夯实双创课程体系，校企共建创新创业教育导师团队。

从双创课程教学改革来看，郑州商贸旅游职业学院构建双创课程体系，精选典型案例，实施课程双主讲，推进创新创业课程教学改革。浙江旅游职业学院在公选课里专门增加"创新创业类模块"，涵盖4门线下和14门线上课程供学生自主选择。开设徐霞客创客班，分层分类培育，创客班学员在"互联网+""挑战杯"及乡村振兴等赛事中取得佳绩。浙江舟山群岛新区旅游与健康职业学院成立"民宿工作室"及"舟旅健礼坊"学生创业实践基地，为学生提供"理论培养""模拟演练""实战"的一条龙创新创业实践基地。

从校企合作、搭建实践平台来看，烟台文化旅游职业学院与山东科苑校企合作技术有限公司校企双方共建"创新创业学院"。湖南高尔夫旅游职业学院把企业的生产实践资源转化为教育资源，实行项目式教学。上海旅游高等专科学校依托上海市高校创业指导站等既有资源，开拓创新创意与创业教育资源。太原旅游职业学院成立太旅双创服务中心，建成创新创业产业园。

从校园文化营造来看，浙江旅游职业学院成立创业校友俱乐部、大学生创新创业协会，举办创新创业活动60余场，在全校营造创新创业文化氛围。南京旅游职业学院积极营造创新创业校园文化，拓展创新创业教育实践平台。

四、旅游高职教育发展未来展望

（一）推动旅游高职教育高质量发展

2021年3月12日，《中华人民共和国国民经济和社会发展第十四个五年规划和2035年远景目标纲要》发布，在"教育提质扩容工程"中针对高职教育明确了"支持建设 200 所以上高水平高职学校和 600 个以上高水平专业"的建设目标。2022 年 12 月 21 日，中共中央办公厅、国务院办公厅印发《关于深化现代职业教育体系建设改革的意见》，进一步强调"把推动现代职业教育高质量发展摆在更加突出的位置，坚持服务学生全面发展和经济社会发展，以提升职业学校关键能力为基础，以深化产教融合为重点，以推动职普融通为关键，以科教融汇为新方向，充分调动各方面积极性，统筹职业教育、高等教育、继续教育协同创新，有序有效推进现代职业教育体系建设改革"的指导思想。

2021 年 12 月 22 日，在国务院印发实施《"十四五"旅游业发展规划》并强调"促进旅游职业教育高质量发展"后，全国各省、自治区、直辖市政府部门相继出台旅游业发展规划文件，明确旅游高职院校的发展目标（表 4-1-1）。2022 年 5 月 31 日，文化和旅游部发布的《文化和旅游部办公厅关于实施 2022 年度文化艺术职业教育和旅游职业教育提质培优行动计划的通知》指出，为贯彻落实《国家职业教育改革实施方案》《"十四五"期间文化和旅游人才发展规划》，引导文化艺术职业教育和旅游职业教育紧密围绕行业产业需要培养人才。

表 4-1-1　全国部分省、自治区、直辖市"十四五"期间旅游业发展规划

所属省份	发文部门	文件名称	具体内容
北京市	北京市文化和旅游局	《北京市"十四五"时期文化和旅游发展规划》	建设覆盖高等教育、职业教育、技能培训的复合型人才教育培训体系，培育一批懂文化、知旅游的跨界人才
重庆市	重庆市文化和旅游发展委员会	《重庆市旅游业发展"十四五"规划》	依托重庆旅游职业学院人才培训基地及其他培训机构，多渠道开展旅游从业人员技能和素质提升培训
内蒙古自治区	内蒙古自治区人民政府	《内蒙古自治区"十四五"文化和旅游融合发展规划》	通过联合办学、委托培养、设立培训基地等形式，强化与本科高校和高职院校的合作，建立产学研一体化工作机制，不断提升高校文旅专业人才研究和实操能力
西藏自治区	西藏自治区人民政府	《西藏自治区"十四五"时期旅游综合发展规划》	促进旅游职业教育高质量发展，健全继续教育机制，推动面向旅游从业人员的数字化课程资源建设共享
宁夏回族自治区	宁夏回族自治区人民政府	《宁夏回族自治区文化和旅游发展"十四五"规划》	整合宁夏艺术职业学院、宁夏旅游学校资源优势，组建宁夏文化旅游职业学院，培养更多的文化和旅游人才
浙江省	浙江省发展改革委、浙江省文化和旅游厅	《浙江省旅游业发展"十四五"规划》	鼓励全省高等院校、中职学校围绕旅游产业新发展定位和方向，加强重点学科和紧缺专业建设。支持浙江旅游职业学院开展本科层次职业教育人才培养试点
福建省	福建省人民政府	《福建省"十四五"文化和旅游改革发展专项规划》	大力发展文化和旅游高等教育和职业教育，建立校企联动机制，引导和支持宣传文化和旅游企事业单位与教育机构联合建设人才培养基地

续表

所属省份	发文部门	文件名称	具体内容
湖北省	湖北省人民政府	《湖北省旅游业发展"十四五"规划》	大力发展现代旅游职业教育,培养适应旅游产业发展需求的高素质技术技能和管理服务人才
海南省	海南省人民政府	《海南省"十四五"旅游文化广电体育发展规划》	支持海南大学等高等院校及职业学校培养旅游文化广电体育专业人才、技能人才
贵州省	贵州省文化和旅游厅	《贵州省"十四五"文化和旅游发展规划》	加强高校旅游相关专业建设,办好贵州文化旅游职业学院
云南省	云南省人民政府	《云南省"十四五"文化和旅游发展规划》	将文化和旅游人才培训工作纳入就业培训和职业教育计划,加强旅游职业资格管理工作
辽宁省	辽宁省文化和旅游厅	《辽宁省"十四五"文化和旅游发展规划》	将文旅人才培训工作纳入人力资源社会保障部门就业培训和职业教育计划
甘肃省	甘肃省人民政府	《甘肃省"十四五"旅游业发展实施方案》	旅游人才队伍建设:构建"中职—高职—本科—研究生"校企协同育人系统工程
青海省	青海省人民政府	《青海省"十四五"文化和旅游发展规划》	发挥青海省旅游职业教育集团作用,整合智力资源,加强文化和旅游智库建设,深化校企合作机制,开展"校企合作、产教融合、师资共享"的人才培养模式

按照上述政策文件的要求,旅游高职教育"十四五"期间高质量发展思路主要为以下几个方面。第一,推动"双高"计划旅游大类专业高职院校成为引领职业教育新一轮重大改革的排头兵、领头雁。通过加强党的建设、技术技能人才培养、高水平专业群、"双师型"教师队伍建设等改革创新,引领全国旅游高职教育实现高质量发展。第二,提高旅游高职教育专业设置与市场需求的匹配度,促进旅游职业教育与文旅产业发展之间的双向互动,加快形成产教良性互动、校企优势互补的产教深度融合发展新格局。第三,以培养高质量文旅融合人才为抓手,打造中国文旅人才摇篮和文旅工匠高地,以适应旅游业"十四五"发展的人才需求。

(二)推动旅游高职教育助力乡村振兴

党的十八大以来,以习近平同志为核心的党中央把握发展阶段新变化,把逐步实现全体人民共同富裕摆在更加重要的位置上,推动区域协调发展,采取有力措施保障和改善民生,打赢脱贫攻坚战,全面建成小康社会,为促进共同富裕创造了良好条件。党的十九大提出实施乡村振兴战略,根据《中共中央 国务院关于实施乡村振兴战略的意见》,中共中央、国务院印发了《乡村振兴战略规划(2018—2022年)》,进一步明确了实施乡村振兴战略是解决新时代我国社会主要矛盾、实现"两个一百年"奋斗目标和中华民族伟大复兴中国梦的必然要求。

2021年,《中共中央 国务院关于支持浙江高质量发展建设共同富裕示范区的意见》发布,共同富裕示范区落地浙江,明确赋予浙江高质量发展建设共同富裕示范区的重大任务。

全国旅游高职院校依托旅游大类专业优势和特色构建共享机制,助力乡村振兴、赋能共富行动,包括乡村景区规划、民宿运营、标准化建设、智慧景区建设、非遗文创设计、专项人才培训、乡村餐饮研发、乡村文旅融合、新媒体运营、旅游品牌创建、服务技能提升等重要举措(表4-2-1)。

表4-2-1 旅游高职院校助力乡村振兴及赋能共富服务平台汇总

院校名称(排名不分先后)	平台名称
江苏旅游职业学院	乡土人才"三带"研修学院
南京旅游职业学院	乡村旅游人才驿站
三峡旅游职业技术学院	巴楚美食研究院
重庆青年职业技术学院	文化旅游乡村振兴学院
遵义职业技术学院	文旅与乡村振兴产业学院
四川职业技术学院	乡村振兴网
海南职业技术学院	乡村振兴学院
重庆工程职业技术学院	服务乡村振兴新农学校
上饶职业技术学院	乡村振兴学院
浙江旅游职业学院	浙江省乡村旅游与乡村振兴协同创新中心、山区26县共同富裕学院
浙江国际海运职业技术学院	舟山市乡村振兴学院、社区职业学院
浙江农业商贸职业学院	浙江茶产业协同创新中心、学院"三农"问题研究中心、浙江美丽乡村设计与研究中心、浙菜创新研究中心
浙江广厦建设职业技术学院	"1+X"乡村振兴学堂
浙江舟山群岛新区旅游与健康职业学院	浙江旅游健康职业教育集团、海洋旅游研究中心
杭州科技职业技术学院	杭州市乡村振兴学院、杭州乡村振兴研究中心
杭州万向职业技术学院	乡村振兴领航学院
宁波城市职业技术学院	宋韵文化研究院
温州科技职业学院	温州市共同富裕研究中心、温州农民学院、乡村振兴研究室
嘉兴职业技术学院	嘉兴乡村振兴学院、嘉兴农民学院
台州科技职业学院	石梁旅游产业学院、乡村振兴产业学院
义乌工商职业技术学院	全域旅游研究中心

资料来源:各院校官网及《2023年高等职业教育质量年度报告》。

"十四五"期间，旅游高职教育将持续致力于乡村振兴。第一，助力城乡均衡发展，通过促进乡村旅游发展，充分发挥行业智囊、政府智库等平台作用，在乡村旅游规划和政策咨询等方面对乡村旅游进行智力帮扶和人才输送。第二，助力区域均衡发展，通过对口援建、定点帮扶、项目援助等各类方式，在师资培训、项目扶持、人才支持等方面支援和助力全国欠发达地区。

（三）深化本科层次旅游职业教育探索

《中华人民共和国国民经济和社会发展第十四个五年规划和2035年远景目标纲要》提出，实施现代职业技术教育质量提升计划，建设一批高水平职业技术院校和专业，稳步发展职业本科教育。截至2022年12月，我国职业本科大学32所，在校生12.9万人。《关于推动现代职业教育高质量发展的意见》明确指出，到2025年，职业本科教育招生规模不低于高等职业教育招生规模的10%。"十四五"期间，教育部将遴选建设10所左右高水平职业本科教育示范学校。

近年来，教育部落实《国家职业教育改革实施方案》等系列文件精神，对接产业升级和技术变革趋势，稳步推动中等职业教育、高等职业教育专科、职业本科一体化发展，持续推进职业教育中高本课程有机衔接，推进中高本技术技能人才贯通培养。

"3+2"高本贯通培养是高职院校与本科院校联合培养本科层次技术技能型人才的重要途径，不仅能加快我国现代职业教育体系的构建，而且能满足社会日益增长的人才需求。例如，山东省最早于2013年开始推行高职院校与本科院校"3+2"贯通培养，上海市、江苏省、广东省、湖北省、安徽省、山西省、黑龙江省等均陆续出台了职业教育高职本科贯通培养试点工作的相关指导文件（表4-3-1）。截至2022年，"3+2"对口贯通分段培养试点高职高专院校不完全统计有50所，共计91个专业，衔接本科高校达28所，招生规模近5000人。

表4-3-1 部分省份高职院校与本科院校"3+2"贯通培养相关指导文件汇总

各省发文部门	高职院校与本科院校"3+2"贯通培养相关指导文件
上海市教育委员会	《关于做好2021年"专科高等职业教育——应用型本科教育"人才贯通培养试点申报工作的通知》
江苏省教育厅	《关于做好2020年现代职业教育体系贯通培养项目的通知》
广东省教育厅	《关于做好广东省2021年普通高等学校三二分段专升本转段招生工作的通知》
山东省教育厅	《关于做好2022年职业院校与本科高校对口贯通分段培养转段工作的通知》
山西省教育厅	《关于做好2022年职业教育高职本科贯通培养试点工作的通知》

续表

各省发文部门	高职院校与本科院校"3+2"贯通培养相关指导文件
湖北省教育厅	《湖北省教育厅关于开展普通本科高校与高职院校联合培养技术技能型人才试点工作的通知》
黑龙江省教育厅	《黑龙江省高职与本科应用型人才贯通培养试点工作实施方案（试行）》
河北省教育厅	《关于做好 2023 年河北省职业教育贯通培养工作的通知》
江西省教育厅	《江西省高等职业院校与本科高校联合培养本科层次技术技能型人才实施方案》
福建省人民政府	《福建省职业教育改革与发展方案》

资料来源：各省教育厅及政府门户网站。

"十四五"期间，相当一部分旅游高职院校将深化融通、守正创新，探索职业本科办学。一方面，加强与普通本科教育的互鉴互通，充分发挥职普融通的联结效应和职教纵向贯通的引领作用，逐步建成适应旅游行业需要的旅游高职教育体系。另一方面，增强旅游大类专业高等职业教育的适应性，培养适应经济社会发展需要的、新时期的高层次技术技能型文旅人才，夯实服务区域文旅产业持续发展和转型升级的能力。

中国旅游中职教育年度报告
（2021—2022 年）①

在充分调研基础上，《中国旅游中职教育年度报告（2021—2022年）》分析了全国旅游中职教育的发展现状和存在的问题，并针对未来发展提出了建设性意见和建议。报告引入了部分旅游中职学校在迭代产教融合、探索"双师共育"、引领特色产业、引入地方文化、推进文旅融合、参与乡村振兴、推进非遗传承、服务民族团结等方面的典型案例与特色实践，具有一定借鉴意义，以期为旅游职业教育从业者、研究者和决策者提供数据参考。

一、全国旅游中职教育概况

（一）学校数量与分布

根据31个省份（不含香港、澳门、台湾）发布的2022年中等职业学校学历教育具备招生资质的学校名单和招生专业统计，2022年全国开设旅游大类的中等职业学校（以下简称旅游中职学校）共有2436所。根据教育部数据，2022年全国中等职业学校（不含技工院校）数量为7201所，旅游中职学校占比33.82%。

从区域分布来看，华东片区（包含上海市、安徽省、江西省、江苏省、浙江省、山东省、福建省）总数为739所，其中山东省最多，为168所；华北片区（包含北京市、天津市、山西省、河北省、内蒙古自治区）总数为240所，其中河北省最多，为99所；东北片区（包含黑龙江省、吉林省、辽宁省）总数为169所，其中辽宁省最多，为88所；华南片区（包含广西壮族自治区、广东省、海南省）总

---

① 负责人：张帆，杭州市旅游职业学校校长，高级讲师。成员：夏嘉平，杭州市旅游职业学校教科室主任，高级讲师；许静，杭州市旅游职业学校教务处副主任，高级讲师；汪晶晶，杭州市旅游职业学校酒店教研组长，高级讲师；陈威民，杭州市旅游职业学校教学副校长，高级讲师；谢维瑾，杭州市旅游职业学校教务处主任，高级讲师。

数为278所，其中广东省最多，为137所；西南片区（包含四川省、云南省、贵州省、重庆市、西藏自治区）总数为501所，其中四川省最多，为203所；华中片区（包括河南省、湖南省、湖北省）总数为290所，其中河南省最多，为219所；西北片区（包括宁夏回族自治区、新疆维吾尔自治区、甘肃省、青海省、陕西省）总数为219所，其中新疆维吾尔自治区最多，为74所。学校名称中有"旅游"两个字的学校有99所，占比4%，说明专门旅游类学校总量偏少，专业设置门槛较低（表1-1-1）。

表1-1-1 全国旅游中职学校省域分布

院校数量（所）	省域分布
0~9	西藏自治区、天津市
10~19	北京市、上海市、青海省、宁夏回族自治区
20~39	海南省、黑龙江省、湖南省
40~69	重庆市、湖北省、吉林省、内蒙古自治区、山西省、陕西省、甘肃省
70~99	福建省、贵州省、辽宁省、新疆维吾尔自治区、河北省
100~149	安徽省、江西省、江苏省、浙江省、广东省、广西壮族自治区、云南省
150及以上	河南省、山东省、四川省

2021年3月12日，教育部正式颁布《职业教育专业目录（2021年）》。根据该目录的设置要求，旅游大类包含旅游类和餐饮类两类专业，其中旅游类专业包含旅游服务与管理、高星级饭店运营与管理专业、导游服务、茶艺与茶营销、会展服务与管理及康养休闲旅游服务；餐饮类专业包括西餐烹饪、中餐烹饪及中西面点。本次调研结果显示，旅游类专业均开设的学校有2所，分别为杭州市旅游职业学校和四川省旅游学校。

（二）学校性质与规格

1. 学校性质

此次受调研学校包括开设旅游相关专业的综合类中职学校、独立建制的旅游中专、设置在高职学校里的旅游大类中职专业。其中职业高中占比60%，普通中专占比40%。教育部门主办的占比88.89%，其他政府部门主办的占比6.67%，其他部门主办的为4.44%。开设旅游大类相关专业的综合类中职学校占比71.11%，独立建制的旅游中职学校占比28.89%。

2.学校荣誉

国家级重点职业学校占比58.14%，国家级示范学校占比41.86%，省级高水平建设学校占比32.56%，全国职业院校数字校园建设实验校（或中央电教馆数字校园示范校建设项目）占比2.33%。其他省级荣誉名称有省优质特色学校、全国教育系统先进集体、全国职业教育先进单位、全国职业指导先进学校、国家现代学徒制试点学校及信息化标杆校等（图1-2-1）。

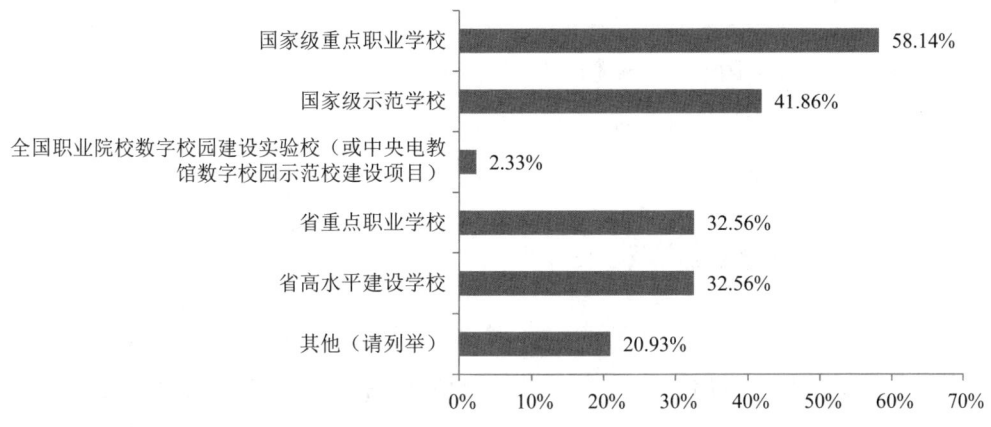

图1-2-1 旅游中职学校各类荣誉占比

（三）专业开设与分布

根据数据统计，2022年全国旅游中职学校共有2436所，其中，开设旅游服务与管理专业的学校有1544所，占比63.4%；开设高星级饭店运营与管理专业的学校有901所，占比36.9%；开设导游服务专业的学校有80所，占比3.3%；开设茶艺与茶营销专业的学校有55所，占比2.3%；开设会展服务与管理专业的学校有30所，占比1.2%；开设康养休闲旅游服务的学校有85所，占比3.5%；开设西餐烹饪专业的学校有197所，占比8%；开设中餐烹饪专业的学校有1067所，占比43.8%；开设中西面点专业的学校有190所，占比7.8%（表1-3-1）。

表1-3-1 旅游中职学校专业开设比例汇总

专业	院校数量（所）	占比
旅游服务与管理	1544	63.4%
高星级饭店运营与管理	901	36.9%
导游服务	80	3.3%
茶艺与茶营销	55	2.3%

续表

专业	院校数量（所）	占比
会展服务与管理	30	1.2%
康养休闲旅游服务	85	3.5%
西餐烹饪	197	8%
中餐烹饪	1067	43.8%
中西面点	190	7.8%

专业开设与地缘因素关系密切，以茶艺与茶营销专业为例，全国55所开设该专业的中职类学校中，浙江省有11所，福建省有9所，说明地方经济结构对于专业的开设具有很大的影响力。

（四）学生规模及比较

独立建制的旅游中职学校有99所。本报告选取其中55所学校，通过对招生简章进行统计分析，得出2022年招生数情况如下：招生数在501人及以上的有11所，占比20%；招生数在301~500人的有16所，占比29.09%；招生数在201~300人的有13所，占比23.64%；招生数在101~200人的有12所，占比21.82%；招生数在100人及以下的有3所，占比5.45%。由此可见，占比最高的区间是301~500人（表1-4-1）。

表1-4-1 旅游中职学校招生情况

招生人数	院校（所）	占比
100人及以下	3	5.45%
101~200人	12	21.82%
201~300人	13	23.64%
301~500人	16	29.09%
501人及以上	11	20.00%

二、旅游中职学校办学情况

（一）专业基本情况

1.各学校专业开设情况

开设旅游服务与管理专业的旅游中职学校占82.22%，导游服务专业的占 33.33%，高星级饭店运营与管理专业的占 62.22%，茶艺与茶营销专业的占 13.33%，会展服务与管理专业的占 13.33%，康养休闲旅游服务专业的占 11.11%，西餐烹饪专业的占 35.56%，中餐烹饪专业的占 48.89%，中西面点专业的占 24.44%（图 2-1-1）。

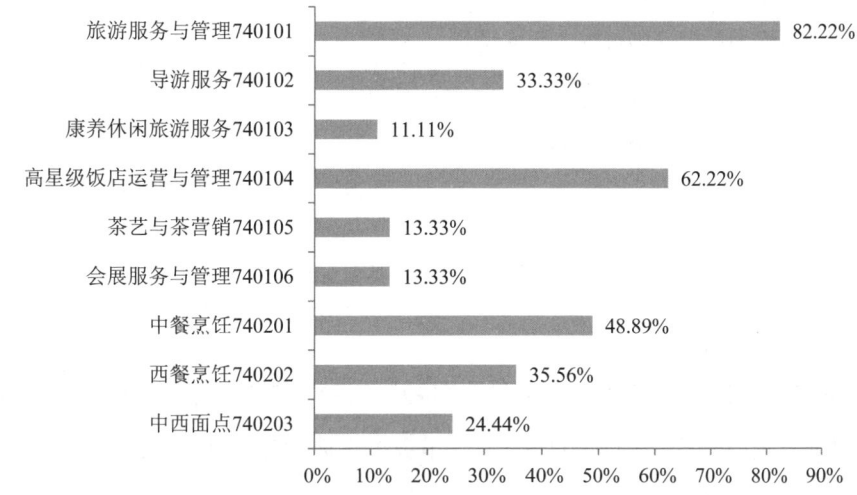

图 2-1-1 旅游中职学校旅游大类专业开设比例

2. 班级开设数量情况

开设班级数 30 个及以上的学校占比 6.67%，10~29 个的为 33.33%，6~9 个的为 26.67%，5 个及以下的为 33.33%（图 2-1-2）。

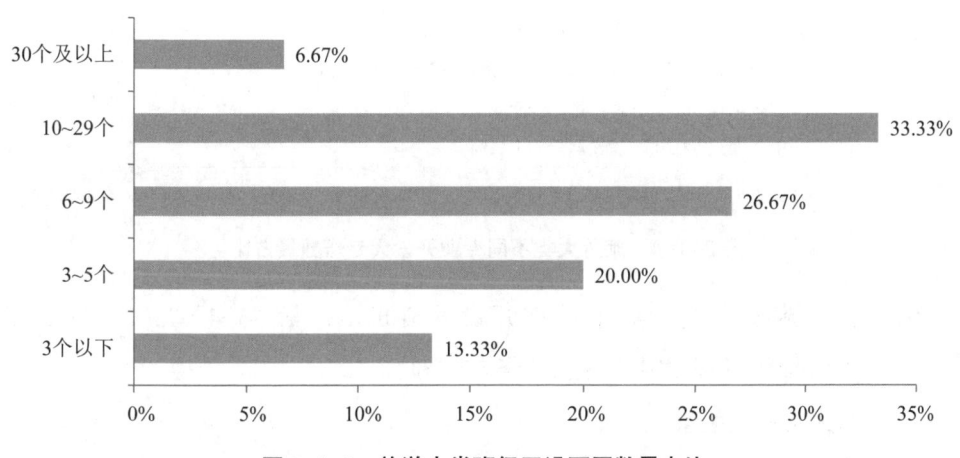

图 2-1-2 旅游大类班级开设不同数量占比

3. 新增专业情况

2022 年，46.67% 的学校招生没有新增旅游大类相关专业。新增专业的学校占比排名前三的分别为：新增旅游服务与管理的学校（24.44%）、新增康养休闲旅游服务的学校（11.11%）及新增茶艺与茶营销专业的学校（8.89%）（图2-1-3）。

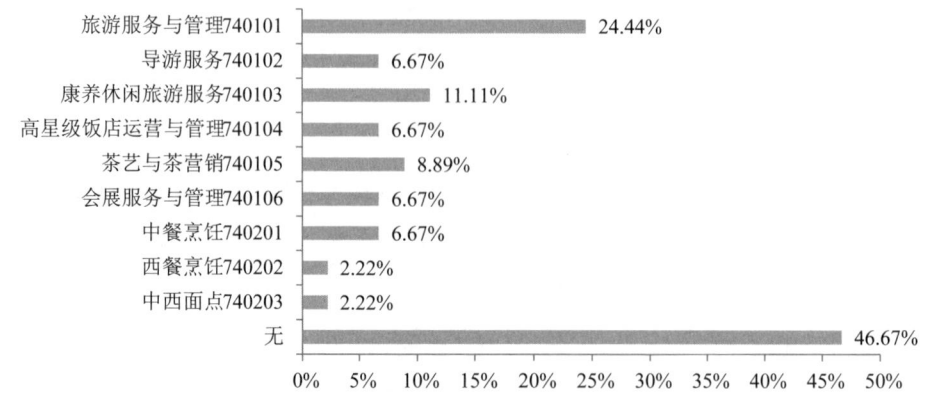

图 2-1-3 2022年不同旅游大类专业新增数量占比

4. 大专班开设情况

开设有大专班（包括"五年一贯""3+2""3+3"等）的旅游大类专业，排名前三的为旅游服务与管理（71.11%）、高星级饭店运营与管理（53.33%）及中餐烹饪（33.33%）（图2-1-4）。

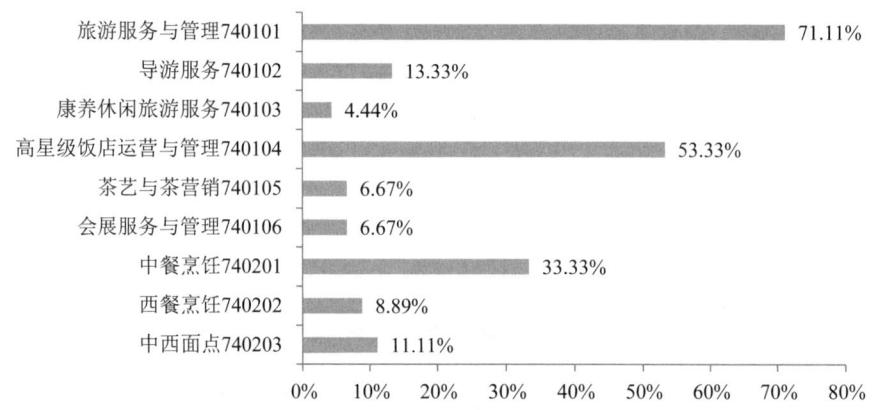

图 2-1-4 旅游大类不同专业开设大专班数量占比

91.11%的旅游大类专业中没有开设本科班（包括"3+4""5+2""3+3+2"等），开设本科班的专业集中为旅游服务与管理。

5. 旅游大类专业荣誉

旅游大类专业被评为省级及以上重点专业排名前三的为旅游服务与管理（33.33%）、高星级饭店运营与管理（26.67%）及中餐烹饪（13.33%）（图2-1-5）。

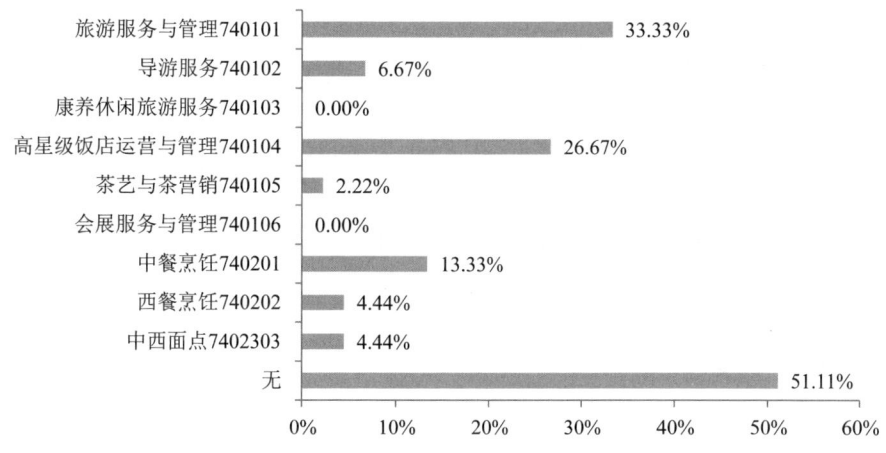

图 2-1-5 旅游大类不同专业荣誉占比

6. 招生规模

2022 年招生 501 人及以上的旅游中职学校占比 15.56%，301~500 人的占比 13.33%，101~300 人的占比 33.33%，51~100 人的占比 26.67%，50 人及以下的占比 11.11%（图 2-1-6）。

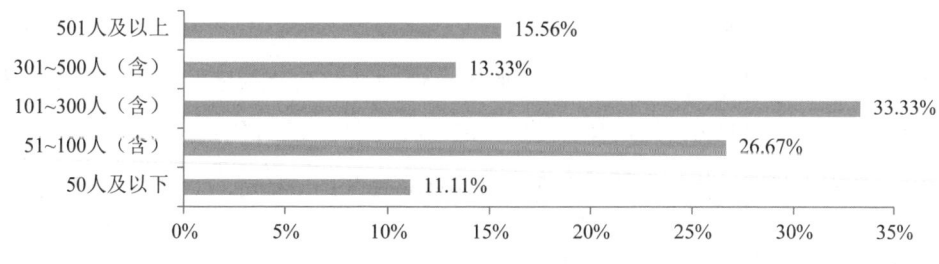

图 2-1-6 专业招生规模不同情况占比

旅游大类专业在校学生数占学校总学生数的比例为 80% 及以上的有 13.33%，比例为 50%~79% 的学校有 8.89%，比例为 30%~49% 的有 11.11%，30% 以下者有 66.67%（图 2-1-7）。

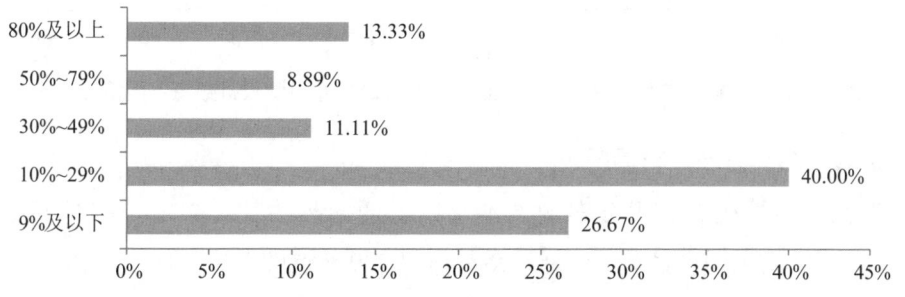

图 2-1-7 旅游大类专业招生规模在全校占比不同情况分布

（二）课程与教学资源建设情况

1. 跨专业选课情况

面向旅游大类专业学生开设的跨专业选修课，10门及以上的学校占比4.44%，7~9门的占比8.89%，4~6门的占比17.78%，1~3门的占比35.56%，33.33%没有开设跨专业的选修课（图2-2-1）。

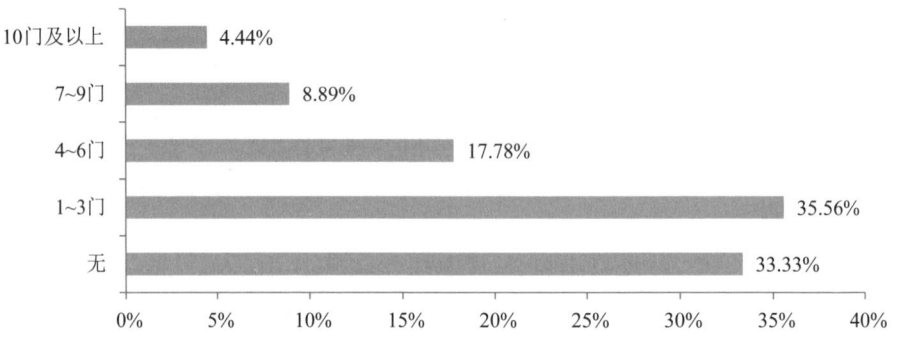

图2-2-1 跨专业选修课数量不同情况占比

2. 教材出版情况

2021—2022年，主编旅游大类专业国家规划教材或省级公开出版教材5本及以上的学校占比2.22%，3~4本的占比13.33%，1~2本的占比24.44%。60.01%的学校没有主编旅游大类专业国家规划教材或省级公开出版的教材（图2-2-2）。

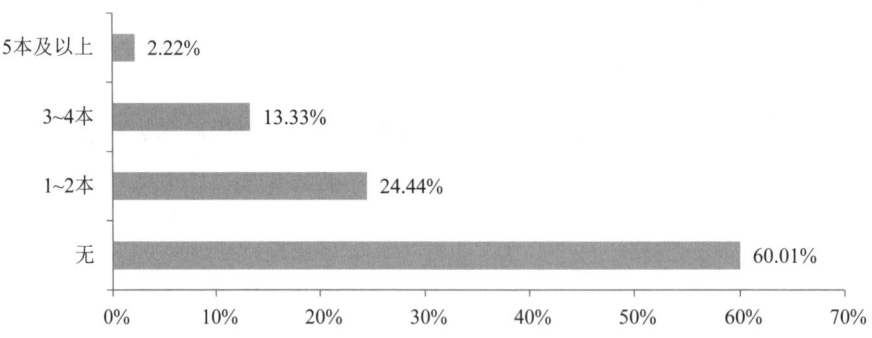

图2-2-2 主编旅游大类专业国家规划教材或省级公开出版教材数量不同情况占比

3. 校企合作开发教材情况

近两年，校企合作开发教材5本及以上的学校占比4.44%，3~4本的占比4.44%，1~2本的占比37.78%，没有校企合作开发教材的学校占比53.34%。其中，校企合作开发教材中有公开出版的学校占比28.57%，涉及的内容主要是茶艺、西餐、花艺、地方导游及康养休闲类（图2-2-3）。

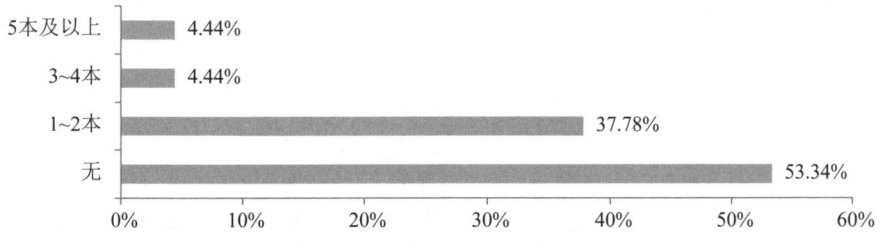

图 2-2-3　校企合作开发教材数量不同情况占比

4. 课程思政建设情况

旅游大类专业建设有课程思政精品课程（优质课程、典型案例）5 门及以上的学校占比 2.22%，3~4 门的占比 4.44%，1~2 门的占比 31.11%，没有课程思政相关课程的学校占比 62.23%（图 2-2-4）。

图 2-2-4　课程思政精品课程数量不同情况占比

5. 数字化教学资源建设情况

建有虚拟实验实训教学系统的学校占比 63.04%，有 36.96% 的学校未建有虚拟实验实训教学系统（图 2-2-5）。

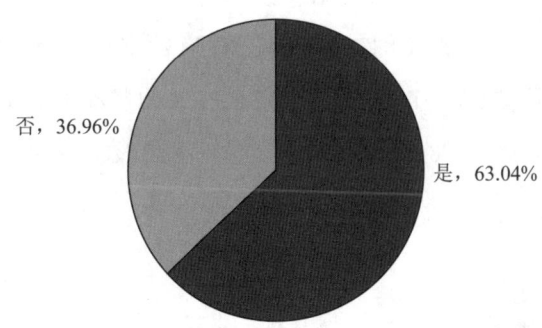

图 2-2-5　虚拟实验实训教学系统建设不同情况占比

虚拟仿真技术应用主要包括教师教学技能训练、学生自主练习、虚拟仿真实验教学、职业技能考核等，其中应用在虚拟仿真实验教学、教师教学技能训练的比例较高，分别为 58.7% 和 52.17%，有 30.43% 的学校没有应用虚拟仿真技术（图 2-2-6）。

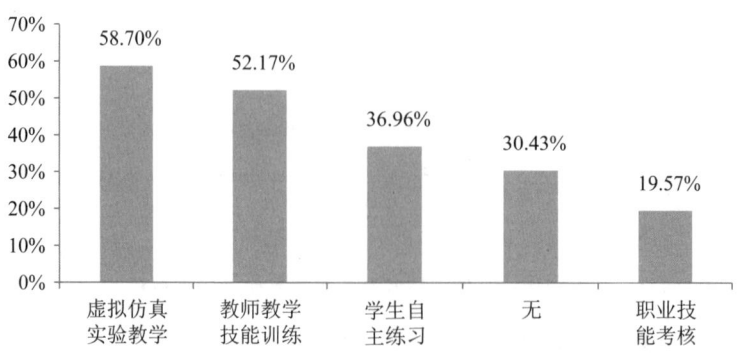

图 2-2-6　虚拟仿真技术不同应用情况占比

2022 年新开发旅游大类专业课程数字化教学资源 1~2 门的学校占比 32.61%，有 58.7% 的学校未开发数字化教学资源（图 2-2-7）。

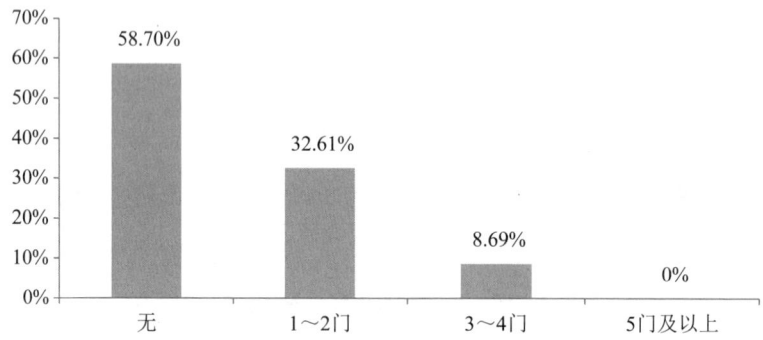

图 2-2-7　数字化教学资源梳理不同情况占比

67.39% 的旅游大类专业未建有数字化场馆，建有数字化场馆的旅游大类专业中，建设职业体验馆、数字图书馆、数字博物馆等类型场馆的专业占比分别占比 21.74%、10.87%、8.7%（图 2-2-8）。建有数字化场馆的旅游大类专业中，60.87% 的仿真实训资源来自市场购买，32.61% 来自校企合作开发，13.04% 来自共享其他学校或社会资源，8.7% 来自学校自主研发（图 2-2-9）。

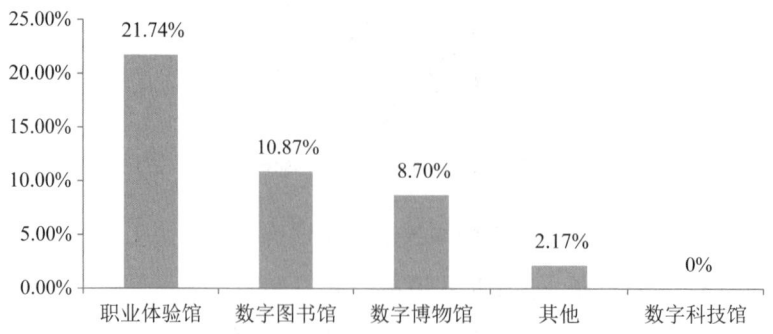

图 2-2-8　数字化场馆建设不同情况占比

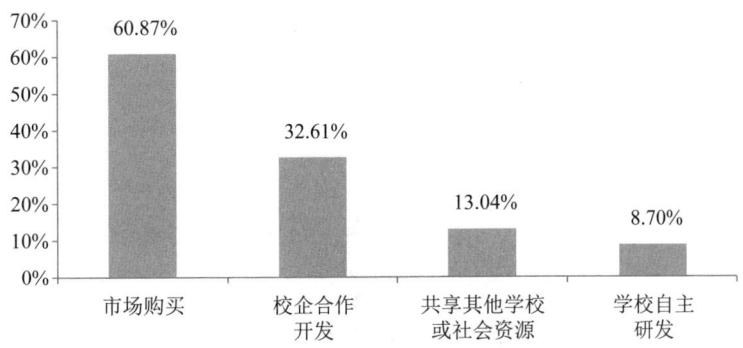

图 2-2-9　仿真实训资源不同来源占比

校企合作建设的旅游大类专业在线开放资源的类型包括岗位技能训练标准库（23.91%）、人才需求信息库（13.04%）、创新创业案例（10.87%）、企业信息库（10.87%）、用工信息库（4.35%）及其他（2.17%）（图2-2-10）。

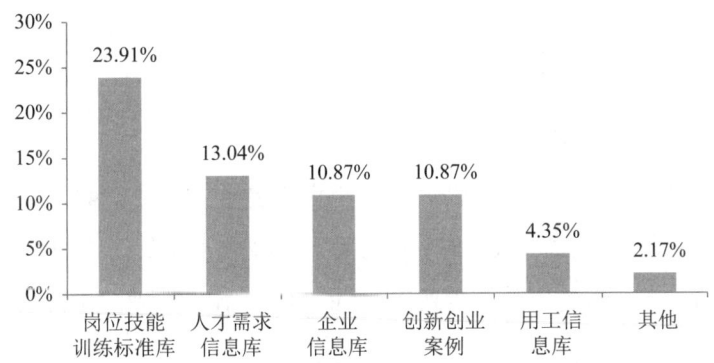

图 2-2-10　校企合作在线开放资源不同类型占比

在数字化平台上参与学习的本校学生比例达95%及以上的学校占调研样本的10.87%，比例为80%~94%的占比2.17%，比例为60%~79%的占比10.87%，比例为40%~59%的占比6.52%，比例为40%以下的占比36.96%，无学生参与数字化平台学习的占比32.61%（图2-2-11）。

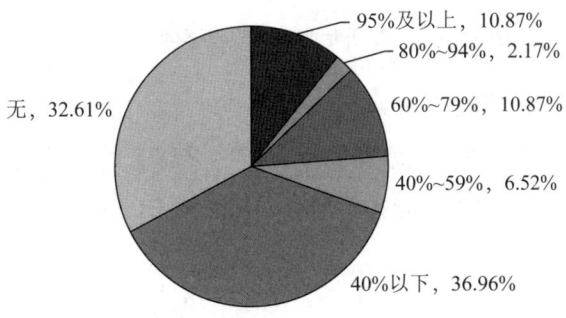

图 2-2-11　学生参与数字化平台学习不同情况占比

在数字化平台上参与学习的校外学生2000人次及以上的学校占比2.17%，1001~1999人次的占比4.35%，501~1000人次的占比4.35%，101~500人次的占比10.87%，100人次及以下的占比78.26%（图2-2-12）。

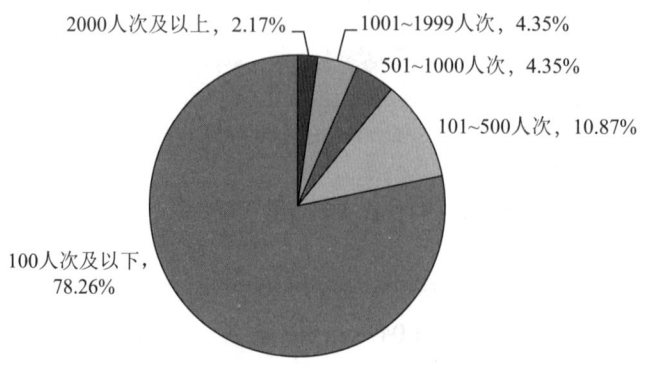

图2-2-12　数字化平台校外学生参与学习不同频次占比

（三）师资队伍建设情况

1. 专业教师数量情况

专任专业教师数量30人及以上的旅游大类专业占比13.34%，20~29人的为22.22%，10~19人的为24.44%，5~9人的为24.44%，4人及以下的为15.56%。专任专业教师与本专业学生生师比达到20∶1的学校占比66.67%（图2-3-1）。

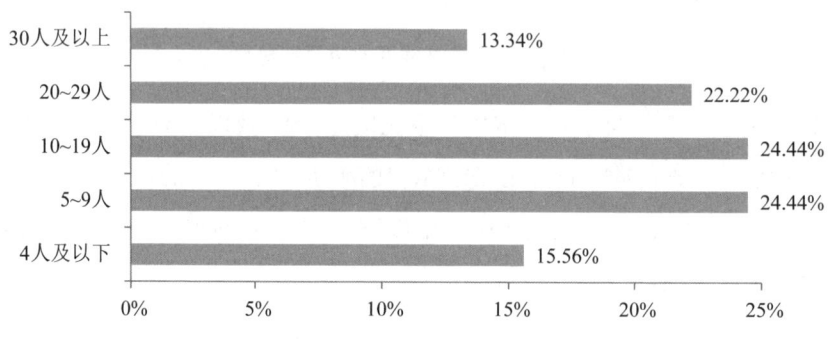

图2-3-1　专任专业教师规模不同情况占比

2."双师型"教师情况

"双师型"教师占专任专业教师比例为95%及以上的旅游大类专业为48.89%，81%~94%的为37.78%，70%~80%的为4.44%，70%以下的为8.89%（图2-3-2）。

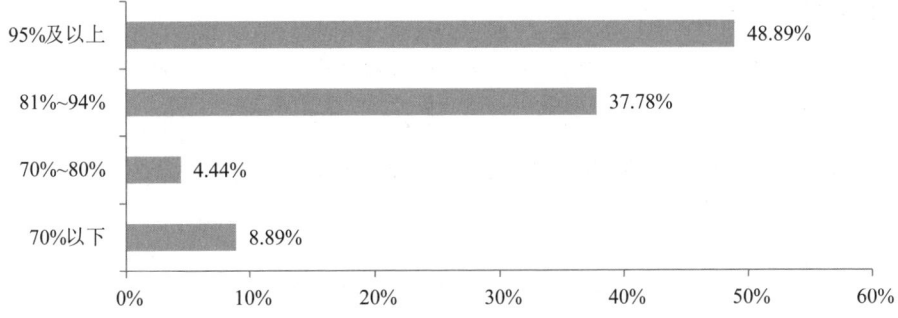

图 2-3-2 "双师型"教师占专任专业教师比例不同情况占比

来自旅游行业企业一线的兼职教师 10 人及以上的学校为 8.89%，5~9 人的为 15.56%，4 人及以下的为 44.44%，没有兼职教师的学校占比为 31.11%。兼职教师承担专业课教学，授课课时占旅游类专业课总课时的 50% 以上的为 6.66%，20% 以下的为 68.89%（图 2-3-3）。

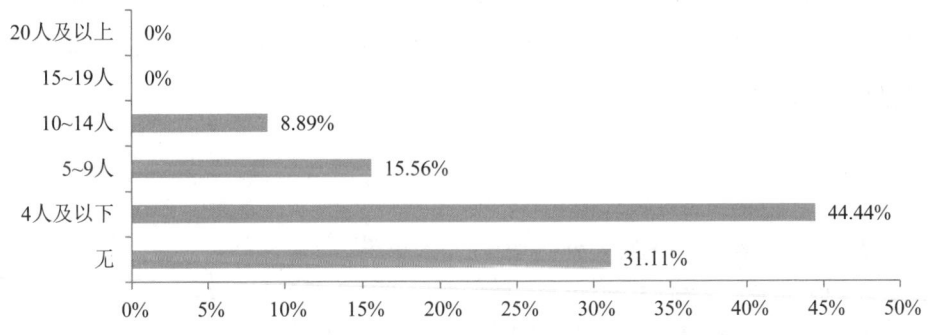

图 2-3-3 旅游行业企业一线兼职教师规模不同情况占比

3. 教师学历情况

专任专业教师中，硕士及以上学位比例为 50% 及以上的学校为 13.33%，30%~49% 的为 15.56%，20%~29% 的为 17.78%，20% 以下的为 53.33%，其中没有硕士学位教师的学校为 17.77%（图 2-3-4）。

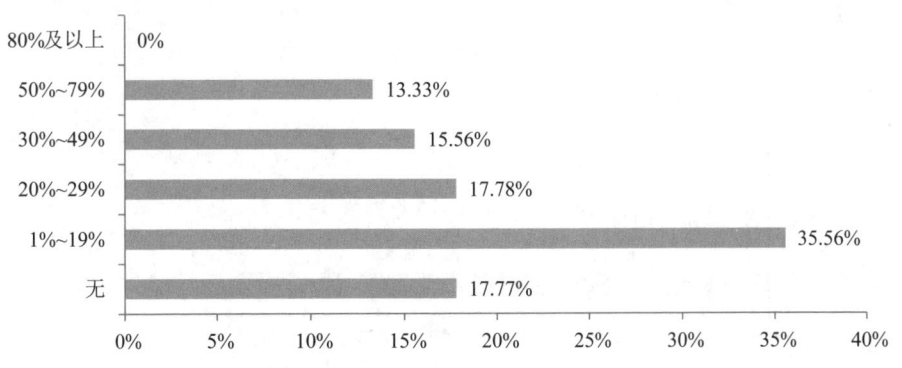

图 2-3-4 硕士及以上学位专任专业教师不同比例占比

4. 教师职称情况

专任专业教师中，具有中级职称的比例为 90% 及以上的学校占比 13.33%，70%~89% 占比 28.89%，50%~69% 占比 24.44%，30%~49% 占比 20%，30% 以下占比 13.34%，其中没有中级职称教师的学校为 2.22%（图 2-3-5）。

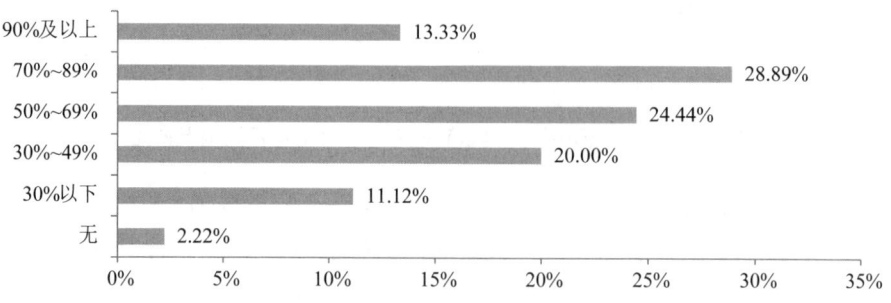

图 2-3-5 专任专业教师中级职称不同情况占比

专任专业教师中，高级职称比例为 60% 及以上的学校占比 13.33%，40%~59% 占比 26.67%，20%~39% 占比 35.56%，20% 以下占比 24.44%，其中没有高级职称教师的学校为 2.22%（图 2-3-6）。

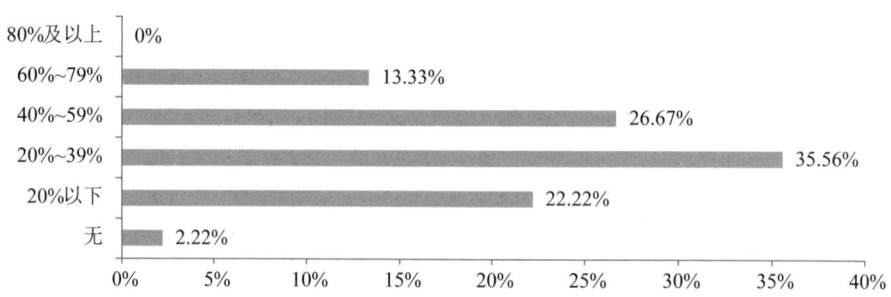

图 2-3-6 专任专业教师高级职称不同情况占比

专任专业教师中，具有正高级专业技术职务 3 人及以上的学校占比 8.89%，2 人的占比 2.22%，1 人的占比 11.11%，77.78% 的学校没有正高级专业技术职务教师（图 2-3-7）。

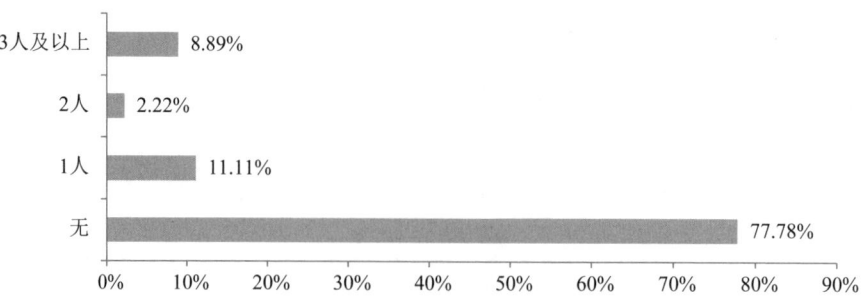

图 2-3-7 正高级职称专任专业教师不同数量占比

5. 教师荣誉获得情况

专任专业教师中，具有省级及以上教学名师 3 人及以上的学校占比 11.11%，2 人的占比 2.22%，1 人的占比 24.44%，62.23% 的学校没有省级及以上教学名师（图 2-3-8）。

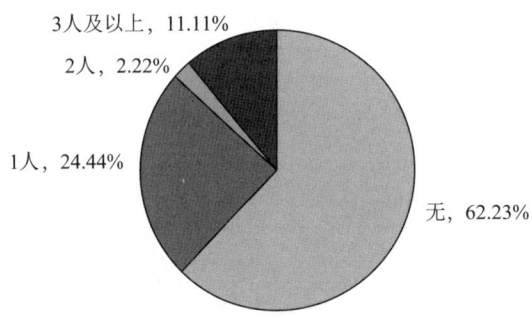

图 2-3-8　省级及以上教学名师数量不同情况占比

拥有省级及以上名师工作室 3 个及以上的学校占比 2.22%，2 个的占比 4.44%，1 个的占比 22.22%，71.12% 的学校没有省级及以上名师工作室（图 2-3-9）。

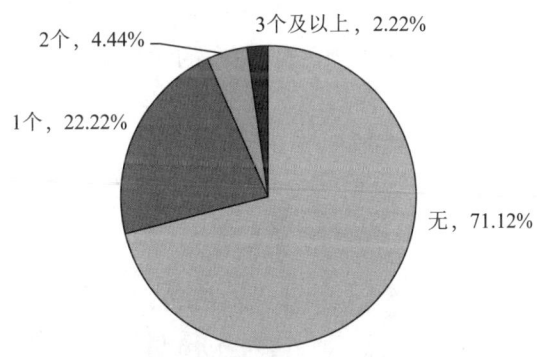

图 2-3-9　省级及以上名师工作室数量不同情况占比

拥有 3 个及以上行业大师工作室的学校占比 4.44%，2 个的占比 17.78%，1 个的占比 22.22%，55.56% 的学校没有行业大师工作室（图 2-3-10）。

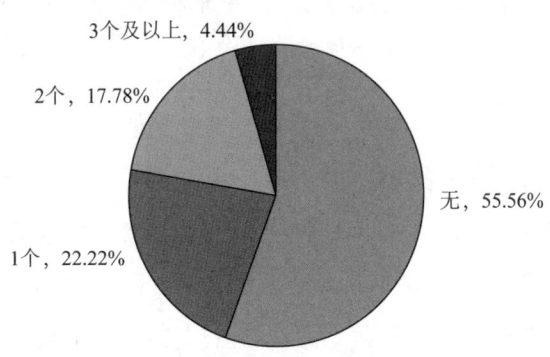

图 2-3-10　行业大师工作室数量不同情况占比

6. 教师专业技能大赛情况

2022年，专业教师在省级教学能力竞赛（教育行政部门主办）中获得奖项的学校占比43.47%，其中，获奖5项及以上的占比2.17%，获奖1~2项的占比41.30%（图2-3-11）。

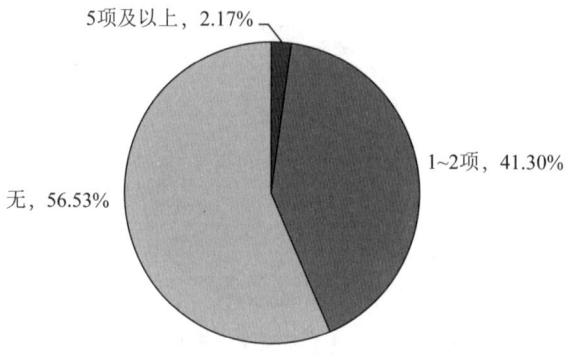

图2-3-11 专业教师省级教学能力竞赛中获奖情况

7. 非遗专家进校园情况

聘请专任或兼职非遗代表性项目传承人5位及以上的学校占比2.17%，3~4位的占比2.17%，1~2位的占比39.13%，56.53%的学校未聘请专任或兼职非遗代表性项目传承人（图2-3-12）。

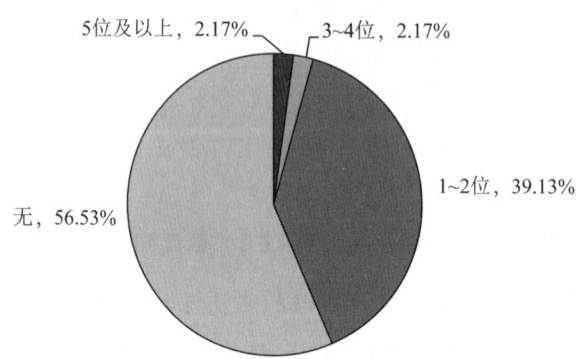

图2-3-12 旅游大类专业聘请非遗传承人情况

（四）实践教学情况

1. 学生技能证书获得情况

有学生参与职业资格证书考试的学校占比44.44%，参与职业技能等级证书考试的占比64.44%，参与专项职业能力证书考试的占比13.33%，参与"1+X"职业技能等级证书考试的占比53.33%，不考证的占比8.89%（图2-4-1）。

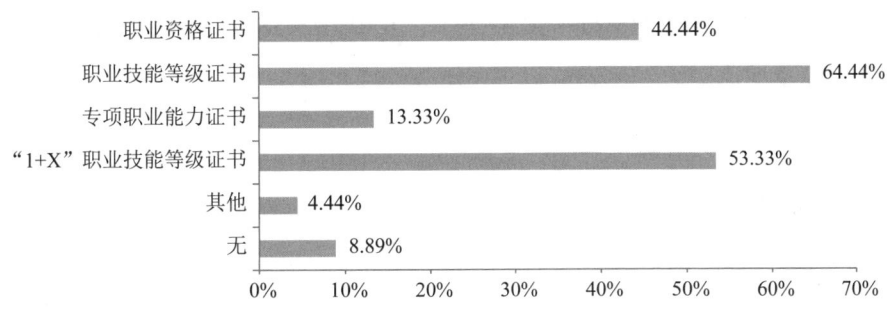

图 2-4-1 学生职业证书获取不同情况占比

2. 实训基地情况

校内旅游大类专业实训基地总数量为 15 个及以上的学校占比 13.33%，10~14 个的占比 8.89%，5~9 个的占比 11.11%，1~4 个的占比 57.78%，没有校内实训基地的为 8.89%（图 2-4-2）。其中，有旅游类国家级实训基地的学校占比 14.63%，有 3 个及以上旅游类省级实训基地的占比 9.76%，2 个的占比 9.76%，1 个的占比 26.83%。

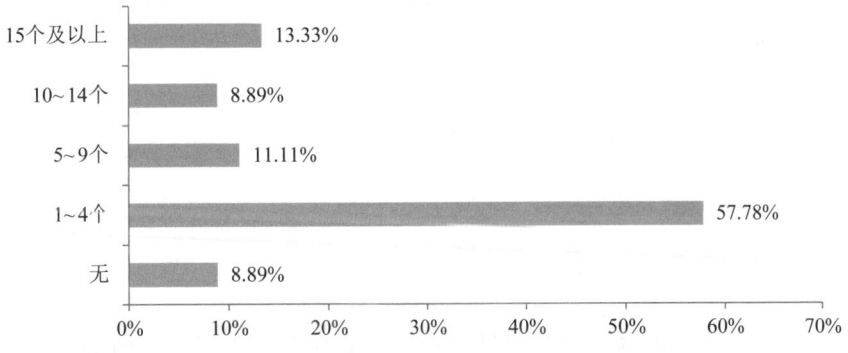

图 2-4-2 校内实训基地数量不同情况占比

校企共建实训场馆比例为 30% 及以上的学校占比 26.66%，30% 以下的占比 73.34%，没有校企共建实训场馆的学校占比 33.34%（图 2-4-3）。

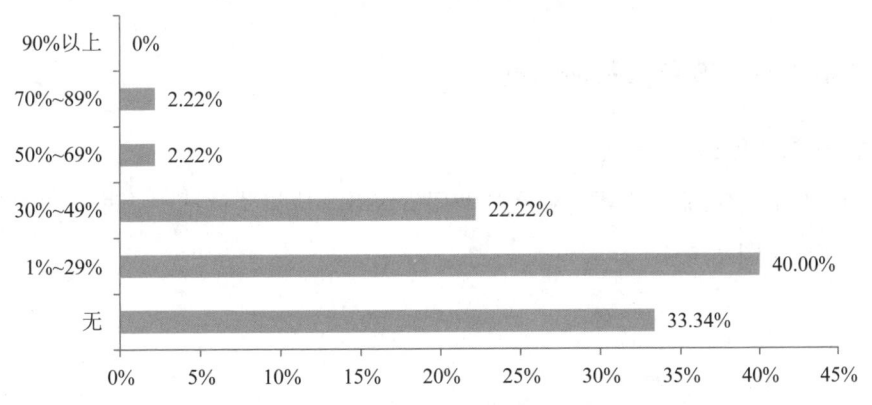

图 2-4-3 校企共建实训场馆数量不同情况占比

有经营型实训场馆的学校占比37.37%，其中，35.56%的学校经营型实训场馆占实训室总量的比例为1%~29%以下（图2-4-4）。

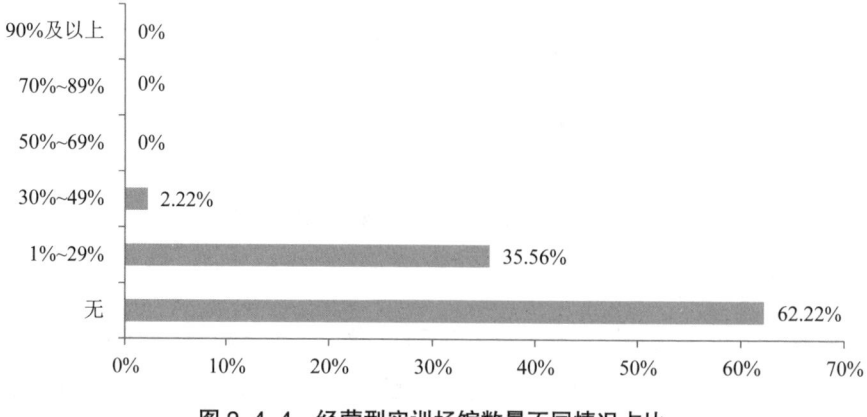

图2-4-4　经营型实训场馆数量不同情况占比

校外旅游大类专业实训基地有15个及以上的学校占比22.22%，10~14个的占比11.11%，5~9个的占比15.56%，1~4个的占比37.78%，没有校内实训基地的为13.33%（图2-4-5）。

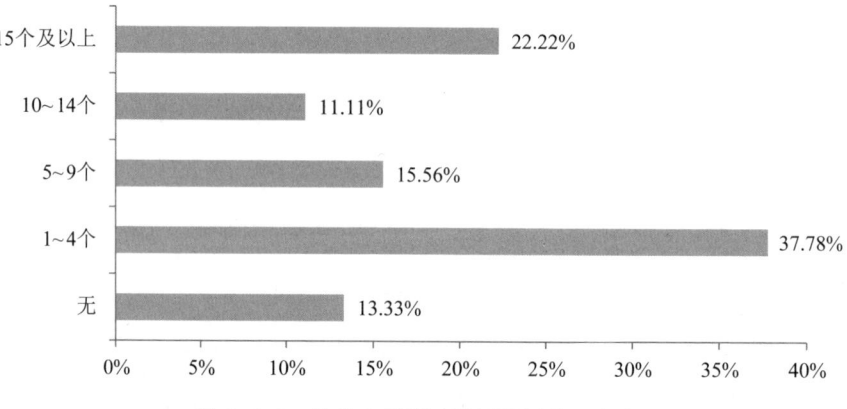

图2-4-5　校外实训基地数量不同情况占比

（五）教学改革与科研情况

1. 教学成果奖获奖情况

30.43%的学校旅游大类专业在近两届省级教学成果奖评选中获奖，69.57%的学校未获奖（图2-5-1）。

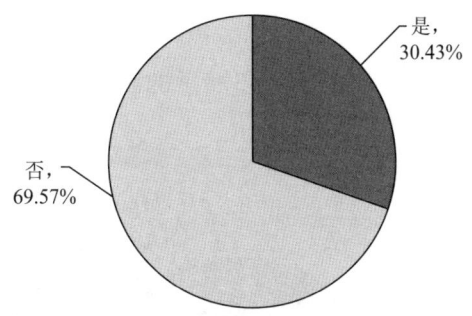

图 2-5-1 省级教学成果奖获奖情况

2. 教学改革项目立项情况

主持近两年立项的省级及以上教学改革研究项目3~4项的学校占比8.7%，主持1~2项的学校占比30.43%，有60.87%的学校旅游大类专业未主持过省级及以上的教学改革项目（图2-5-2）。

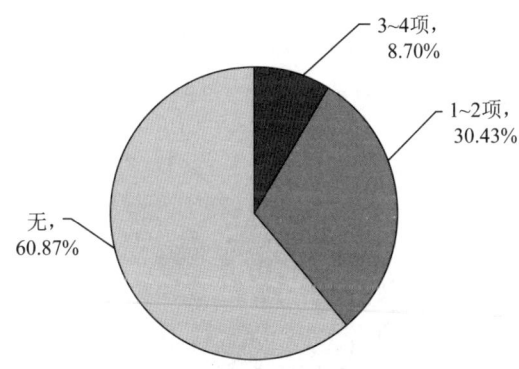

图 2-5-2 省级及以上教学改革研究项目不同数量的学校占比

有5项及以上省部级及以上课题的学校占比2.17%，有3~4项的学校占比10.87%，有1~2项的学校占比30.43%，有56.53%的学校未有过省部级及以上的课题（图2-5-3）。

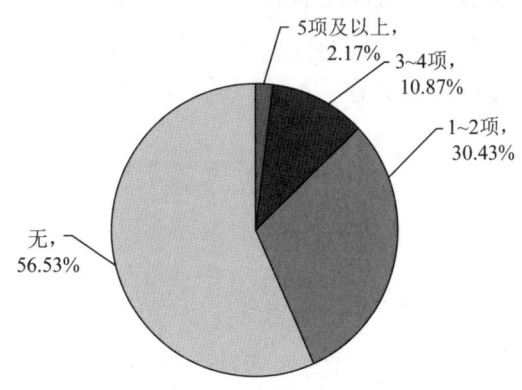

图 2-5-3 省部级以上课题立项不同数量的学校占比

3. 专利获得情况

获得6~9项专利的学校占比4.35%，3~5项的占比4.35%，1~2项的占比6.52%，84.78%的学校未取得过专利（图2-5-4）。

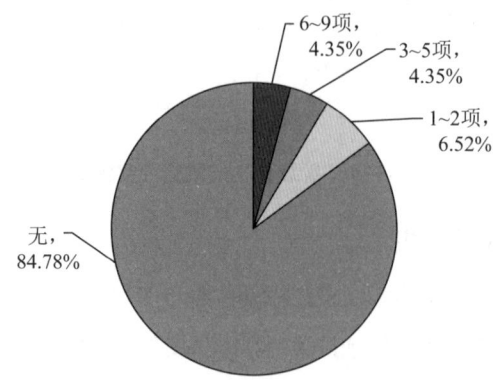

图 2-5-4　获得不同数量专利的学校占比

技术转化项目情况调研数据显示，86.95%的学校无技术转化项目，8.7%的有1~2项，4.35%的有3~5项（图2-5-5）。

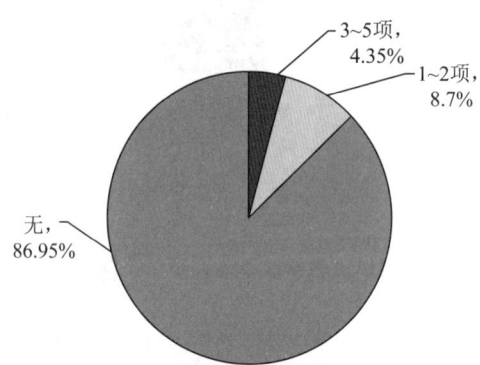

图 2-5-5　不同数量技术转化项目的学校占比

4. 省级及以上专业教学标准建设情况

调研显示，82.61%的学校没有参与过旅游大类专业省级教学标准建设，17.39%的学校参与了1~2项标准建设（图2-5-6）。

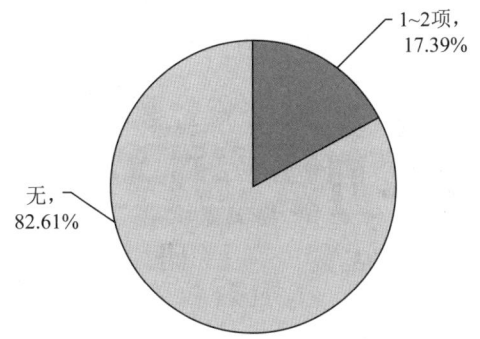

图 2-5-6　省级教学标准建设情况分布

图 2-5-7　省级教学标准建设内容词云图

调研显示，85.78%的学校没有参与过旅游大类专业国家级教学标准建设，15.22%的旅游中职学校参与了1~2项（图 2-5-8）。具体参与内容包括高星级饭店运营与管理专业教学标准、导游服务专业教学标准、旅游服务与管理专业教学标准、康养休闲旅游服务专业教学标准等（图 2-5-9）。

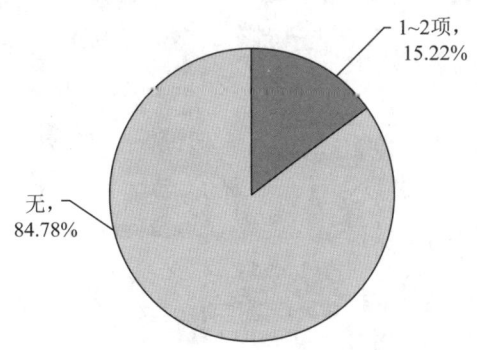

图 2-5-8　国家级教学标准建设情况分布

图 2-5-9　国家级教学标准建设具体内容词云图

5. 行业标准编制情况

调研显示，84.78% 的学校没有参与过旅游行业标准建设，15.22% 的参与过 1~2 项行业标准建设（图 2-5-10）。具体参与内容包括旅店服务员职业资格标准、艺术插花专项能力标准、地方旅游质量评价标准、酒店服务行业标准、豆腐包制作标准、惠州市东江菜地方标准等（图 2-5-11）。

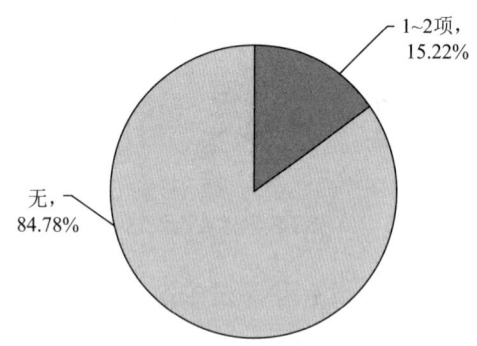

图 2-5-10　行业标准建设情况分布

图 2-5-11　行业标准建设的具体内容词云图

（六）学生发展与就业

1. 学生获奖情况

2022年，旅游大类专业学生在省级创新创业竞赛中获奖的学校占比15.22%，其中获奖3~4项的学校占比4.35%，获奖1~2项的占比10.87%（图2-6-1）。

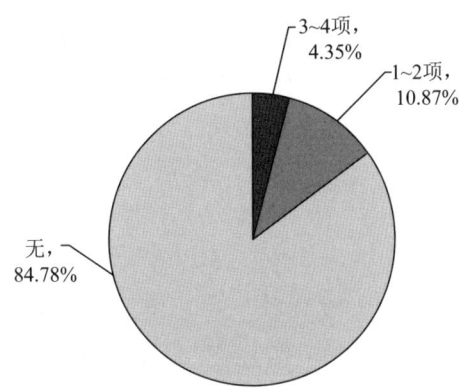

图 2-6-1 学生参加创新创业竞赛情况占比

2. 毕业生收入情况

学生毕业一年后月收入为3001~5000元的学校占比65.22%，2001~3000元的占比30.43%，1000~2000元的占比4.35%（图2-6-2）。

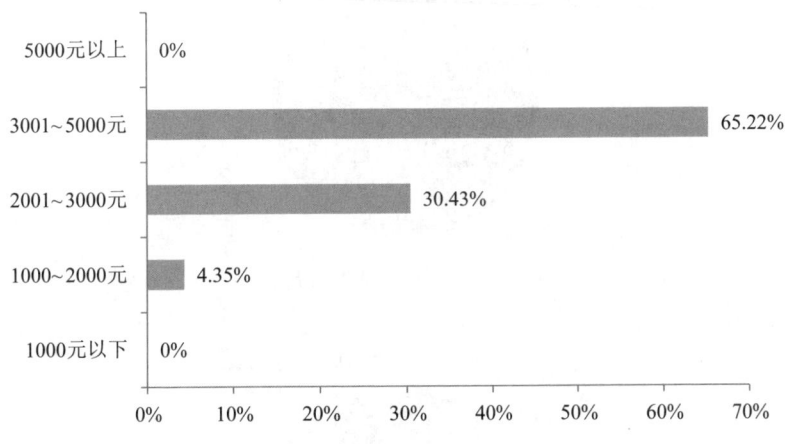

图 2-6-2 毕业生毕业一年收入情况占比

学生毕业三年后月收入为5000元以上的学校占比41.3%，3001~5000元的占比50%，2001~3000元的占比8.7%（图2-6-3）。

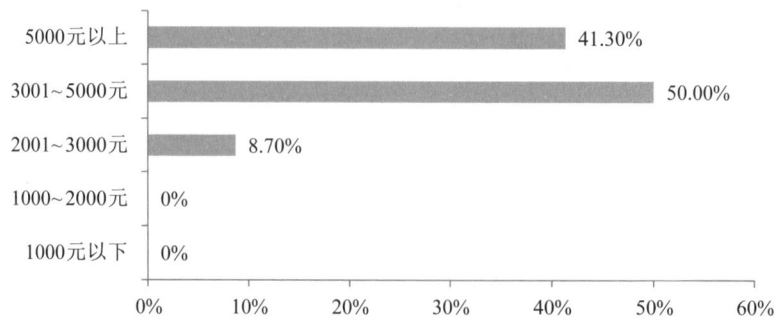

图 2-6-3　毕业生毕业三年收入情况占比

（七）社会服务情况

1. 社会培训情况

2022 年非学历培训 2000 人次及以上的学校占比 13.04%，1001~1999 人次的占比 2.17%，200~1000 人次的占比 30.44%，199 人次及以下的占比 54.35%（图 2-7-1）。其中，面向村、社（区）开展非学历培训服务 2000 人次及以上的学校占比 6.52%，1001~1999 人次的占比 4.35%，200~1000 人次的占比 30.44%，200 人次以下的占比 58.69%（图 2-7-2）。

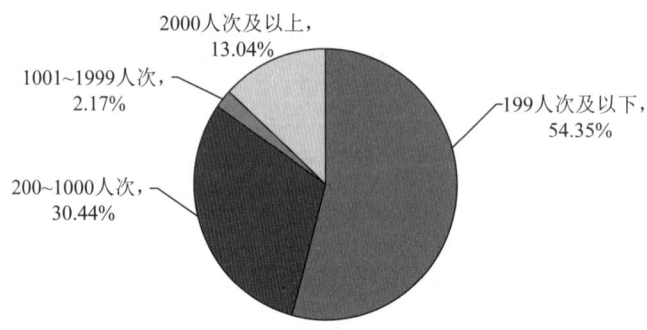

图 2-7-1　社会培训情况占比

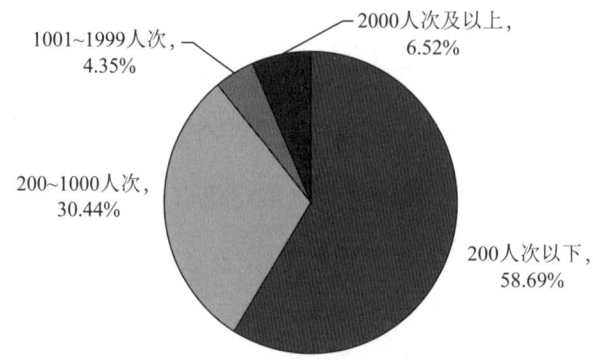

图 2-7-2　面向村、社（区）开展非学历培训服务情况占比

2. 智力支持情况

对旅游大类专业提供乡村振兴的旅游规划、政策咨询情况的调研显示，提供5项及以上的学校占比4.35%，3项的占比2.17%，2项的占比8.7%，1项的占比84.78%（图2-7-3）。

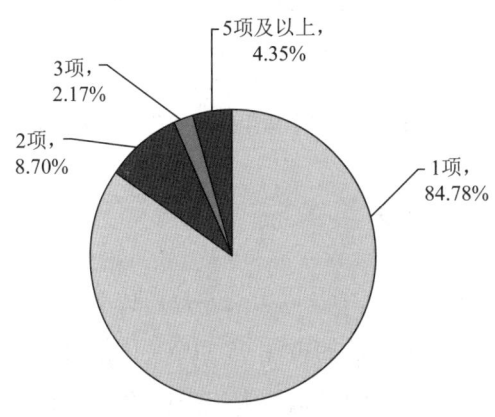

图2-7-3　乡村振兴相关旅游规划、政策咨询情况占比

3. 乡村支教情况

旅游大类专业派驻乡村帮扶、支教的教师情况，派驻过1人的学校占比78.26%，2人的占比13.04%，3人的占比4.35%，5人及以上的占比4.35%（图2-7-4）。

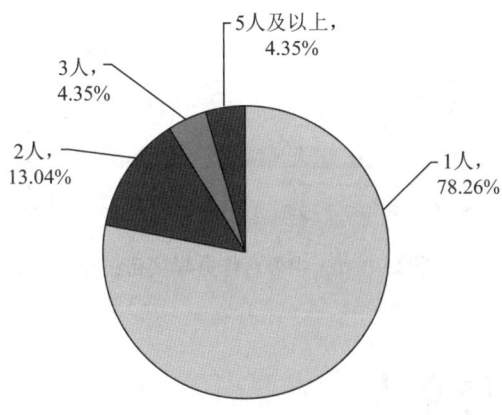

图2-7-4　乡村帮扶、支教的教师情况占比

4. 服务中小学情况

在面向中小学生开展职业体验活动情况的统计中，有58.7%的旅游中职学校曾开展旅游专业大类的职业体验活动，有41.3%的旅游中职学校未开展过旅游专业大类的职业体验活动（图2-7-5）。

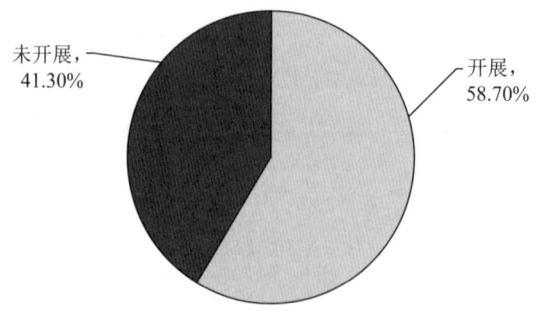

图 2-7-5　面向中小学生开展职业体验活动情况

（八）国际化办学情况

中外合作办学项目数量有 3 个及以上的学校占比 2.22%，2 个的占比 8.89%，1 个的占比 17.78%，没有合作项目的占比 71.11%（图 2-8-1）。有聘请外籍教师的旅游中职学校占比 13.33%，其中聘请 3 人以上的占比 4.44%。引进国际职业资格证书的旅游中职学校占比 20%，其中引进 3 项以上的占比 2.22%。有境外友好旅游中职学校的占比 24.44%，其中有 3 所以上的占比 8.88%。

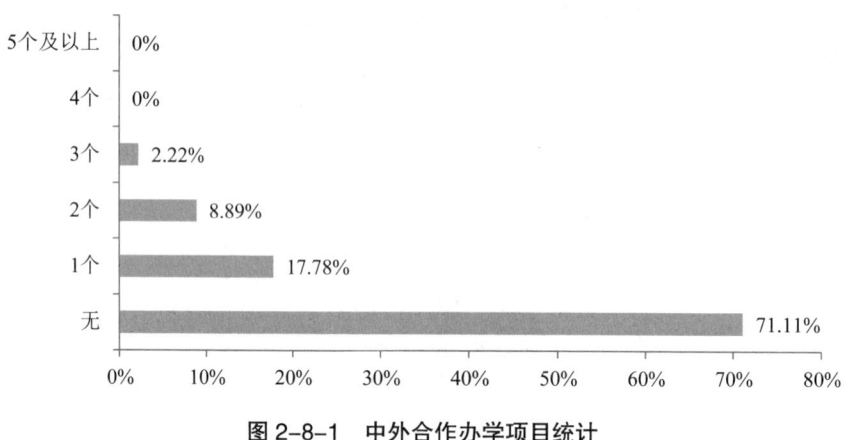

图 2-8-1　中外合作办学项目统计

三、特色与亮点

在深入调研与相关走访过程中，编制组发现旅游中职教育也做了多方面的探索与实践，涌现出了一些体现教育改革与旅游产业发展趋势的新特色与新亮点。尤其是在迭代产教融合、探索"双师共育"、引领特色产业、引入地方文化、推进文旅融合、参与乡村振兴、推进非遗传承、服务民族团结等方面涌现出一些典型案例与特色实践。

（一）亮点1：产教融合，同频共振

旅游中职教育在产教融合、校企合作方面收获了一些经验，实现了旅游人才的高质量培养与输出。一些旅游中职学校通过深入推进旅游行业、企业与旅游中职学校的紧密结合，以及产业与教育的合作，共同培养适应旅游行业需求的人才，形成产教融合培养、协同共育人才的新局面。在实地走访与深入调研中，编制组发现旅游中职教育的产教融合呈现出新的局面，撬动了人才培养的高质量发展，构建起了"学校离不开，企业很需要，学生受欢迎"的共赢局面。

打造高水平专业群，赋能旅游产业迭代发展

四川省旅游学校针对办学过程中存在的"专业老化严重、专业结构不合理"现象，以及教育脱离产业、企业，校企合作企冷校热，招生规模急剧下降等问题，依托全国旅游行指委专业标准研制项目和《构建产业服务平台促进专业群协同发展》等5个项目，按照《国务院关于加快发展现代职业教育的决定》关于"深化产教融合、校企合作"的总体要求，历时4年，经历"1+0"到"1+1"再到"1+1+1"模式的三次蜕变，构建起全新的办学模式，具体如下。

一是构建一种创新型的"1+1+1"产教深度融合办学模式，解决校企合作双赢及持久性问题。以专业供给侧改革为手段，以建设新专业群并实现专业群之间协同发展为目标，构建"1+1+1"产教深度融合办学模式，即"1个专业群+1类产业研究机构+1类产教融合平台"，实现校企合作双赢与可持续发展。

二是探索出旅游中职学校专业供给侧改革的途径与方法，解决专业与产业的适应性问题。学校厘清了利用产教融合平台进行专业供给侧改革的一般规律，探索出利用产业链需求的反作用力进行专业群建设的途径与方法，实现了专业供给侧改革目标。

三是建立专业群与产教融合工程间的科学运行机制，解决专业建设与产教融合脱节的问题。学校厘清了专业群建设与产教融合工程之间的关系及一般规律，认为"齿形利益驱动"是动力机制，"耦合协调演化"是演变机制，"交互式共生"是共生机制，形成了重要理论成果；实现专业群、产业研究机构、产教融合平台协同发展，形成"三相驱动"格局，达成集群发展的"群狼效应"。

四是探索出一套完整的专业淘汰、升级改造、新专业创设、专业群构建、专业群协同发展的科学方法，解决专业动态调整的工作机制问题。运用相关研究成果，学校淘汰了6个旧专业，深度改造2个老专业，创设了1个目录外新专业，围绕产业链增设了14个新培养方向的专业，构建了三大专业群并使其实现协同发展，专业适应性增强，该校也因此成为国内第一所开齐了所有旅游大类专业的中职学校。

专业群的迭代升级，得到了中央人民政府网站、新华社等主流媒体上百次的专题报道，并得到职教界专家领导的充分肯定。

（二）亮点2："双师共育"，协同育人

推动旅游中职教育高质量发展，除了要有一批高素质、结构化的校内教师之外，还需要一大批高技能、工匠型企业教师参与。随着产教融合的深入推进，许多旅游中职学校探索出了校企师资的协同共育面貌，极大地提升了育人的质量，有力地将产业与行业信息全方位带入课堂的教学、企业的实践与人才的培养。

匠师深协同　育烹饪人才

浙江省德清县职业中等专业学校针对烹饪专业师资大部分是高职院校毕业后直接到中职学校任教、缺乏企业工作经验等问题，探索出烹饪师资水平要跟上餐饮行业发展能力需求动态更新的路径。

一是聘任行业大师、企业师傅为学校专业教师的成长导师及外聘教学专家，引进新原料、新工艺、新方法、新技术，全方位提升教学业务水平；暑期派专业教师下企业，提升其职业技能水平与实践能力；引导教师与企业师傅协同研发菜品、革新技术、参与行业活动和大赛，以提升研究水平与创新能力。

二是校企共同培养，使教师同时具备教师资格与中式烹调师（或中式面点师）两种职业资格，并且具有考评员、高级考评员资格。同时，引进行业、企业专家担任学校实训指导教师，共同开发课程、开展教学等。

三是专业教师通过挂职、兼职等方式深入企业一线，为企业提供技术指导和智力服务，将研发的新菜品、新技术传授给企业员工，帮助企业员工提升技能、实现技术创新，取得较好的经济效益和社会效益。课程团队的专家以提升企业劳动力技能与素质为己任，主动承担企业员工的培训工作，学校职业培训中心承办行业人员、社区居民、农村预备劳动力、老年大学学员等各种类型的培训。

李林生技能大师工作室推出"一周一菜"活动，来自行业、企业、学校的三方课程团队专家共同研发新菜品，在用于教学的同时向市场推广。借助名师工作室这一产学研平台，课程团队专家经常参加餐饮协会、饭店协会的深造学习、研讨活动，在行业领域中交流意见、主持论坛；专业教师经常受邀融入企业技术骨干团队，共同参与行业大赛并获得奖项，同时大赛中的创新作品也很快融入市场，深受消费者青睐。

（三）亮点3：引领特色，服务发展

旅游中职教育作为一种下沉到县域与乡镇的教育类型，与地方特色产业有着天然的关联性。在调研与走访过程中，编制组发现相当一部分中职学校与地方特色产业形成有机融合的新气象，提供适应地方产业发展与专门需求的专业人才，为地方特色产业的发展作出贡献。同时，通过扎根特色产业，融入人才培养，提升学生的专业发展力、社会服务力与就业竞争力，实现教育与地方经济发展的良性互动。

民族特色小吃登上职教发展大舞台

南宁市第一职业技术学校从2013年开始，以建设广西民族文化传承基地为契机，挖掘民族小吃文化引入校园，融入专业、对接产业，搭建育人大平台，使民族特色小吃登上职教发展大舞台，推进了民族特色小吃的传承与创新。

学校充分利用地域内的柳州螺蛳粉、桂林米粉、南宁老友粉、壮乡五色糯米饭、油茶等特色产品，打造了一座富有壮乡气息的建筑——广西民族特色小吃展示和体验馆，收录展示了200多种广西知名民族特色小吃。走进馆内，图片、视频、仿真食品、工艺流程雕塑、体验制作等，讲述着纵贯历史长河的小吃文化。小吃馆（展示馆、体验馆、非遗馆）、小吃教学实训和实体食品公司获评首批广西示范性民族文化传承创新职业教育基地。三馆建成以来，免费向社会开放，吸引数万人前来参观学习。

特色做法1：搭建平台，拓宽渠道

学校探索将特色小吃引进学校、引进专业、引进课堂，通过搭建教学、生产、展演、比赛、研发、创业等平台，对接产业链开展小吃研发、设计、制作、包装、服务和营销，并按照"教学即生产、作品即产品、实习即创业"的新思路，开展专业群建设和人才培养。

同时，依托校内实训基地，推动项目式教学，联手广西烹饪餐饮行业协会和知名小吃企业搭建育人大平台，建成民族特色小吃人才培育基地13个和功能齐全的民族特色小吃教学资源库，形成了特色小吃活态传承模式，成为目前广西乃至全国极具影响力的民族特色小吃文化技艺传承和创新基地。

学校通过引进小吃进入课程，建设非遗传承人大师工作室8个，引进企业大师14人，带动学校的烹饪专业教师成为一支能教学、能生产、能研发、能烹制大雅席面名菜佳肴、能调制街边巷尾热门小吃的独具匠心的专业教师队伍。

特色做法 2：规范标准，精准育人

小吃体验馆有民族小吃习俗文化、糕饼文化、饼模文化介绍及展示，还有带着历史印记的手工饼模墙，在这里可以现场学习、制作和品尝。

学校联合广西烹饪餐饮行业协会与广西名小吃非遗传人，依托校办企业，采集和规范了 80 多种小吃工艺标准，研发创新了 50 多个小吃品种，推动 10 余家小吃企业组成联盟，共同挽救了一批濒临消亡的少数民族小吃，并编制了 9 本小吃人才培养相关教材，应用于广西部分中职学校。

经过实践，学校探索出基于现代学徒制的"定标准、搭平台、链产业"的人才培养模式，改变"招生即招工"的建班方式，制定了民族特色小吃标准、小吃人才培养标准和课程标准。

经过 9 年探索，学校创立的"广西传统美食大学堂"获评全国终身学习品牌项目，培养了具备民族特色小吃素养的餐饮类毕业生 4000 余人。2013 年以来，餐旅专业学生参赛获得国家奖项的 41 人次，省级奖项的 136 人次，学校成为培育国赛选手的摇篮。餐旅专业招生规模逐年提升，毕业生一次性就业率 97% 以上，职业资格取证率 97% 以上，企业满意率保持在 98% 以上。毕业生获得"全国技术能手""广西技术能手"等荣誉称号，涌现了一批以小吃制作技艺创新创业的案例。

（四）亮点 4：地方文化，赋能发展

一方水土，养育一方人。中职旅游教育与地方文化有着深刻的相关性。怎样将地方特色文化赋能旅游人才培养，成为文旅融合大背景下旅游技能人才培养的关键所在。通过调研与分析，编制组发现特色地方文化可以提升旅游人才的综合素质，多维度激发其创新能力，全方位提高其跨文化沟通能力，促进其职业发展和个人成长。基于此，培养旅游人才，应注重培养学生的文化素养和创造能力，提高他们对地方文化的理解和传承能力，为地方特色产业的发展提供有力支持。

精雕良渚文化盛宴　孵育地方现代工匠

杭州市良渚职业高级中学坚持"精雕细琢，成就良匠人生"的办学宗旨，坚持厚德博能的学校精神，始终将良渚文化的传播视为己任，将职业学校的专业发展、特色建设和地域文化开发有机结合，成功实现职业学校文化传承功能的拓展，构建起"良渚文化宴"三层级阶梯式文化育人平台。

学校基于专业特质，积极引入良渚文化元素，以"立足传承、融合创新、传播文化"为出发点，开拓学生实践空间，培育学生文化创造力，全力打造"良渚文化传承宴"，推动地方特色文化的继承与发展。文化来源于实践的积淀，实践是

职业教育的鲜明特征。近年来，烹饪专业师生通过参阅历史、亲近文物、遍访乡邻、请教专家等方式，不断挖掘良渚传统民风民俗，还原整合良渚民间故事，并携手杭州餐饮界行家里手，历经多年的探索和研发，精选良渚本土特有食材，巧妙融入良渚故事精神和现代健康理念，精雕细琢，推出了具有"地方味、健康味、文化味"特征的玉宴、陶宴、四季宴三季良渚文化宴席，开发出广济桥边琵琶肉、径山茶香烟熏鸡、三家村藕节、野芦湾茭白、梦栖古镇蝉蛹酥、折桂桥头小方糕等18道色、香、味、形俱佳的冷热菜与糕点点心，成功吸引浙江卫视、《浙江日报》等多家媒体关注。同时，学校通过开展良渚文化宴课题，展现其集"产学研践"于一身的综合效应功能，阶段性成果显著。课题"宴遇良渚：基于地域特色的中职'3453'文化育人模式探究"获杭州市级教学改革成果一等奖。

华东师范大学石伟平教授评价该教学成果为"文化育人润物细无声，利用地域文化特色精准对接育人标准，具有很高的研究价值与很强的可操作性"。学校同时编写了《余杭味道》《良渚味道》《良渚文化宴面点篇》《西餐烹调实训教程》《良渚故事》等十余本校本教材，通过及时的经验总结，提升了传承良渚文化的实践厚度。

（五）亮点5：以文化人，立德树人

习近平总书记提出"推动中华优秀传统文化的创造性转化与创新性发展"。中华优秀传统文化是中华民族的瑰宝，对于培养旅游人才，丰富其文化内涵，培养其审美能力和创新意识，促进其职业发展和个人成长，具有极其重要的作用与意义。怎样将中华优秀传统文化融入旅游人才培养的全过程，推动中华优秀传统文化的传承与创新，成为当下旅游人才培养过程中的关键性问题。

推进"善美文化"育人　　落实立德树人

重庆市旅游学校以"善美文化"育人体系构建为抓手，系统构建文化育人新目标、培植文化育人新载体、创新文化育人新模式、实践文化育人新体系，全面破解学校"重智育轻美育，人才培养五育不足""重技能轻素养，人才培养体系零碎粗放""重短效轻长效，人才培养急功近利"三大突出问题，积极培养德智体美劳全面发展的社会主义建设者和接班人。

做法1：以生为本，创新文化育人新模式

学校充分发挥旅游办学特色，融合素养与技能培养，与企业协同确定了"德能双馨"的文化育人目标，突出"培养崇德尚能、知善行美、德智体美劳全面发展的高素质技术技能人才"，统领学校人才培养改革实践。

学校坚持以生为本,深化育人模式改革,构建"双融双轨153"文化育人模式:以"崇德尚能、知善行美"为育人核心理念,校企协同实施"五个平台课程",在"善美文化"浸润中,推进"素养、知识、技能"三项能力领域互融。新模式凸显关键能力提升,推进"三教"改革,推动分阶并进、分层培养、分块选修的教学方法,构筑校企协同"人才共育、课程共研、师资共培、基地共建、技术共享"的融合式"五共"人才培养机制,有效支撑培养"有文化"的旅游人的目标。

做法2:产教融合,培植文化育人新载体

学校坚持"自信自立、向善向美"办学理念,以思想品德和职业道德养成教育为主线,实施"文化三进",营造"善美文化"主题育人环境,开辟文化育人路径,拓展"善美文化"育人平台课程,搭建文化育人活动载体,打通"产教融合、校企合作"职场化育人通道,形成"职场化、全域化、全过程、全方位"文化育人新格局。

一是产业文化进校园,形成职场化育人环境。引入旅游服务、酒店餐饮等现代服务业文化要素,构建职场化教学管理模式,打造产业链育人场景。

二是企业文化进专业,构建全域化育人平台。参照高星级饭店布局"德能""尚膳"实训楼文化,创立视觉传达设计系统(UI)和模拟教学场景体系,强化专业精神浸润,形成处处有文化、时时显专业的浸润式育人平台,启迪师生求知、求美、求乐。

三是岗位文化进课程,打造全过程育人网络。推进职业"善美文化"进"五个平台课程",将旅游、酒店管理、烹饪等职业岗位文化融入专业平台课程,形成"一专业一特色"文化育人网络。同时,将"善美文化"要素纳入学生综合素养评价体系,强化学生职业岗位素养,提升学校人才培养质量。

做法3:多措并举,实践文化育人新体系

学校"以美育人、以文化人",秉承中华优秀传统文化,结合新时代社会主义核心价值观具体要求,以专项课题研究为引领,从"立柱架梁"到"内部装修",实施文化育人"六张施工图"。

一是以德为先,打造红色教育课程体系。厚植爱国主义、革命精神、民族共同理想情怀,举办党史进课堂、"五爱"专题教育等特色活动,深入推进社会主义核心价值观教育和家风家训教育,传递爱国、敬业、诚信、友善正能量,培养学生求真理、悟道理、明事理,使其养成健全人格,成为有大爱大德大情怀之人。

二是以智为主,彰显中华优秀传统文化育人内容体系。秉持"心有静、行有度、学有长",开发"自信""自立""向善""向美"校本课程,以春节、元宵节、清明节、端午节、中秋节、重阳节等传统节日为载体,通过"体验感知""思考辨识""文化理解""实践探究""创新创作"5个层次的中华优秀传统文化活动挖掘和内容再造，让学生深刻领悟中华优秀传统文化、革命精神文化、中国梦精髓，增强理想信念。

三是以体为基，弘扬特色地域文化育人生态体系。以大渡口古镇、重庆工业文化博览园等历史文化名镇和目的地为研学基地，实施"小导游"计划，让学生了解重庆对外开埠后民族工业振兴及大渡口工业为中国抗战、国民经济恢复、重庆城市化进程作出的贡献，感悟重钢人艰苦奋斗、吃苦耐劳、刻苦钻研的创新精神、工匠精神内涵，接受爱国主义教育洗礼，陶冶心灵。

四是以美为形，编织非遗匠心文化传承育人体系。以"大漆艺术""民间剪纸"非遗文化课程创新为抓手，依托学校"造型艺术工作坊"引入非遗大师开展实践教学。实施非遗文化课程，开展非遗技艺传承特色讲座、漆艺技艺社团特色活动，传承和普及民间漆艺、剪纸文化，让学生在感受美、欣赏美、创造美的同时养成工匠精神。

五是以劳为本，探索新时代劳动教育课程体系。积极整合劳动教育资源，结合专业实践教学，探索生活劳动、生产劳动和服务性劳动教育实践。引入职场化劳动管理，转换师生角色为企业员工，通过职业培训、职场模拟，让学生体验职场氛围，"触摸"上岗劳动感受，培养学生职场意识，养成劳动习惯，习得自信。

六是以业为根，融合产业行业企业文化育人体系。发挥旅游行业特色优势，坚持"产教融合、校企合作、工学结合、知行合一"，围绕行业使命、行业荣誉感、行业心理、行业规范、行业礼仪的"善美"自觉体认和自愿遵从，促进学生专业知识向职业能力正向迁移。

（六）亮点6：乡村振兴，旅游先行

作为国家战略的乡村振兴，为广大的中职学校人才培养提供了广阔的舞台与实践的平台。旅游中职教育应当紧密结合乡村振兴战略，通过调整育人的载体、全过程参与实践教学、多维度推进校企合作、特色化推进现场教学和特色现场服务等形式，全方位参与到服务地方特色产业的发展中，为乡村振兴贡献人才和智力支撑。同时，学校联合地方，协同推进人才培养与乡村服务，为乡村振兴注入更多的文化内涵。

旅游职业教育服务乡村振兴战略

贵州铜仁市碧江区中等职业学校深入学习与贯彻习近平生态文明思想，基于"两山理论"，借力"山地公园省"的旅游文化资源，全面推进乡村振兴的相关实践。随着旅游服务企业不断高质量发展，旅游业态越来越丰富，产业链不断完善，大量高星级酒店和 AAAAA 级景区相继诞生，以乡村旅游为支撑的农家乐、民宿、农业生态园、体验基地、话题公园等不断涌现，实现"井喷式"增长，"十四五"末预计增加值将达 1500 亿元，这些都对贵州全省旅游策划、经营管理、营销推广等专业技能型人才培养提出了更高的要求。

通过多年的探索实践，学校旅游服务类专业教育教学实现了重大突破，成果丰硕。学校创建"三段推进＋学工轮替"的人才培养模式，构建"教、学、做"一体化教学模式，实现"岗课赛证"融通，打开"五维一体"的育人格局，打通就业创业渠道，开创"生校企"三赢局面，培养了大量优秀的旅游服务专业技能型人才，为巩固脱贫攻坚成果、助力乡村振兴贡献了职业教育力量，上述做法具有丰富的理论研究价值、实践价值及显著的推广应用效果。

（七）亮点 7：非遗传承，文化自信

非遗传承是一个地方文化特色的关键所在，也是推进文化自信的关键举措。随着文旅融合的深化，怎样将旅游中职教育与非遗传承相结合，丰富育人载体，将其融入人才培养中，成为当下许多旅游职业院校人才培养的改革与创新举措。怎样以职业教育的途径来推进非遗知识的学习、深入非遗技艺的传承、全方位宣传非遗文化、深度参与非遗实践活动，成为相当一部分学校的特色化举措与创新性实践。此外，中职学生与非遗传承有着天然的相近性与关联性，有助于他们通过文化认知与技能习得的方式推进非遗传承。

依托非遗小镇，赋能人才发展

广东省惠州商贸旅游高级职业技术学校创新构建了"基于'校园非遗小镇'平台的教学改革探索与实践"模式，并在实践中创新引入惠阳皆歌等 3 位非遗传承人、5 名文化艺术大师，构建起了基于惠州非遗文化小镇的旅游人才培养模式。

该模式具体内容如下：学校为推进"校园非遗小镇"平台建设，在校内设立大师艺坊 8 间，户外教学场地 2 处，省级非遗 2 项，市级非遗 1 项，民间艺术大师 6 位，建筑面积共 945 平方米，涵盖篆刻、木雕、彩瓷、惠阳皆歌、东平窑陶瓷、小金口麒麟舞、龙形拳等 10 多种艺术形式。"校园非遗小镇"是落实国家《关于实施中华优秀传统文化传承发展工程的意见》的探索，是弘扬人文精神、工匠精神，增强文化自信，保护传承区域文化遗产和教学改革的实践。

经过相关的探索与实践，"校园非遗小镇"的平台建设与育人实践取得重大创新。一是传承了区域优秀传统文化，使惠州区域文化在学校生根发芽，开花结果，

大师"乐教"、学生"乐学"，惠州区域文化得到有效保护和传承。二是教学改革成效明显，学生综合素养显著提升，通过小镇文化艺术的熏陶及工匠精神的弘扬，学生美学修养和人文精神显著提升。学生在技能竞赛、创新创业、专业素质等方面进步明显，竞赛成绩连年突破，形成丰富的显性成果。三是社会影响力深远，产生良好的示范效应。小镇的特色教育教学成果得到国际、海峡两岸、国内高职院校的高度认可和赞誉，先后有近千名职教专家、院校领导、师生来访参观、学习交流，使这一成果得到丰富和发展。

（八）亮点8：民族团结，服务发展

怎样推进各民族交往、交流、交融，是推动民族团结发展的关键所在。以职业教育为纽带，以旅游特色为载体，可以有效地将民族地区的特色产业、特色风情、特色文化全方位融入人才培养中，进一步推进彼此交往、相互交融与价值交融，促进各民族之间的相互了解和交流，为民族团结进步贡献力量。

"石榴籽"培养：服务民族团结的高素质旅游人才培养

教育援疆是党中央推进"社会稳定、民族繁荣"重大战略。杭州市旅游职业学校自2011年9月开设新疆中职班以来，紧扣"爱国爱疆"核心使命，围绕如何让学生主动入乡入情、增强中华文化认同、提升职业技能、畅通发展渠道等问题，构建"石榴籽培养"育人模式，为"文化润疆、富民兴疆"提供示范性职教方案。

做法1：情感融入

以亲情为纽带，师生爱心牵手，营造类亲子关系；以友情为基石，两地学生"学习互助、活动互联、食宿互嵌"，构筑朋辈友谊；以共情为目标，研制嘉兴红船、五四宪法馆等28条研学路线，全方位亲历国家发展，建设27个蕴含民族团结场景的馆廊；构筑"石榴籽家园"，将家国情怀"渗入"人心。

做法2：文化融合

以共享共有的中华文化为基石，引入杭疆两地多项非遗，新建茶体验中心等6个实践基地，组建非遗学院；开发"新六艺"课程包，推进"传艺、学艺、习艺、创艺、展艺、守艺"六步体验非遗教学，将各民族深度交融的文化认同"融入"血脉。

做法3：技能融通

契合新疆旅游产业需求，校企共建"职业赋能学园"，构建三阶金牌导游培养体系；研制18个金牌导游课程包，推进"真情境、真环境、真岗位、真运作"四真教学；推行校本职业护照、校企"1+X"证书与国家导游证三递进课证融通，将技能获得"长入"经济。

做法 4：扶孵融贯

搭建政、行、企、校于一体的"杭疆联盟"，创构职后扶孵机制；以生源地为单元，实施"一地一档"，精准帮扶就业创业；以"红石榴创业实习基地"为核心，推进"一生一案"，实行"职前教育、职中体验、职后实战"过程式创业孵育，将创业实践"汇入"生活。

经过12年的实践探索，学生家国情怀与职业能力明显提升，其导游证通过率高达75%。涌现出开维赛尔·买买提艾力等全国新疆班成才标杆。该生还在文明风采主会场做交流。"杭疆联盟"孵化了"若羌灰枣"等27个创业典型，南疆地区"技能脱贫、创业带富"实践样板获全国温暖工程奖；孵育了周新渝仁等在杭创业群体，其项目"旅邦科技"获中国"互联网＋"大赛国奖。相关项目被央视等36家媒体宣传133次，被教育部等全国推广13次，辐射600所学校，应用19所学校，惠及2万学生。学校2022年被评为第十批全国民族团结进步教育示范单位。学校的"石榴籽"培养获2021年浙江省级教学成果奖及2022年国家级教学成果奖。

四、存在的问题与未来发展的思考

（一）存在的问题

受疫情影响，整个旅游业遭到了结构性重创，特别是旅行社、酒店等行业，旅游中职教育也面临着前所未有的挑战，部分中职旅游类专业面临着招生的阶段性困难。随着疫情之后旅游业的快速发展与经济复苏，旅游市场需求日益扩大。面对新的需求与结构化转型，旅游中职教育的发展还面临不少问题，主要表现在以下几个方面。

1. 产教深度融合不足，课程更新难以跟上产业发展

从全国来看，开设茶艺与茶营销专业的旅游中职学校占比2.3%，会展服务与管理专业占比1.2%，康养休闲旅游服务专业占比3.5%。可见，目前相当一部分的旅游类专业设置以传统业态为主，与新业态的结合力度还不够，难以适应行业需求的变化。

2. 学生技能训练不足，制约就业质量提升

随着数智迭代的全方位推进，旅游中职学校人才培养仍然以传统的技能为主体，未能充分整合前沿技术赋能教育教学，导致学生相关硬核技能训练不足，对就业质量提升形成一定制约。调查结果显示，学生毕业一年后的月收入为3000~5000 元的占比 65.22%，毕业三年后的月收入为 5000 元以上的占比 41.3%。

3. 师资队伍结构有待优化，教师实践能力不够

一是学历结构有待优化。从调研结果看，专任专业教师中，硕士及以上学位的比例为 20% 以下的占 53.34%，其中没有硕士学位教师的学校为 17.78%，71.11% 的学校没有省级及以上名师工作室，55.56% 的学校没有行业大师工作室。

二是教师赴企业锻炼机制有待完善。受用人机制的限制，当前旅游类专业的教师大多数是从学校到学校，入职前专业实践能力训练不够。很多旅游中职学校赴企业挂职锻炼机制尚不完善。在业务培训方面，很多院校都是围绕技能大赛项目展开，未能对核心职业能力等开展深入培训，更未将产业发展的动态等及时融入人才培养中。教师企业一线实践锻炼机会不够，很多教师缺乏必要的实践经验与实战技巧，教学内容仍停留在书本层面。

（二）未来发展的思考

通过相关调研与分析，结合国家政策的发展要求，本报告对未来旅游中职教育发展提出一些初步思考。

1. 全域化推进，深化产教深度融合

全面贯彻落实党的二十大精神，全方位推进产教融合，整体性提升人才培养的质量。基于此，学校应加强与旅游产业、旅游行业企业的全方位合作，推动旅游企业参与教学全过程。校企双方通过实践教学、顶岗实习、市场调研等方式，让学生在实际应用中获取技能、经验。推动校企参与到当前旅游业的快速转型升级过程中，促使旅游中职学校进一步对接不同岗位的需求，不断优化旅游职业教育的课程设置、教学方法等。同时，面对文化与旅游的深度融合及新技术在旅游业中的应用，校企合作加强学生人文素养和数字素养的培养，以提升旅游人才培养质量。

2. 数字化教学，优化人才培养质量

随着数字化进程的不断深入，旅游中职教育将会引进更多的信息化技术，全方位推进数字化迭代，加速旅游职业教育的数字化转型。结合疫情期间的线上教学，后续旅游人才培养过程中，需要进一步加强在线课程的供给。同时，加大技术赋能，应用 AR、VR 等相关虚拟实现的信息技术，优化实训场馆内的设施设备数字化改造。依托信息技术，为学习者创造更多的学习机会并降低学习成本。

3. 多样化师资，打造结构化教学团队

通过引育并举的方式，不断提升与优化师资队伍建设，打造一支服务高质量育人工作的旅游师资团队。引进具有旅游企业实践经历与管理经验的人员补充到旅游师资队伍，以弥补当下企业生产与管理岗位经验缺乏的窘境，整体提升教师的实践与操作能力。同时，找准职业教育创新发展的契机，引进一批具有高学历、大视野的专业教师，以整体性提升育人的质量。此外，健全各级各类培训体系，以培训方式激活教师成长的新通道，重点推进旅游业发展的前沿技术、教育教学改革的前沿方法，打造高质量育人团队，驱动育人效果提升。

中国本科层次旅游职业教育报告（2021—2022 年）[①]

本科层次旅游职业教育是健全纵向贯通、横向融通的中国特色现代旅游职业教育体系的重要组成与环节。为进一步了解我国本科层次旅游职业教育的发展现状，本报告通过收集相关数据，对国内本科层次旅游职业教育基本情况进行梳理，分析存在的问题，并提出相应的对策建议，以期为推动本科层次旅游职业教育的发展提供参考。

一、相关政策发展历程

近年来，有关本科层次职业教育政策的发展主要经历两个阶段，每个阶段发展重点有所不同。

（一）第一阶段：发展与中职、高职贯通培养的应用型本科教育

2014 年 6 月，《现代职业教育体系建设规划（2014—2020 年）》提出，"在办好现有专科层次高等职业（专科）学校的基础上，发展应用技术类型高校，培养本科层次职业人才。……高等职业教育规模占高等教育的一半以上，本科层次职业教育达到一定规模。"就职业教育体系的建设，提出"系统构建从中职、专科、本科到专业学位研究生的培养体系"。2014 年 9 月，国务院颁布的《关于加快发展现代职业教育的决定》明确提出，"探索发展本科层次职业教育……研究建立符合职业教育特点的学位制度。原则上中等职业学校不升格为或并入高等职业院校，

[①] 负责人：郎富平，浙江旅游职业学院旅游规划与设计学院院长，教授。成员：陈蔚，浙江旅游职业学院旅游管理（本科）专业主任，博士，副教授；叶榕，浙江旅游职业学院智慧景区开发与管理专业教师，博士，副教授；陈璐，浙江旅游职业学院智慧景区开发与管理专业教师，助教；张嗣，浙江旅游职业学院智慧景区开发与管理专业教师，助教；刘婉昆，浙江旅游职业学院旅游规划与设计学院教学秘书，助教；邵雨薇，浙江旅游职业学院旅游规划与设计学院教科办主任，助理研究员。

专科高等职业院校不升格为或并入本科高等学校，形成定位清晰、科学合理的职业教育层次结构。"这两个政策文件的突破就在于将本科层次职业教育纳入职业教育体系，但显然，本科层次职业教育实施主体为应用技术类型高校。将应用技术类型高校纳入职业教育体系，为中职、高职、职业本科贯通培养提供了可能。由此，《现代职业教育体系建设规划（2014—2020年）》正式提出，"在确有需要的职业领域，可以实行中职、专科、本科贯通培养。"

对于中职、高职与本科贯通培养，一些省份政策落实比较积极。例如，江苏省教育厅2013年发布《关于继续做好江苏省现代职业教育体系建设试点工作的通知》，公布了一批中高职本科贯通分段培养试点项目，其中旅游类有南京旅游职业学院与南京师范大学合作的高职与本科"旅游管理"专业3+2分段培养的试点项目，共同培养旅游职业本科层次的高端技能型人才。2014年10月，江苏省出台《江苏省政府关于加快推进现代职业教育体系建设的实施意见》，将中职、高职与本科贯通培养作为推进现代职业教育体系建设的重要抓手，提出"将实行职业教育体系内部贯通培养。……推进中职、高职、应用技术型本科教育分级培养或联合培养，完善中职高职'3+3'、中职本科'3+4'、高职本科'3+2'等培养模式，由试点院校自主选择合作院校、自主确定衔接专业、自主实施衔接课程。到2020年，本科院校招收中高职毕业生比例达30%左右，高职院校招收中职毕业生比例达50%左右"。

中高职与本科职业教育贯通培养落实的关键是招生考试制度的改革。2015年6月，教育部《关于做好2015年高等职业教育分类考试招生工作的意见》要求规范中等职业教育与本科教育贯通招生，要求有关省份采取过渡性措施，妥善处理2015年及以前普通本科面向中职毕业生和初中毕业生单独招生问题。可见，教育部对于中职与本科教育贯通比较谨慎。2017年，教育部在《对十二届全国人大五次会议第2802号建议的答复》中明确提出，"仅批准部分省份在应用型本科高校开设的技术技能要求高、培养周期长、确需通过分类考试办法面向中职毕业生招生的专业进行试点。同时严格控制招生规模，避免形成中职教育的升学导向。教育部将在坚持基本考试招生制度的基础上，统筹考虑各地产业结构和不同专业的特点，研究制定普通本科面向中职毕业生的考试招生办法。本科院校面向初中毕业生的'3+4'贯通培养招生，目前国家未做制度性安排。"到2020年，教育部等九部门印发的《职业教育提质培优行动计划（2020—2023年）》明确提出，"规范长学制技术技能人才贯通培养，逐步取消中职本科贯通，适度扩大中高职贯通，贯通专业以始读年龄小、培养周期长、技能要求高的专业为主。"此后，中职与本科贯通培养逐渐取消，而以高职与本科贯通为主。

从政策实施情况来看，各地推动招生制度的改革以适应高职与本科贯通人才培养的需要。例如，山东省2015年公布的《山东省职业院校与本科高校对口贯通分段培养转段工作实施方案》明确提出，"过程考核合格、符合报名条件的高职学生参加综合测试，需参加高职培养段结束当年的专升本报名和考试"。高职与本科贯通人才培养的政策为高职院校参与本科层次职业教育的基础。政策实际实施过程中，往往主要采取的是"3+2"模式，即前三年在高职院校培养，后两年在本科院校培养。一些高职院校也尝试与本科院校合作举办本科层次职业教育，即专升本学生由相关本科院校录取以后，后面两年培养也交由合作的高职院校落实，其人才培养具有一定的职业教育特点。

（二）第二阶段：发展作为类型的本科层次职业教育

为了推动普通高校向应用型本科院校转变，以实施本科层次职业教育，2015年，教育部、发展改革委、财政部联合发布《关于引导部分地方普通本科高校向应用型转变的指导意见》，重点在于扭转普通高校重理论轻实践的倾向，提高普通本科院校人才培养的应用性，如实训课时比例提升到30%，加强"双师双能型"教师队伍建设、鼓励产教融合等，但并未明确将应用型本科院校纳入职业教育体系。就应用型本科与职业教育体系的关系，仅仅在于"建立与普通高中教育、中等职业教育和专科层次高等职业教育的衔接机制"，具体为"适当扩大招收中职、专科层次高职毕业生的比例"。总体而言，将应用型本科院校纳入职业教育体系并不顺畅，因而其在实施过程中，职业教育特色并不明显。

为了进一步推动本科层次职业教育的落实，2019年《国家职业教育改革实施方案》正式提出"完善学历教育与培训并重的现代职业教育体系，畅通技术技能人才成长渠道，开展本科层次职业教育试点"。各地政府相继出台政策文件予以落实。例如，四川省教育厅于2020年6月发布《关于开展本科层次职业教育人才培养改革试点工作的通知》，共计10个高职院校17个专业被批准为第一批试点专业。根据该文件要求，试点专业由高职与本科合办，属本科层次教育，学制四年，以合作本科高校名义招生，单设招生代码，单列招生计划，招生对象为当年取得普通高考报名资格的考生，符合毕业条件者，由参与试点的本科高校颁发与本校相同专业学生一致的毕业证书和学位证书。试点专业人才培养过程由参与试点的高职院校和本科高校共同负责，要突出本科层次职业教育的类型教育特点，建立专业与产业对接、教学过程与生产过程对接、课程内容与职业标准对接、学历证书与职业资格证书对接的培养机制。该试点存在的局限在于所选专业全部为普通高等学校本科专业。2021年、2022年,四川省采用该模式推行本科层次职业教育试点,2021年共有10所高职院校21个专业,2022年共有19所高职院校48个专业,其中,四川工程职业技术学院的旅游管理专业列入试点专业名单。

将专科层次职业院校升格为本科层次职业大学是推动本科职业教育发展的重要举措。相较于公办高职院校升格为本科院校的慎重态度,教育部对民本院校相对支持力度更大。2019年,教育部批准15所民办高职院校升格为本科层次职业大学,高职升格为本科层次职业大学成为高职院校提升办学层次的重要途径。之后,各省在落实完善职业教育体系时倾向于将建设本科层次职业大学当作重要举措。四川省政府2020年9月出台的《四川省职业教育改革实施方案》提出,"开展本科层次职业教育试点,探索在优质高等职业学校基础上规划建设本科职业大学,积极发展本科及以上层次职业教育。"之后,2020年教育部批准7所高职院校升格为本科层次职业大学,截至2022年5月,共计批准32所本科层次职业大学,其中一些公办高职院校升格为职业大学,如2020年批准的南京工业职业技术大学、2021年批准的河北石油职业技术大学。

2021年4月,全国职业教育大会提出"稳步发展职业本科教育"。2021年10月,中共中央办公厅、国务院办公厅印发的《关于推动现代职业教育高质量发展的意见》明确提出"到2025年,职业本科教育招生规模不低于高等职业教育招生规模的10%"的目标。为了规范本科层次职业院校以及专业设置,2021年1月,教育部颁布的《本科层次职业学校设置标准(试行)》从办学规模、师资队伍、人才培养、社会服务、基础设施等方面对职业本科院校的设施提出明确要求;同年,教育部印发《本科层次职业教育专业设置管理办法(试行)》(以下简称《办法》),对本科层次职业教育专业设置条件、程序等进行设定。这两个政策文件的颁布对于规范和完善职业本科院校设置及本科层次职业教育专业设置管理具有重要指导意义,对于我国职业本科教育的发展具有重要推动作用。2021年3月,教育部颁布《职业教育专业目录(2021年)》,公布高职本科专业247个。由此,从学校设置、专业设置以至专业目录建立起了一整套本科层次职业教育制度,形成了一个完全不同于普通本科的本科层次职业教育体系,使得"职业教育不是层次而是类型"在本科层次得以成为制度现实。2022年,新修订的《职业教育法》第十五条规定,"高等职业学校教育由专科、本科及以上教育层次的高等职业学校和普通高等学校实施"。这意味着,本科层次职业教育正式获得法律地位,对于进一步促进发展具有重要推动作用。

二、本科层次旅游职业教育的基本情况

本科层次旅游职业教育的实施主体主要包括两类：一类为高职院校与普通（应用型）本科院校合作开设旅游大类本科专业（以下简称专本合办专业）的学校，共 29 所；另一类为开办职业本科旅游大类专业的高职院校（以下简称旅游职业本科院校），共 11 所。

（一）专本合办专业发展情况

1. 专业设置

旅游高职院校与本科院校合作举办本科专业，主要有两种形式：一种是"3+2"专本贯通培养模式，即高职院校学习 3 年，后经过分段考核进入本科院校继续学习 2 年，这是主要的合作方式。二是本科层次职业教育试点的四年制人才培养，即"4+0"培养模式，全程主要由试点高职院校进行人才培养，合作的本科院校参与指导和协助。2019 年，教育部在全国进行本科层次职业教育试点之后，各省大量出现"4+0"模式。根据对各地教育部门官网及相关旅游高职院校官网信息进行的统计，到 2022 年，共有 29 所旅游高职院校与本科院校合作举办了本科层次旅游大类专业 35 个，具体如表 2-1-1 所示。

表 2-1-1　2022 年主要专本合办本科层次旅游职业教育专业汇总

序号	省/自治区/直辖市	培养单位	专业名称	培养类型
1	山西	太原旅游职业学院 太原学院	酒店管理	专本贯通（3+2）
2	山西	山西旅游职业学院 临沂师范学院	旅游管理	专本贯通（3+2）
3	黑龙江	黑龙江旅游职业技术学院 哈尔滨商业大学	旅游管理	专本贯通（5+0）
4	上海	上海科学技术职业学院 上海外国语大学贤达经济人文学院	旅游管理	专本贯通（3+2）
5	上海	上海震旦职业学院 上海杉达学院	酒店管理	专本贯通（3+2）
6	江苏	南京旅游职业学院 三江学院、南京传媒学院、江苏第二师范学院	酒店管理、旅游管理、会展策划与管理专业	专本贯通（5+0）（3+2）

续表

序号	省/自治区/直辖市	培养单位	专业名称	培养类型
7	江苏	江苏旅游职业学院 盐城工学院	旅游管理	专本贯通（3+2）
8	江苏	无锡商业职业技术学院 南京晓庄学院	旅游管理	合作培养（4+0）
9	江苏	苏州农业职业技术学院 泰州学院	旅游管理	专本贯通（3+2）
10	江苏	苏州健雄职业技术学院 苏州科技大学天平学院	酒店管理	专本贯通（3+2）
10	浙江	浙江旅游职业学院 浙江工商大学	旅游管理	专升本（2+0）
11	江西	江西旅游商贸职业学院 江西农业大学、江西科技师范大学	旅游管理、酒店管理	专本贯通（3+2）
12	山东	青岛职业技术学院 泰山学院	旅游管理	专本贯通（3+2）
13	山东	青岛酒店管理职业技术学院 山东工商学院、济南大学、山东青年政治学院	旅游管理（酒店管理、旅游管理）、烹饪与营养教育	专本贯通（3+2）
14	山东	山东旅游职业学院 济南大学	酒店管理	专本贯通（3+2）
15	广东	河源职业技术学院 广东技术师范大学	旅游管理	专本贯通（3+2）
16	广东	广州城市职业学院 韩山师范学院	旅游管理	专本贯通（3+2）
17	广东	广东轻工职业技术学院 广东财经大学	旅游管理、酒店管理	合作培养（4+0）
18	广东	佛山职业技术学院 广州商学院	酒店管理	专本贯通（3+2）
19	广东	广州工程职业技术学院 岭南师范学院	烹饪与营养教育	专本贯通（3+2）
20	广东	广州涉外经济职业技术学院 广州科技职业技术大学	旅游管理（酒店管理方向）	专本贯通（3+2）
21	广东	江门职业技术学院 肇庆学院	旅游管理	专本贯通（3+2）
22	广东	清远职业技术学院 韶关学院	旅游管理	专本贯通（3+2）
23	广东	珠海城市职业技术学院 广东第二师范学院	旅游管理与服务教育	专本贯通（3+2）

续表

序号	省/自治区/直辖市	培养单位	专业名称	培养类型
24	广西	南宁职业技术学院 贺州学院	旅游管理	合作培养 （4+0）
25	海南	海南职业技术学院 海南师范大学	旅游管理	合作培养 （4+0）
26	海南	海南经贸职业技术学院 海南热带海洋学院	旅游管理	合作培养 （4+0）
27	四川	四川工程职业技术学院 乐山师范学院	旅游管理	合作培养 （4+0）
28	重庆	重庆城市管理职业学院 重庆师范大学	旅游管理	专本贯通 （3+2）
29	重庆	重庆工程职业技术学院 重庆师范大学	旅游管理	专本贯通 （3+2）

由表 2-1-1 可知，合作办学的专业中，29 所旅游高职院校中 24 所设有旅游管理专业，10 所设酒店管理专业或方向。

2. 开设类型

（1）中本贯通培养。中本贯通，即中职和本科贯通培养的类型，其生源以职业高中、中专技校等中等职业学校毕业生或者往届毕业生为主，主要为"3+4"模式。"3+4"是指中职学校 3 年与本科高校 4 年的对口贯通分段培养。

（2）"专升本"培养。部分旅游高职院校以"专升本"形式与本科院校合作举办本科层次职业教育。"专升本"是指通过统招考试选拔优秀高职（专科）毕业生进入本科学习的政策，意在推动专科层次职业教育与本科阶段专业教育进行衔接。学制为"3+2"，即在普通高职院校（专科）全日制学习 3 年，再考入普通本科（含应用型）全日制学习 2 年。通过该"专升本"形式，学生被合作本科院校录取之后，可由其对口合作的高职院校负责具体培养，经双方联合考核合格后获取合作本科院校的本科学历证书与学位证书。代表性项目如浙江旅游职业学院与浙江工商大学每年联合招生的旅游管理本科班。

2020 年，浙江旅游职业学院作为国家首批"双高"计划建设单位，为进一步打通学历提升的渠道，实现内涵建设的新突破，充分发挥中国特色高水平"导游专业群"建设的优质教学资源，培养旅游管理专业应用型高端人才，与浙江工商大学强强联合，开展浙江省全日制专升本办学，联合举办旅游管理专业。该专业面向浙江省高职高专应届毕业生开展选拔，按照"依托高职优质资源、联合本科举办、发放本科文凭、高职院校办学"的原则进行人才培养，毕业生被录取后在浙江旅游职业学院就读，修读完成培养方案规定的全部课程并成绩合格，毕业时取得浙江工商大学本科文凭（专科起点）。两所院校在旅游管理专业的人才培养方案制订、创新人才培养模式、教学条件建设、教育教学管理、毕业论文指导与答辩等方面开展深入合作。

（3）"3+2"专本贯通培养。"3+2"专本贯通培养目前是国内高职院校和本科院校合作举办本科层次旅游职业教育的主要形式，此类高职院校共计22所，约占专本合作办学院校总数的75.86%。在专本贯通培养类型中，高中毕业生通过高职院校录取以后，先进入高职院校（专科）学习3年，分段考试考核合格者可转入分段培养的本科院校继续学习2年，毕业后取得分段培养院校本科文凭。在专科阶段，由高职院校根据高考录取原则择优录取并办理专科录取手续。如果升入本科院校并顺利毕业，将获得一个专科文凭和一个专科起点本科文凭。由高职院校和本科院校分段培养是其主要形式，此类高职院校共计22所（部分高职院校同时有"5+0"和"3+2"），占总数的75.86%。部分高职院校和本科院校合作，后2年人才培养也在高职院校进行，学习合格后颁发合作本科院校文凭，即"5+0"。此类高职院校共计2所，如南京旅游职业学院和黑龙江旅游职业技术学院的"3+2"分段培养本科项目。

目前，南京旅游职业学院与江苏三所院校联合开展本科层次旅游职业教育。一是，该校与三江学院对接共同举办旅游管理专业专接本项目，学生可在二年级期末报名参加，学生在校期间可报名参加"专接本"项目学习，专科毕业一年后可获得本科学历与学士学位。二是，该校酒店管理与数字化运营专业与江苏第二师范学院开展分段培养项目，学生在南京旅游职业学院学习3年，考核合格者可转入分段培养本科院校学习2年，毕业后取得分段培养院校本科文凭。三是，该校会展策划与管理专业与南京传媒学院开展分段培养项目，学生在南京旅游职业学院学习5年，其中前3年高职阶段教育考核合格者，后2年本科阶段教育继续在高职院校内学习，由普通本科与高职联合实施教学，毕业后取得分段培养院校本科文凭。

（4）"4+0"专本合作培养。也有部分旅游高职院校与本科院校合作，以本科院校名义招生，4年期间，由旅游高职院校进行人才培养，毕业后颁发本科院校文凭。这类合作高职院校共计6所（表2-1-2）。

表 2-1-2　2022 年"4+0"主要专本合作本科层次旅游职业教育专业汇总

序号	培养单位	专业	合作院校
1	南宁职业技术学院	旅游管理	贺州学院
2	海南职业技术学院	旅游管理	海南师范大学
3	海南经贸职业技术学院	旅游管理、酒店管理	海南热带海洋学院
4	无锡商业职业技术学院	旅游管理	江苏科技大学
5	广东轻工职业技术学院	酒店管理、旅游管理	广东财经大学
6	四川工程职业技术学院	旅游管理	乐山师范学院

3. 招生情况

汇总各院校招生网相关数据得到如下结果，2022 年，合作举办本科层次旅游职业教育专业招生共计 1818 人，其中旅游管理及旅游管理与服务教育专业共计招生 1108 人，酒店管理专业和方向 580 人，会展策划与管理专业 40 人，烹饪与营养教育 90 人（表 2-1-3）。

表 2-1-3　2022 年主要合作举办本科层次旅游职业院校招生情况汇总

序号	培养单位	专业名称	招生人数（人）
1	太原旅游职业学院	酒店管理	40
2	山西旅游职业学院	旅游管理	31
3	黑龙江旅游职业技术学院	旅游管理	57
4	上海科学技术职业学院	旅游管理	40
5	上海震旦职业学院	酒店管理	—
6	南京旅游职业学院	酒店管理	50
7	南京旅游职业学院	旅游管理	40
8	南京旅游职业学院	会展策划与管理	40
9	江苏旅游职业学院	旅游管理	35
10	苏州农业职业技术学院	旅游管理	40
11	无锡商业职业技术学院	旅游管理	50
12	浙江旅游职业学院	旅游管理	40
13	江西旅游商贸职业学院	旅游管理	135
14	江西旅游商贸职业学院	酒店管理	185
15	苏州健雄职业技术学院	酒店管理	40
16	青岛职业技术学院	旅游管理	80

续表

序号	培养单位	专业名称	招生人数（人）
17	青岛酒店管理职业技术学院	旅游管理（酒店管理方向）	40
18	青岛酒店管理职业技术学院	旅游管理	40
19	青岛酒店管理职业技术学院	烹饪与营养教育	40
20	山东旅游职业学院	酒店管理	80
21	河源职业技术学院	旅游管理	—
22	广州城市职业学院	旅游管理	40
23	广东轻工职业技术学院	旅游管理	50
24	广东轻工职业技术学院	酒店管理	50
25	佛山职业技术学院	酒店管理	45
26	广州工程职业技术学院	烹饪与营养教育	50
27	广州涉外经济职业技术学院	旅游管理（酒店管理方向）	50
28	江门职业技术学院	旅游管理	40
29	清远职业技术学院	旅游管理	40
30	珠海城市职业技术学院	旅游管理与服务教育	55
31	南宁职业技术学院	旅游管理	35
32	海南职业技术学院	旅游管理	50
33	海南经贸职业技术学院	旅游管理	80
34	重庆城市管理职业学院	旅游管理	45
35	重庆工程职业技术学院	旅游管理	35
36	四川工程职业技术学院	旅游管理	50

4. 师资情况

调查中发现，与本科院校合作举办本科层次旅游职业教育的旅游大类专业师资一般并未与合作的相应高职专业分开。因此，本报告通过对相关院校官网旅游大类专业教师规模数据进行汇总（不含合作的本科院校教师），得到29所旅游高职院校教师数据，具体如下。

（1）师资规模情况。2022年，旅游大类专业教师规模整体而言，小于10人者有16所，占55.17%，10~20人者有9所，占31.03%（图2-1-1）。

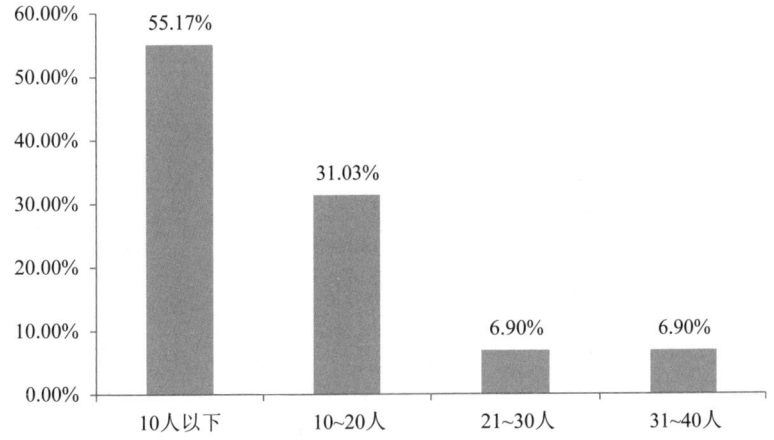

图 2-1-1　2022 年合作举办本科层次旅游职业教育的院校教师规模统计

（2）教师职称情况。按照《办法》要求，高级职称专任教师比例不低于 30%，这是本科层次职业教育专业设置的基本条件。调查显示，高级职称比例达到 30% 以上的旅游职业院校仅为 34.7%，还有 17.2% 的旅游高职院校这一比例仅有 10% 以下。可见，约 65% 的旅游高职院校还达不到单独设置本科专业的师资条件，只能与本科合作举办本科层次旅游专业（图 2-1-2）。

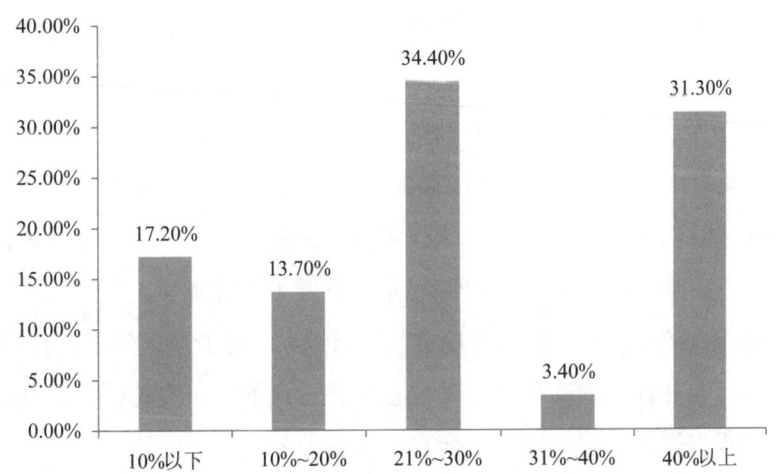

图 2-1-2　2022 年合作举办本科层次旅游职业教育的院校教师高级职称比例

（3）教师博士学位情况。按照《办法》要求，具有博士研究生学位专任教师比例不低于 15%，这是本科层次职业教育专业设置的基本条件。调查显示，达到这一比例的旅游高职院校仅占 20.6%。其中，与本科合作且独立承担本科层次旅游职业教育专业人才培养的 6 所院校博士占比均超过 15%（图 2-1-3）。

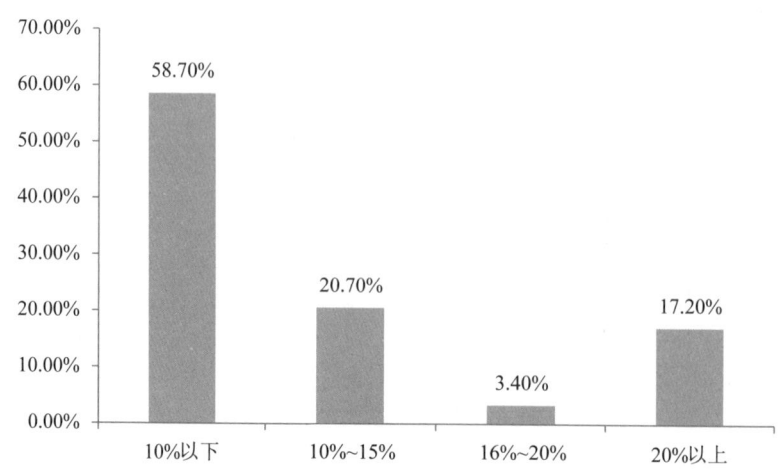

图 2-1-3　2022 年合作举办本科层次旅游职业教育的院校教师博士比例

5. 人才培养情况

29 所开展本科层次旅游职业教育的旅游高职院校中，20 所只承担专科层次人才培养工作，而本科层次培养工作则由相应本科院校承担，另外有 9 所尽管也与本科院校合作，其中 6 所"4+0"，2 所专本贯通，1 所专升本，但其本科层次旅游职业教育人才培养工作则完全独立承担。

从人才培养方案来看，旅游高职院校本科层次旅游职业教育有普通本科化倾向，主要体现在以下几个方面。一是实践学时相对较少。由于受制于所合作的本科院校人才培养要求，高职院校普遍设置的理实一体化课程基本取消，专业实践课时也大幅度减少，集中设置的实践课程数量较少，例如，一些院校仅有 5 门集中实践课程，且课时仅为一周，其专业课程实践课时基本取消。二是增加理论课程教学。例如，一些旅游高职院校旅游管理专业设置了《管理学》《微观经济学》《宏观经济学》《旅游经济学》《旅游地理学》《会计学》《旅游学》等 10 门以上必修专业基础课程。专业课程的岗位针对性也被弱化，例如，一些院校针对酒店业务只有《酒店经营与管理》一门课程，针对旅行社业务只有《旅行社经营与管理》一门课程，针对景区业务只有《旅游规划与开发》一门课程，针对导游业务只有《导游基础与实务》一门课程等。三是增加了数学和英语等课程的教学，以便学生考研等。

（二）职业本科旅游大类专业发展情况

职业本科是目前全日制本科学历教育的一种，学位为学士学位。职业本科与普通本科主要区别在于专业目录不同，它一般由国家批准的本科层次职业大学设置。2021年，教育部公布了《职业本科专业目录》。根据该目录，旅游大类包括"旅游管理""酒店管理""旅游规划与设计""烹饪与餐饮管理"4个专业。烹饪与餐饮管理专业目前尚未找到相关合作办学信息，其他专业情况如下。

1. 专业设置

11所职业本科院校的专业设置情况具体如下。

（1）旅游管理专业。国内开设旅游管理专业的代表性院校如下（表2-2-1）。

表2-2-1　开设旅游管理专业的职业本科院校情况

省份	学校名称
广东省	广州科技职业技术大学
广西壮族自治区	广西城市职业大学
江苏省	南京工业职业技术大学
山东省	山东工程职业技术大学
四川省	成都艺术职业大学
新疆维吾尔自治区	新疆天山职业技术大学

（2）酒店管理专业。国内开设酒店管理专业的代表性院校如下（表2-2-2）。

表2-2-2　开设酒店管理专业的职业本科院校情况

省份	学校名称
福建省	泉州职业技术大学
广东省	广州科技职业技术大学
河北省	河北石油职业技术大学
江西省	景德镇艺术职业大学

（3）旅游规划与设计专业。国内仅1所代表性院校开设旅游规划与设计专业，情况如下（表2-2-3）。

表2-2-3　开设旅游规划与设计专业的职业本科院校情况

省份	学校名称
山西省	山西工程科技职业大学

2. 办学规模

根据调查，旅游职业本科院校旅游大类专业在校生数量为100~300人的院校数量最多，约占院校总数的64%，其余99人及以下和301人及以上的院校数量相当（图2-2-1）。

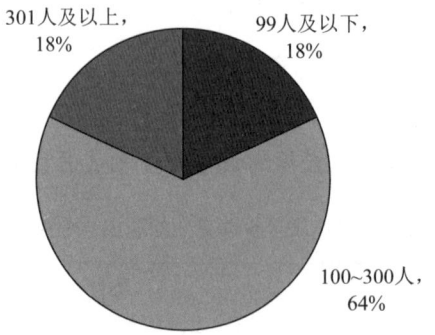

图2-2-1　旅游职业本科院校学生规模分布

3. 师资现状

当前旅游职业本科院校师资力量相对薄弱，教师综合素质有待提高。据调查，专任教师人数在20人以下包含20人的院校数量最多，共有9所，占总数的82%；21人及以上的院校数量较少，仅有2所，占总数的18%（图2-2-2）。

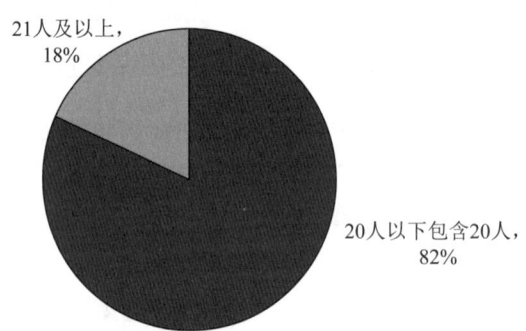

图2-2-2　旅游职业本科院校专任教师数量比例

超过半数的旅游职业本科院校高级职称专任教师数量占本专业专任教师比例在20%及以上。多数旅游职业本科院校专任教师硕士学位比例超过80%，但博士学位专任教师占比较低。半数旅游职业本科院校专任教师与该专业全日制在校生人数之比在1∶10~1∶18，并有超过半数"双师型"教师占比在60%及以下。此外，仅6所旅游职业本科院校有1个省级及以上教育部门认定的高水平教师教学（科研）创新团队，但多数旅游职业本科院校专业教师有获省级及以上教学领域有关奖励数在3个及以上情况。

4. 人才培养情况

据调查，多数旅游职业本科院校都重实践教学，人才培养方案均为校企共同制订，多数院校实践性教学课时占总课时的比例为30%左右，距离《办法》中

"实践性教学课时占总课时比例50%"的要求尚有距离。另外，旅游大类本科专业2022年招生计划完成率与新生报到率均在80%及以上。2022年应届毕业生就业率约有83.3%的院校在80%及以上，学生考研占比不高。

5. 办学条件现状

调查显示，仅有7所院校拥有10个及以上稳定合作的产教融合型企业，占院校总数的64%（图2-2-3）。

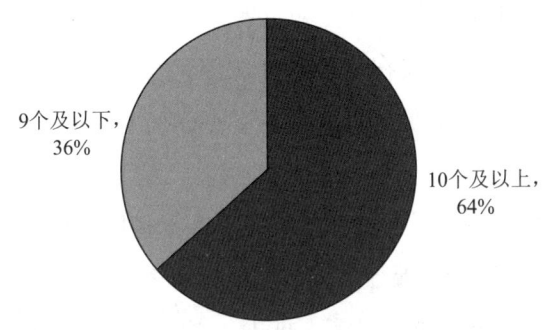

图2-2-3 旅游职业本科院校产教融合型企业数量分布

约半数的旅游职业本科院校未开展学徒制培养模式，且学历证书与职业技能等级证书未实现互通衔接。仅有2所旅游职业本科院校尚未拥有稳定的、数量够用的、满足师生实习实训（培训）需求的实训基地。

6. 科研与社会服务现状

旅游职业本科院校科研与社会服务能力总体不强。目前，尚无省级及以上技术研发的推广平台，每年面向行业企业和社会开展非学历培训人次数均在100人次以内。

三、面临的问题与挑战

（一）吸引力不够强

受"学而优则仕""重道轻器"等传统观念的影响，技术、技能或技艺长期被遮蔽在科学或知识的光环之下而不被重视。虽然党中央、国务院已多次阐述职业教育的重要性，并着重提出本科层次职业教育的重要性，但也很难在短期内打消社会民众及用人单位对本科层次旅游职业教育的疑虑。近几年，在疫情影响下，旅游管理专业的报考人数和录取率都出现了下降的情况。尤其是旅游行业的工作环境和待遇相对于其他行业确实存在一些不足，如工作时间不固定、工作强度大、收入水平低、职业发展空间小等，旅游行业人才流动率较高，对本科层次旅游职业教育的招生和就业有一定影响。

受旅游行业特点和就业环境的影响，部分学生和家长对旅游专业缺乏兴趣和信心，这就导致旅游职业院校的招生难度相对增大，优秀生源减少。

（二）办学特色不明显

本科层次旅游职业院校办学定位和发展方向应与研究型本科院校有所区别。目前，本科层次旅游职业院校在考核的压力下，往往不得不追寻学术型本科的逻辑，对于技能训练关注不足。具体而言，办学特色不明显主要体现在以下两方面。

一是课程体系设置存在不合理的情况。一些本科层次旅游职业院校为了提高学术水平，设置了较多理论性课程，不符合自身办学特色，也难以满足社会需求。

二是产教融合、校企合作难以深入推进。本科层次旅游职业院校对解决旅游行业实际问题关注度不够，与行业企业的合作深度和广度不够，难以形成产学研用一体化的人才培养模式。同时，各院校与地方政府和社区的联系也不够紧密，难以发挥本科层次职业院校在服务区域经济社会发展中的作用。

（三）办学条件不足

由于投入不足，本科层次旅游职业院校普遍存在办学条件不够、教学设备难以满足需要、实训基地缺乏等问题。此外，博士等高层次人才难以满足《办法》要求。一些本科层次旅游职业院校在教师评聘、评优、绩效等方面依然强调学术成果的数量和水平，尤其是课题级别与论文级别，而对教师的教学能力和行业实践能力重视不够，"双师双能型"教师教学创新团队建设缺乏动力和保障。

四、未来展望

（一）明确本科层次旅游职业教育的人才培养定位

针对办学特色不明显的问题，编制组认为，应根据旅游行业的新业态、新模式、新技术或新标准的发展，进一步明确旅游类本科层次职业教育人才培养定位，以与旅游行业的需求和发展趋势相一致。具体以旅游管理专业和旅游规划与设计专业为例进行说明。本科层次旅游职业教育的人才培养目标应侧重旅游企业运营管理岗位，这方面人才应具备的具体素质包括以下几方面。

一是具备一定的旅游业企业管理与运营能力。具体包括旅游企业运营管理、旅游市场营销、旅游质量管理、旅游风险控制与安全管理、旅游营销策划、旅游品牌策划、新媒体运营策划、旅游信息技术应用等方面的知识和能力等，能够从事旅游企业的战略规划、组织管理、创新发展等工作。

二是旅游产品设计能力。即具备扎实的文化基础和美学设计、旅游规划等方面的知识和技能，能够从事旅游策划、旅游文创产品开发、景观设计、旅游工程项目管理和旅游规划咨询等工作。

三是数字化运营能力。即具备智慧旅游的理论基础和实践技能，能够运用信息技术和大数据分析等手段，提升旅游服务质量和效率，优化旅游资源配置，推动旅游产业转型升级。

（二）提升本科层次旅游职业教育办学水平

为了提高办学水平，有必要进一步探索本科层次旅游职业教育教学改革和创新，主要内容如下。

其一，优化专业设置和培养方案。即紧密对接文化和旅游市场新需求和新技术应用，增加旅游演艺、文化创意、数字文化、文化传播、乡村振兴、企业运营等相关专业（方向）。在专业体系建设方面，推动旅游职业院校因地制宜，发挥区域文旅产业发展优势，将与当地文旅产业急需且匹配度高的本科层次旅游大类专业纳入试点专业申报范围。与国内文旅行业龙头企业、地方文旅行业头部企业合作开发先进课程，积极回应各地重大战略部署与要求，尤其应充分发挥文旅产业的富民、惠民作用，依托各级旅游类专业群建设，探索旅游类与现代农业、社区治理等交叉专业（方向），积极助推乡村振兴与共同富裕。

其二，加强实践教学。为学生打造真实的操作情境，让学生在实践的浸润中领悟真知，提升技巧。可邀请企业资深匠人、行业名家等进校园，通过主题讲座、实操展示、专题研讨等方式为学生开阔视野，振奋精神。推动教学紧贴行业需求和社会实际，进一步加大实践教学比例至50%，提高"双师型"教师和企业导师承担教学任务比例。推广"多学期、分段式""淡旺季工学交替"等实践实习模式，创新学生评价方式，加强职业能力测评。

其三，推动校企合作学徒制育人。引导本科层次旅游职业院校充分发挥重要办学主体作用，积极推动校企联合招生、联合培养、一体化育人的现代学徒制试点。本科层次旅游职业院校要与当地龙头企业、产业园区（一般为省级及以上旅游度假区）等建立全方面合作关系，共建实验实训基地，构建产学研创全方位、全过程深度融合的协同育人长效机制。建立健全本科层次旅游职业教育学徒制的质量保障体系，建立由政府、行业、院校、企业等共同参与的评价机制与监督体系，定期对人才培养效果进行监测和反馈。

其四，健全完善职业技能竞赛体系。完善以世界技能大赛为引领、国家级旅游职业技能大赛为龙头、全国旅游行业职业技能竞赛和各级旅游职业技能竞赛及专项赛为主体的本科层次旅游职业教育职业技能竞赛模式。要充分强化旅游活动策划与实施、旅游创新与设计、智慧旅游技术应用、旅游营销与推广等相应技术技能比赛。

（三）完善师资及教学设施设备建设

完善师资及教学设施设备建设是本科层次旅游职业教育目前的紧迫任务。

其一，完善"双师型"师资队伍建设。一是要加大对"双师型"教师的培养和引进力度，推动"双师型"教师占教师总数的比例达到80%以上。支持企业兼职教师、行业专家等参与技能人才培养，通过大师工作室推动"双师型"队伍发展。推动实现"双师型"教师与企业兼职教师、行业专家等相结合的"多元化"教师队伍建设。聚焦"高层次"和"应用型"人才，采用"全职、柔性及项目化引进"等方式吸引博士等高层次人才。坚持"不求所有，但求所用"理念，以"学校提供事业编制＋企业高薪聘请"的方式，探索与旅游企业共引共享高层次人才模式。二是通过鼓励攻读博士学位、参加国培省培、赴国外和企业学习、教学竞赛、听评说课、专题研讨等方式，提升教师教学、科研能力。

其二，加强数字化实验实训室建设。针对本科层次旅游职业教育普遍依靠高职专科相应实验实训设备的状况，下一步需要加强适合于专业发展需要的旅游类数字化实验实训设施建设。根据专业需要，重点在于建设旅游虚拟仿真实训平台、旅游大数据实验室、校企共建酒店管理与数字化运营实训室、数字文旅媒体直播电商实训室、旅游文创产品设计等专业实训室，为专业实践课程提供教学平台。

五、典型案例

新时代旅游职业本科教育人才培养的探索与实践
——以南京工业职业技术大学旅游管理专业为例
（南京工业职业技术大学　申军波）

（一）实施背景

当前，在"人才强国"和"教育兴国"等战略推动下，开展职业本科教育，培养集高层级、应用型于一体的知识技能型人才，成为当前提升综合国力的应有之举。到目前为止，没有一所高职专科学校有实际意义上的旅游职业本科教育，一般在旅游类和综合类的高职专科学校中的本科，往往指的是高职专科与本科院校的"3+2"或类似分阶段的合作方式，前半段是高职专科，后半段是普通本科，颁发的毕业证书是普通本科院校的证书。目前的政策体制规定，高职专科学校中没有真正意义上的高职本科。只有在近几年成立的高职本科院校中，才有真正按照教育部高等职业教育专业目录设置的高职本科专业。南京工业职业技术大学作为全国首家公办本科层次职业教育试点学校，于2019年升格为职业本科院校，开始有了旅游管理的高职本科专业招生的探索。学校于2022年9月开始招收首届旅游管理专业本科生，立足学校办学传统与特色优势，在旅游管理职业本科教育人才培养方面开展了充分的探索与实践，取得了显著成效。

（二）主要做法

1. 更新专业人才培养方案

南京工业职业技术大学旅游管理专业职业本科教育的人才培养，立足学校"敬业乐群"的校训、"手脑并用、双手万能"的办学理念、"做学合一"的教学原则，培养具有精益求精的工匠精神，系统掌握现代旅游管理基础知识和专业技术技能，能提供中高端服务、解决较复杂问题，具备较强的创新创业能力和可持续发展能力，具有一定的国际视野、文化自信、数理能力和数字素养，面向住宿餐饮、商务服务、娱乐、互联网及相关服务等泛旅游产业的旅游企业管理、旅游接待、旅游产品创意与策划、旅游新媒体运营等职业群，具有"金的人格、铁的纪律、美的形象、强的技能、创的精神"特质，能够从事旅行接待服务及个性化定制、旅游项目运行维护、新媒体营销和设计相关工作的高层次技术技能人才。

2. 优化课程及其教材体系

一方面，加快对传统课程体系的重构，构建指向性强的新文科课程体系。例如，整合文学、旅游学等传统学科，开设《江苏地方文化与旅游》课程；融合环境学、旅游学等专业知识，开设《乡村旅游》《生态旅游》等课程；推进互联网及大数据等新技术应用，将人工智能技术应用到旅游专业教学中，开设《Python在旅游中的应用》和《SPSS在旅游分析中的应用》等课程。另一方面，积极响应并鼓励团队教师参与在线开放课程建设、教学能力大赛，并在此基础上建设在线微专业、微学位项目。此外，开发更符合旅游管理职业本科教育人才培养要求的立体化教材。尝试以活页式、工作手册等新教材形态呈现，以满足课程项目化、模块化教学的大趋势。组织并联合河北工业职业技术大学、海南科技职业大学、广州科技职业技术大学、山东工程职业技术大学、山东外国语职业技术大学、成都艺术职业大学等职业本科高校编写符合旅游管理本科职业教育特点的系列教材，紧密对接产业升级和技术变革趋势，服务职业教育专业升级和数字化改造，优先规划智慧旅游、旅游大数据、旅游接待业等方向的教材建设。

3. 探索产教融合新型模式

第一，增加资金投入，购置数字文旅相关的教学软件与设备，创建一流的旅游管理数字化实践教学中心，完善实训教学条件，提高学生的动手操作能力。第二，加强与南京乃至江苏地区文旅行业头部企业的合作，促进校企双方形成命运共同体，坚持务实合作，探索校内生产性实训基地的建设，在真实商业环境中提升专业技能，培养服务精神，提高综合素质。第三，把校企合作、工学结合作为旅游管理职业本科人才培养模式改革的重要切入点，校企联合申报、攻关不同层次的科研课题和产学项目，探索双导师制下的任务驱动、顶岗实习等有利于增强学生能力的教学模式。

4. 不断提升学生综合技能

第一，坚持"以赛促学、以赛促教、以赛促练、以赛促改"目标下"专业+竞赛"相结合的人才培养模式，鼓励和支持学生积极参加职业技能大赛、挑战杯大赛、"互联网+"大赛、全国大学生红色旅游创意策划大赛等赛事活动，延展各类项目的宽度和深度，培养学生的发散性思维，增强学生的创新自信心，为学生就业、择业和创业积淀多元化的知识和能力基础。第二，依托专任教师服务地方经济发展的横向或纵向研究项目，通过发掘和引导某些有钻研兴趣和创新思维的学生参与进来加以锻炼，帮助学生拓宽视野，提升自主分析问题的能力和创造性解决问题的能力。第三，完善学业导师和行业导师共同推进的"双导师"制，全方位服务学生成长，对学生选课、专业发展方向选择、学习方法、职业生涯设计等方面进行指导，邀请行业导师参与课程研发及课程讲授，将其行业经验及行业用人需求融入相关专业课程知识体系中，为学生实习、实训及就业奠定基础，增强学生对实际工作的认知与理解。

5. 加强实践教学指导管理

在学生开展实训、实践之前，均要进行动员，同时指导教师编写实训任务书（学生指导用），列出实习实践计划和具体安排，使每一位同学都能充分理解实践或实习的重要性和目的，从而调动学生的主动性和积极性。学生也需要根据实训实习指导用书的内容，做好充分的知识准备、心理准备和精神准备，以利于实践活动的顺利开展。专业对于学生的实习实践活动还会配有相应的指导教师团队，严格进行过程管理。专业已经与十多家符合《职业学校学生实习管理规定》《职业学校校企合作促进办法》等标准的酒店、旅行社、话题公园等文旅企业建立了稳定的合作关系，使其成为实习基地，并签署了学校、学生、实习单位三方协议。根据本专业人才培养的需要和未来就业需求，实习基地应能提供与专业对口的相关跟岗实习、岗位实习条件。

（三）主要成效

自 2022 年 9 月学校招收旅游管理专业首届本科生起，专业建设成效初显，形成了培养目标定位清晰、师资队伍科学合理、课程体系多维融合、产教融合模式成熟、综合技能实力凸显的职业本科办学特色、优势和成效。例如，在人才培养项目方面，学校旅游管理专业团队分别与华住酒店管理有限公司、金拱门（中国）有限公司联合申报的教育部第二期供需对接就业育人项目（定向人才培养培训项目）于 2023 年 3 月获得立项；在教师教学能力大赛方面，旅游管理专任教师荣获 2023 年校级教学能力大赛一等奖并积极备战省赛；在学生综合技能方面，专业荣获 2023 年江苏省职业院校技能大赛——高职旅游类·餐厅服务项目一等奖、导游服务赛项一等奖；此外，在第十八届"挑战杯"全国大学生课外学术科技作品竞赛院内选拔赛和校级选拔赛中专业均获特等奖等荣誉奖项。

第三部分

专题报告

中国旅游高职教育"三教"改革报告（2021—2022年）①

教学工作是职业教育人才培养的基础工作，而教师、教材、教法（以下简称"三教"）是教学基本建设的重要内容。为更好地贯彻落实"职教20条"，近年我国高职院校将"三教"改革作为深化内涵建设的切入点和突破口，聚焦教师、教材、教法改革提升人才培养质量，稳步夯实高职教育高质量发展的微观基础。

为全面系统反映我国旅游职业教育近年"三教"改革的政策路径、推进方法和重大成果，编制组对全国能找到资料的旅游高职院校展开调查，从教师、教材和教法等不同维度开展系列专项调查，以其中30所独立建制的旅游高职院校为重点，采用深度访谈、问卷调查、大数据技术等多种方法收集数据资料，客观呈现全国旅游高职院校"三教"改革实施现状，对进一步推进旅游高职教育提质培优、增值赋能具有重要的现实意义。

一、"三教"改革相关政策分析

近年来，国务院、教育部等相关部委和地方政府相继颁布了"三教"改革相关指导性政策文件。编制组通过搜集梳理"三教"改革相关政策与项目，将其分为综合类政策和专项类政策两大类，并进行分析。

（一）综合类政策聚焦宏观指导

2020年9月，教育部等九部门颁布了《职业教育提质培优行动计划（2020—2023年）》，提出要实施职业教育"三教"改革攻坚行动，从宏观层面明确职业教

---

① 负责人：吴雪飞，浙江旅游职业学院教务处处长，教授；刘婷婷，浙江旅游职业学院人事处处长，副研究员。成员：蒋炯坪，浙江旅游职业学院教务处副处长，副研究员；王蕴韵，浙江旅游职业学院教务处主管，副研究员；杨芳，浙江旅游职业学院人事处主管，助理研究员；余梦露，浙江旅游职业学院教务处教务员；吴思琦，浙江旅游职业学院教务处教务员。

育教师、教材和教法改革的重点任务。而后中共中央办公厅、国务院办公厅等部门相继出台《关于现代职业教育高质量发展的意见》《关于深化现代职业教育体系建设改革的意见》等政策文件，进一步强化"三教"改革政策执行力度。之后，文化和旅游部在旅游业发展规划中将旅游职业教育摆在旅游人才培养的重要位置，连续两年实施"旅游职业教育提质培优行动计划"，在《"十四五"旅游业发展规划》中明确旅游职业教育高质量发展的具体措施，在课程资源建设、旅游人才队伍、"双师型"师资培养等方面开展系列措施。旅游职业教育"三教"改革的综合类政策文件相关情况如表 1-1-1 所示。

表 1-1-1　旅游职业教育"三教"改革的综合类政策文件

发布时间	发文部门	政策文件名称	政策内容
2021 年 4 月	文化和旅游部办公厅	《关于实施文化艺术职业教育和旅游职业教育提质培优行动计划的通知》（办科教发〔2021〕70 号）	开展"双师型"师资培养扶持项目，面向文化艺术中高职院校和旅游中高职院校的专业骨干教师，重在强化教师紧密对接行业产业的意识，提升教师对学生职业发展的指导能力
2021 年 10 月	中共中央办公厅、国务院办公厅	《关于推动现代职业教育高质量发展的意见》	深化教育教学改革，强化"双师型"教师队伍建设，改进教学内容与教材，创新教学模式与方法，完善质量保证体系
2021 年 12 月	国务院	《"十四五"旅游业发展规划》（国发〔2021〕32 号）	促进旅游职业教育高质量发展；推动数字化课程资源建设共享；加大旅游业领军人才、急需紧缺人才和新技术、新业态人才培养力度，打造一支与旅游业发展相适应的高素质人才队伍
2022 年 5 月	文化和旅游部办公厅	《关于实施 2022 年度文化艺术职业教育和旅游职业教育提质培优行动计划的通知》（办科教发〔2022〕92 号）	开展"双师型"师资培养扶持项目，面向文化艺术中高职院校和旅游中高职院校的专业骨干教师，重在强化教师紧密对接行业产业的意识，提升教师对学生职业发展的指导能力
2022 年 12 月	中共中央办公厅、国务院办公厅	《关于深化现代职业教育体系建设改革的意见》	依托龙头企业和高水平高等学校建设一批国家级职业教育"双师型"教师培养培训基地，加强"双师型"教师队伍建设；优先在现代制造业、现代服务业、现代农业等专业领域，打造一批核心课程、优质教材、教师团队、实践项目；建设职业教育专业教学资源库、精品在线开放课程、虚拟仿真实训基地等重点项目，推动教育教学与评价方式变革

2019 年 1 月，国务院印发的《国家职业教育改革实施方案》意在推进高等职业教育高质量发展，并以部省共建职教创新发展高地作为落实该项政策的一项重要举措。山东、甘肃、江西、广东、浙江、天津、辽宁、河南、湖南、福建等省（自治区、直辖市）先后与教育部签订部省共建职业教育创新发展高地建设协议，从省域

层面出发制定适应区域职业教育高质量发展的政策，并公开发布职业教育高地建设方案。该方案通过多措并举打造"双师型"教师队伍，推动教材开发与建设，创新教学模式与方法，侧重省域现代职业教育体系建设和体制机制改革，以"三教"改革具体举措推进职业教育提质培优。部省共建职教创新发展高地建设自2020年开始选取了部分省（自治区、直辖市）先行先试，相关政策文件在2020—2021年相继颁布。部省共建职教创新发展高地建设方案相关情况如表1-1-2所示。

表1-1-2 部省共建职教创新发展高地建设方案

发布时间	省（自治区、直辖市）	政策文件名称
2020年1月	山东	教育部 山东省人民政府《关于整省推进提质培优建设职业教育创新发展高地的意见》（鲁政发〔2020〕3号）
2020年7月	甘肃	教育部 甘肃省人民政府《关于整省推进职业教育发展打造"技能甘肃"的意见》（甘政发〔2020〕38号）
2020年7月	江西	教育部 江西省人民政府《关于整省推进职业教育综合改革提质创优的意见》（赣府发〔2020〕16号）
2020年12月	广东	教育部 广东省人民政府《关于推进深圳职业教育高端发展 争创世界一流的实施意见》（粤府〔2020〕63号）
2020年12月	浙江	教育部 浙江省人民政府《关于推进职业教育与民营经济融合发展助力"活力温台"建设的意见》（浙政函〔2020〕136号）
2021年1月	天津	教育部 天津市人民政府《关于深化产教城融合打造新时代职业教育创新发展标杆的意见》（津政发〔2021〕1号）
2021年1月	辽宁	教育部 辽宁省人民政府《关于整省推进职业教育实用高效发展提升服务辽宁振兴能力的意见》（辽政发〔2021〕2号）
2021年1月	河南	教育部 河南省人民政府《关于深化职业教育改革推进技能社会建设的意见》（豫政〔2021〕2号）
2021年2月	湖南	教育部 湖南省人民政府《关于整省推进职业教育现代化服务"三高四新"战略的意见》（湘政发〔2021〕5号）
2021年3月	福建	教育部 福建省人民政府《关于支持厦门职业教育高质量发展助力两岸融合的意见》（闽政文〔2021〕97号）
2021年4月	四川	教育部 四川省人民政府《关于推进成都公园城市示范区职业教育融合创新发展的意见》（川府发〔2021〕6号）
2021年10月	安徽	教育部 安徽省人民政府《关于整省推进职业教育一体化高质量发展加快技能安徽建设的意见》（皖政秘〔2021〕221号）
2021年11月	重庆	教育部 重庆市人民政府《关于推动重庆职业教育高质量发展促进技能型社会建设的意见》（渝府发〔2021〕35号）
2021年12月	贵州	教育部 贵州省人民政府《关于建设技能贵州推动职业教育高质量发展的实施意见》（黔府发〔2021〕14号）

2021年10月，中共中央办公厅、国务院办公厅印发的《关于推进现代职业教育高质量发展的若干意见》提出，"在全面建设社会主义现代化国家新征程中，职业教育前途广阔、大有可为"，强化"双师型"教师队伍建设、改进教学内容与教材、创新教学模式与方法、完善质量保证体系等措施深化教育教学改革。为落实该政策内容，吉林、安徽、河北、浙江、内蒙古、重庆等省（自治区、直辖市）相继发布省域职业教育高质量发展实施方案，聚焦教师、教材、教法改革，开展省域实践探索，推动职业教育类型特色更加鲜明，明确基本建成现代职业教育体系的建设目标。省级政府发布的职业教育高质量发展政策文件相关情况如表1-1-3所示。

表1-1-3　省级政府发布的职业教育高质量发展政策文件

发布时间	省（自治区、直辖市）	政策文件名称
2021年9月	吉林	吉林省委办公厅 吉林省人民政府办公厅《关于加快推动现代职业教育高质量发展的若干举措》（吉办发〔2021〕37号）
2021年11月	安徽	安徽省委教育工作领导小组《关于推动现代职业教育高质量发展的实施意见》（皖教组发〔2021〕6号）
2021年11月	河北	中共河北省委办公厅 河北省人民政府办公厅《关于推动职业教育高质量发展加快建设技能型人才强省的实施意见》（冀办传〔2021〕62号）
2021年11月	浙江	《推进现代职业教育高质量发展 奋力打造全国职业教育高地》（征求意见稿）
2022年1月	江苏	江苏省委办公厅《关于推动现代职业教育高质量发展的实施意见》（苏办发〔2022〕5号）
2022年3月	湖北	湖北省人民政府《关于推动现代职业教育高质量发展的实施意见》（鄂政发〔2022〕9号）
2022年3月	青海	青海省委办公厅 青海省人民政府办公厅《青海省推动现代职业教育高质量发展的实施方案》
2022年4月	江西	江西省委办公厅 江西省人民政府办公厅《江西职业教育高质量发展实施方案》
2022年4月	云南	云南省委办公厅、云南省人民政府办公厅《关于推动现代职业教育高质量发展的实施意见》
2022年4月	重庆	重庆市人民政府办公厅《关于推动现代职业教育高质量发展的若干措施》（渝府办发〔2022〕52号）
2022年5月	北京	北京市委办公厅 北京市人民政府办公厅印发《关于推动职业教育高质量发展的实施方案》的通知
2022年6月	甘肃	甘肃省委办公厅 甘肃省人民政府办公厅《关于推动现代职业教育高质量发展加快"技能甘肃"建设的若干措施》
2022年7月	黑龙江	黑龙江省委办公厅、黑龙江省人民政府办公厅印发《关于加快推动现代职业教育高质量发展的实施意见》

续表

发布时间	省（自治区、直辖市）	政策文件名称
2022年7月	辽宁	辽宁省委办公厅 辽宁省人民政府办公厅《关于推动现代职业教育高质量发展的若干措施》（辽委办发〔2022〕13号）
2022年7月	内蒙古	内蒙古自治区人民政府办公厅《关于推动自治区现代职业教育高质量发展的若干措施的通知》（内政办〔2022〕43号）

（二）专项类政策聚焦项目设计

"三教"改革专项类政策，是为贯彻落实综合类政策的宏观指导而开展的以教师、教材、教法为专项的教育教学改革政策。专项类政策多以教育部质量工程项目（国家级职业教育教师教学创新团队、国家精品在线开放课程、职业教育国家规划教材、全国教材建设奖、示范性虚拟仿真实训基地等国家级项目）为抓手，聚焦质量提升推动"三教"改革。相关专项类政策文件如表1-2-1所示。

表1-2-1 旅游职业教育"三教"改革的专项类政策文件

专项类型	发布时间	发文部门	政策名称	政策内容
教师	2021年7月	教育部、财政部	《关于实施职业院校教师素质提高计划（2021—2025年）的通知》（教师函〔2021〕6号）	发挥示范引领作用，带动地方健全完善职业院校教师培训体系和全员培训制度，打造高水平、高层次的技术技能人才培养队伍
教师	2022年5月	教育部办公厅	《关于开展职业教育教师队伍能力提升行动的通知》（教师厅函〔2022〕8号）	完善教师标准框架，提高教师培养质量，健全教师培训体系，创新教师培训模式，畅通教师校企双向流动，营造全社会关注职业教育教师队伍的良好氛围
教师	2022年9月	教育部办公厅	《关于进一步加强全国职业院校教师教学创新团队建设的通知》（教师厅函〔2022〕21号）	明确创新团队建设目标任务，强化创新团队教师能力建设，形成创新团队建设范式，突出创新团队模块化教学模式，加强创新团队协作共同体建设，加大创新团队建设保障力度，加强创新团队建设的检查验收
教材	2021年10月	国家教材委员会	《关于首届全国教材建设奖奖励的决定》（国教材〔2021〕6号）	授予400种职业教育与继续教育类教材"全国优秀教材奖"
教材	2021年12月	教育部办公厅	《关于加强高等学历继续教育教材建设与管理的通知》（教职成厅函〔2021〕28号）	完善教材管理体制，加大教材建设力度，严格教材审核选用，增强教材育人功能，服务高等学历继续教育提质强基；加强系列化、多样化和立体化教材建设，服务线上教学、混合式教学

续表

专项类型	发布时间	发文部门	政策名称	政策内容
教材	2021年12月	教育部办公厅	《"十四五"职业教育规划教材建设实施方案》(教职成厅〔2021〕3号)	分批建设1万种左右职业教育国家规划教材,指导建设一大批省级规划教材,加大对基础、核心课程教材的统筹力度,突出权威性、前沿性、原创性教材建设,打造培根铸魂、启智增慧,适应时代要求的精品教材,以规划教材为引领,高起点、高标准建设中国特色高质量职业教育教材体系
教法	2021年8月	教育部办公厅	《关于公布职业教育示范性虚拟仿真实训基地培育项目名单的通知》(教职成司函〔2021〕35号)	经职业院校自愿申报、省级教育行政部门推荐、线上线下专家遴选、公示等环节,确定215个职业教育示范性虚拟仿真实训基地培育项目
教法	2022年2月	教育部、中央网信办、工业和信息化部、公安部、市场监管总局	《关于加强普通高等学校在线开放课程教学管理的若干意见》(教高〔2022〕1号)	为全面推进在新常态下的在线教学建、用、学、管,保障在线教学健康发展,开展强化高校主体责任、提升教师教学质量、严格学生学习和考试纪律、加强平台监督管理、开展联合治理等举措,规范在线开放课程教学管理,维护在线开放课程教学秩序
教法	2022年7月	教育部办公厅	《关于开展2022年职业教育国家在线精品课程遴选工作的通知》(教职成厅函〔2022〕18号)	坚持分级分步推进,分级遴选、分步实施、有效激励,构建校级、省级、国家级职业教育在线精品课程培育、遴选、共享和持续更新机制

通过分析上述相关政策内容,发现旅游职业教育推动"三教"改革的走向有以下特点。一是由宏观转向具体。"三教"改革政策内容从国家层面到省域层面、从综合类政策到专项类政策,呈现由宏观国家规划到省域具体实践、由综合建设到专项建设的发展趋势。"三教"改革政策的可操作性持续提高。二是由层次转向类型。为凸显职业教育类型特色,"三教"改革从"双师型"教师队伍建设、校企"双元"合作开发教材、"互联网+教育"等多种改革措施着手,逐步推动职业教育由层次教育转向类型教育。三是由规模扩张转向内涵建设。"三教"改革内容多聚焦内涵建设,以提高教师"双师"素质、强化教材开发建设、改进信息化教学方式方法等,推动职业教育高质量发展。

二、"三教"改革成果

为评估"三教"改革阶段性进展，编制组从各旅游高职院校所取得的国家级教育类重大成果入手，选取总计16项与"三教"改革相关的国家级重大成果项目，以"教师、教材、教法"三个维度进行分类与分析，具体清单如表2-1-1所示。成果周期原则上设定为2021年至2022年，其中"示范性职业教育集团（联盟）"及"职业教育国家规划教材"两个延续性项目包含了2020年的统计结果。所有重大成果的数据均由编制组依据官方公开数据进行搜集与整理。

表2-1-1 "三教"改革相关国家级重大成果项目清单

序号	分类	项目	年份
1	教师	课程思政示范课程、教学名师和团队	2021
2		第二批国家级职业教育教师教学创新团队立项建设单位	2021
3		全国行业职业教育教学指导委员会（2021—2025年）	2021
4		教育部职业院校教学（教育）指导委员会（2021—2025年）	2021
5		第二批示范性职业教育集团（联盟）培育单位	2021
6		第一批示范性职业教育集团（联盟）培育单位	2020
7	教材	首批"十四五"职业教育国家规划教材名单（"十三五"复核教材）	2022
8		首批"十四五"职业教育国家规划教材名单（新申报教材）	2021—2025
9		"十三五"职业教育国家规划教材书目	2016—2020
10		全国优秀教材（职业教育与继续教育类）奖励名单	2021
11	教法	国家级专业教学资源库	2022
12		2022年职业教育国家在线精品课程名单	2022
13		课程思政教学研究示范中心名单	2021
14		职业教育示范性虚拟仿真实训基地培育项目名单	2021
15		2022年全国职业院校技能大赛教学能力比赛获奖名单	2022
16		2021年全国职业院校技能大赛教学能力比赛获奖名单	2021

经统计，所统计的906所旅游高职院校总计取得656项国家级重大成果。其中，30所独立建制的旅游高职院校总计取得148项旅游大类相关的国家级重大成果，取得成果数量前五的院校清单如表2-1-2所示，5所院校均为公办。浙江旅游职业学院位居第一，取得成果数量为27个；第二是南京旅游职业学院，取得成果

数量为21个；青岛酒店管理职业技术学院位居第三，取得成果数量为15个。

表2-1-2 独立建制的旅游高职院校"三教"改革相关国家级重大成果排行

序号	学校名称	所属省份	成果数量（个）
1	浙江旅游职业学院	浙江省	27
2	南京旅游职业学院	江苏省	21
3	青岛酒店管理职业技术学院	山东省	15
4	长沙商贸旅游职业技术学院	湖南省	12
5	上海旅游高等专科学校	上海市	11

统计的876所有相关数据的旅游高职院校，总计取得508项旅游大类相关的国家级重大成果。取得成果数量前五的院校清单如表2-1-3所示，取得成果数量最多的旅游高职院校为海南经贸职业技术学院，有12个，其次是无锡商业职业技术学院，取得成果数量为11个；长沙民政职业技术学院、广州番禺职业技术学院和成都职业技术学院并列第三，取得成果数量均为7个。

表2-1-3 非独立建制的旅游高职院校"三教"改革相关国家级重大成果排行

序号	学校名称	所属省份	成果数量（个）
1	海南经贸职业技术学院	海南省	12
2	无锡商业职业技术学院	江苏省	11
3	长沙民政职业技术学院	湖南省	7
4	广州番禺职业技术学院	广东省	7
5	成都职业技术学院	四川省	7

（一）教师改革重大成果

教师类"三教"改革相关国家级重大成果由6个项目组成，涵盖课程思政、教师团队及指导委员会等维度。全国旅游高职院校总计取得291项教师类国家级重大成果，成果数量最多的院校清单如表2-1-4所示。其中，成果数量最多的为浙江旅游职业学院和长沙商贸旅游职业技术学院，均为6项；金华职业技术学院和武汉职业技术学院并列第二，均为4项；另有青岛酒店管理职业技术学院等院校获得3项。

表 2-1-4 "三教"改革相关国家级重大成果（教师类）院校排行

序号	学校名称	所属省份	成果数量（教师类）（项）
1	浙江旅游职业学院	浙江省	6
2	长沙商贸旅游职业技术学院	湖南省	6
3	金华职业技术学院	浙江省	4
4	武汉职业技术学院	湖北省	4
5	青岛酒店管理职业技术学院	山东省	3
6	北京经济管理职业学院	北京市	3
7	长春职业技术学院	吉林省	3
8	无锡商业职业技术学院	江苏省	3
9	黎明职业大学	福建省	3
10	江西现代职业技术学院	江西省	3

从地区分布来看（图 2-1-1），华东地区的院校数量与成果数量均领先，分别是 75 所和 111 项；其次是华中地区，29 所院校取得了 41 项成果；华北地区和华南地区取得的成果数并列第三，均为 33 项，取得成果的院校数量分别为 26 所和 21 所；东北地区的院校数量与成果数量最少。

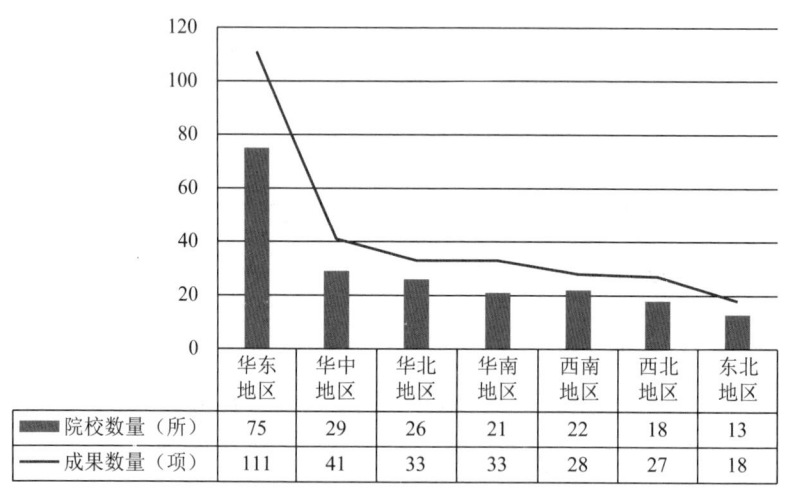

	华东地区	华中地区	华北地区	华南地区	西南地区	西北地区	东北地区
院校数量（所）	75	29	26	21	22	18	13
成果数量（项）	111	41	33	33	28	27	18

图 2-1-1 各地区"三教"改革相关国家级重大成果（教师类）统计

（二）教材改革重大成果

教材类"三教"改革相关国家级重大成果包括 5 个项目，涵盖职业教育国家规划教材、全国优秀教材奖和国家级专业教学资源库。全国旅游高职院校总计取得 215 项教材类"三教"改革相关国家级重大成果。成果数量最多的院校清单如表 2-2-1 所示。成果数量多的院校为南京旅游职业学院，有 16 项；其次为浙江旅游职业学院，有 15 项；青岛酒店管理职业技术学院、上海旅游高等专科学校、无锡商业职业技术学院和江西旅游商贸职业学院并列第三，均为 7 项。

表 2-2-1 "三教"改革相关国家级重大成果（教材类）院校排行

序号	学校名称	所属省份	成果数量（教材类）（项）
1	南京旅游职业学院	江苏省	16
2	浙江旅游职业学院	浙江省	15
3	青岛酒店管理职业技术学院	山东省	7
4	上海旅游高等专科学校	上海市	7
5	无锡商业职业技术学院	江苏省	7
6	江西旅游商贸职业学院	江西省	7
7	海南经贸职业技术学院	海南省	6
8	三亚航空旅游职业学院	海南省	5
9	长沙商贸旅游职业技术学院	湖南省	4
10	河北旅游职业学院	河北省	4

从地区分布来看（图 2-2-1），位居第一的是华东地区，院校数量 41 所，取得成果成果数量为 104 项，均领先；华北地区位居其次，15 所院校取得了 27 项成果；东北地区位居第三，13 所院校取得了 25 项成果。西北地区的院校数量与成果数量最少。

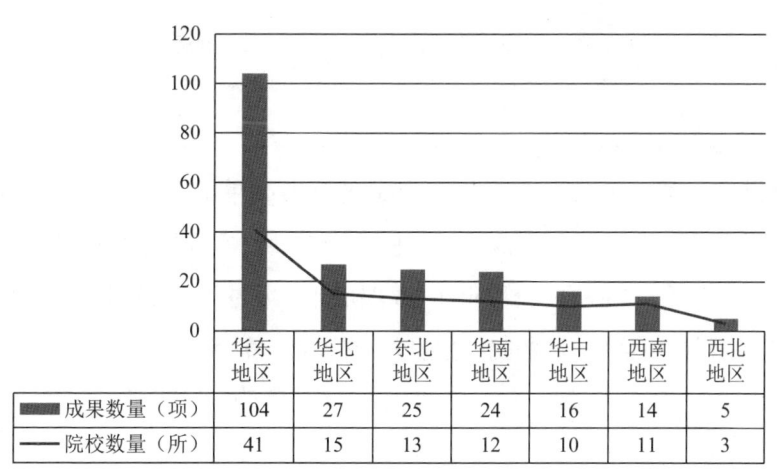

图 2-2-1 各地区"三教"改革相关国家级重大成果（教材类）统计

（三）教法改革重大成果

教法类"三教"改革相关国家级重大成果包括5个项目，分别为国家在线精品课程、虚拟仿真实训基地和全国职业院校技能大赛教学能力比赛等。全国旅游高职院校总计取得150项教材类"三教"改革相关国家级重大成果。其中，成果数量较多的院校清单如表2-3-1所示。成果数量最多的是浙江旅游职业学院和长沙民政职业技术学院，均为6项；青岛酒店管理职业技术学院和海南经贸职业技术学院并列第二，均为5项；位居第三的是山东商业职业技术学院，获得成果4项。

表2-3-1 "三教"改革相关国家级重大成果（教法类）院校排行

序号	学校名称	所属省份	成果数量（教法类）（项）
1	浙江旅游职业学院	浙江省	6
2	长沙民政职业技术学院	湖南省	6
3	青岛酒店管理职业技术学院	山东省	5
4	海南经贸职业技术学院	海南省	5
5	山东商业职业技术学院	山东省	4
6	南京旅游职业学院	江苏省	3
7	宁波职业技术学院	浙江省	3
8	常州工业职业技术学院	江苏省	3
9	长沙商贸旅游职业技术学院	湖南省	2
10	上海旅游高等专科学校	上海市	2

从取得教法类"三教"改革相关国家级重大成果的院校所在地区来看（图2-3-1），位居第一的仍是华东地区，院校数量35所，取得成果57项，均为领先；华北地区位居其次，21所院校取得了23项成果；华中地区位居第三，13所院校取得了22项成果；西北地区的院校数量与成果数量最少。

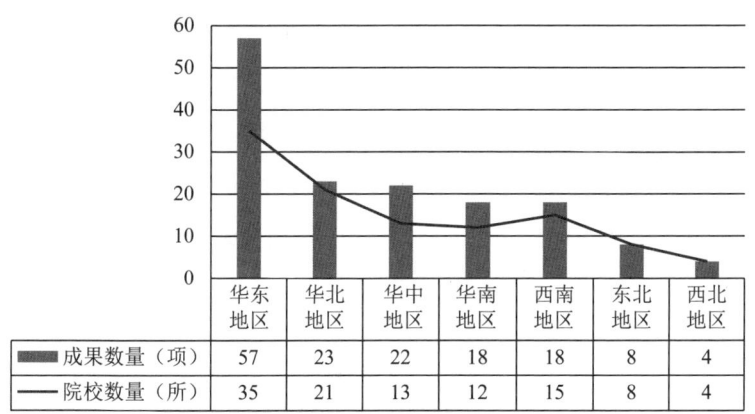

图 2-3-1　各地区"三教"改革相关国家级重大成果（教法类）统计

三、师资队伍建设路径与做法

（一）提升整体规模，优化师资队伍结构

2021—2022 年是"双高"计划建设的关键阶段，也是迎接升级职业本科挑战的准备阶段。各类旅游高职院校重视师资队伍建设，坚持"人才强校"理念，对外拓宽引才，对内重视培养，进一步改善师资队伍结构，提高师资队伍整体素质。

根据 2022 年教育部统计结果，开设旅游大类专业的高职院校（含招收高职专科旅游大类专业的本科院校）专任教师中高级职称人员占比平均为 29.8%，其中 23.19% 的院校旅游大类专业教师无高级职称，15.32% 的院校旅游大类专业教师占比超过 50%，旅游大类专业教师职称结构有待进一步优化（图 3-1-1）。专任教师中硕士及以上学位占比平均为 55.41%，旅游高职院校专任教师总体上以硕士及以上学位为主（图 3-1-2）。当前旅游高职院校教师学历结构的优化重点在于博士引育上，一方面，积极拓宽人才招引渠道。编制组面向全国旅游大类专业的问卷调查结果显示，84.09% 的旅游高职院校结合本校情况制定出台学校的博士等高层次人才引进政策。75.26% 的教师认为学校的博士等高层次人才引进政策较好和非常好（图 3-1-3），认为学校引才效果较好和非常好的有 65.29%（图 3-1-4）。另一方面，院校积极鼓励教师在职提升学历、激发人才新动能。85.8% 的旅游职业院校出台了教师在职学历提升支持政策，有 81.1% 的教师认为学校支持培训力度比较大或非常大（图 3-1-5）。引育博士等高水平师资，已成为旅游高职院校"三教"改革的重要内容和学校建设的重要目标之一。

广州番禺职业技术学院着力打造人才矩阵，实行"双百计划"，5 年预计投入 1 亿元引育高层次人才，提高师资素质整体素质。"双百计划"一是引进 100 名博士等高层次人才，提高引进待遇增强人才吸引力，领军人才最高可享受安家补贴及购租房补贴税后 496 万元；二是支持 100 名教职工提高学历，鼓励和支持优秀青年教师在职攻读博士，学费最高可报销 20 万元。浙江旅游职业学院实施"人才强校"战略，落实"158"人才行动计划目标，推进百名博士计划，支持教职工在职攻读博士，学费最高可报销 22 万元。衢州职业技术学院出台政策，对于在 4 年（含）内取得博士研究生学历的教职工最高可奖励 20 万元。

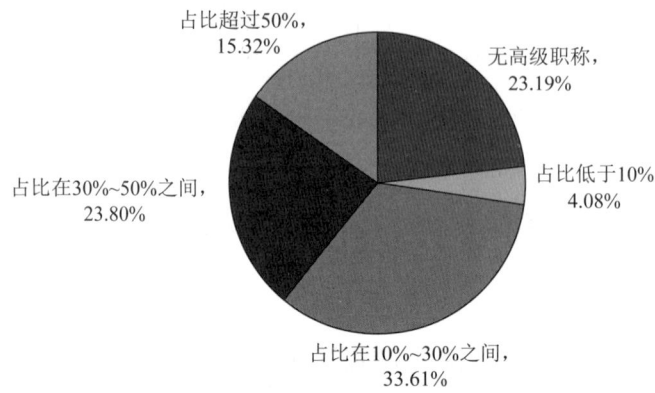

图 3-1-1　2022 年旅游大类专业教师高级职称占比分布

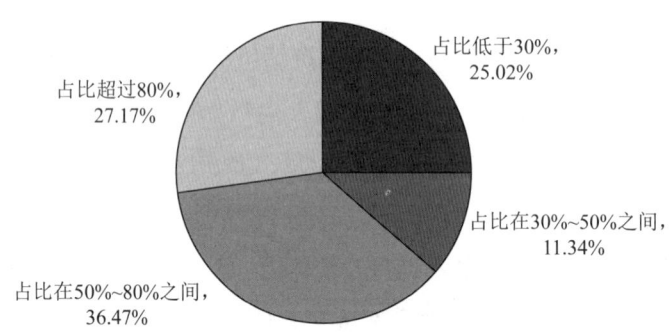

图 3-1-2　2022 年旅游大类专业教师硕士及以上学位占比分布

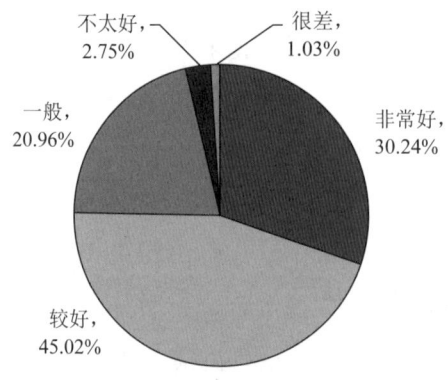

图 3-1-3　教师对学校高层次科研人才引进政策的评价占比分布

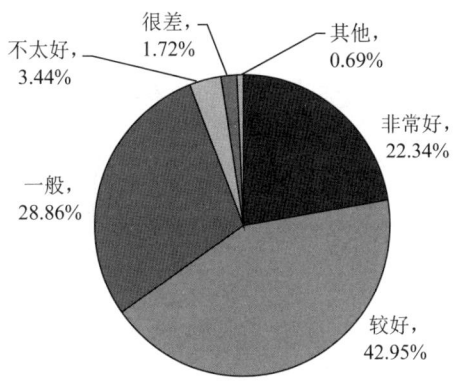

图 3-1-4 教师对学校人才引进成效的评价占比分布

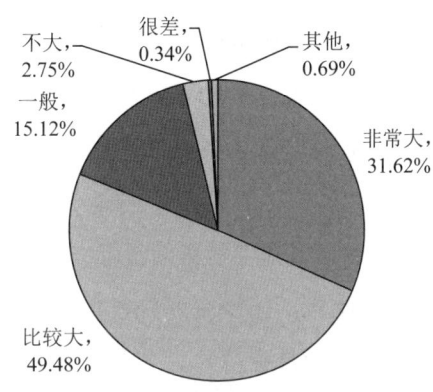

图 3-1-5 教师对学校教师培训支持力度的评价占比分布

（二）强化类型特色，打造高水平"双师型"教师队伍

职业教育因职业性而类型化，因教育性而系统化，优化职业教育类型定位，主要体现在职业属性与教育属性的有机结合，以提高教师的专业实践和社会服务的双重能力。2022年底，教育部发布《关于做好职业教育"双师型"教师认定工作的通知》，明确《职业教育"双师型"教师基本标准》，对规范各省市、中高等职业院校及职业本科大学开展"双师型"教师认定工作具有指导意义，同时也给职业院校预留了一定的自主空间。编制组面向全国旅游大类专业的问卷调查结果显示，87.5%的旅游高职院校制定了本校的"双师型"教师认定标准，有效开展本校的"双师型"队伍建设工作。2021—2022年，旅游职业院校"双师型"教师规模不断扩大；88.64%的旅游高职院校的专业课教师中"双师型"占比超过60%，"双师"素质持续提升，"双师"结构逐步优化，"双师型"教师已成为职业院校专业课教师的主体，成为推动产教融合、校企合作的主体力量（图3-2-1）。

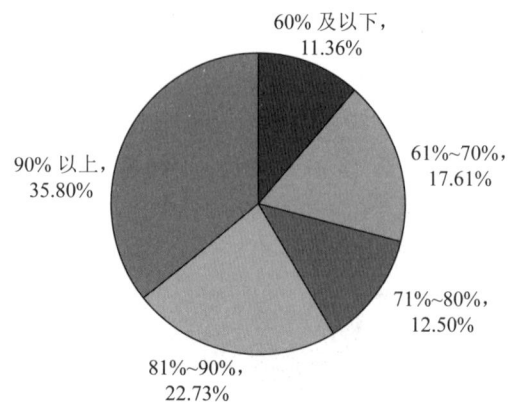

图 3-2-1 旅游大类专业教师中"双师型"教师占比分布

打破壁垒,产教融合,加强"双师型"教师职业属性。校企协同提升"双师"能力,是旅游职业教育"双师型"队伍建设的关键。问卷结果显示,38.64% 的旅游高职院校聘请行业/企业导师作为兼课教师人数占专任教师比例超过 30%(图 3-2-2)。院校响应政策,鼓励专业课教师前往行业企业一线岗位脱产顶岗"进修",进一步促进教师专业发展、提升教师实践教学能力。89.2% 旅游高职院校有制定教师下企业实践锻炼相关政策。旅游高职院校的专任教师中有 3 年以上企业工作经历或近 5 年累计不少于 6 个月到行业、企业或生产服务一线实践经历的占比平均超过 71%(图 3-2-3)。上海城建职业学院通过"引育用管"并举、改革创新制度化,大力推动"双师"建设体系化,学校"双师型"教师占比 72%,企业兼职教师占比超 45%,是教育部"双师型"教师培养培训基地。

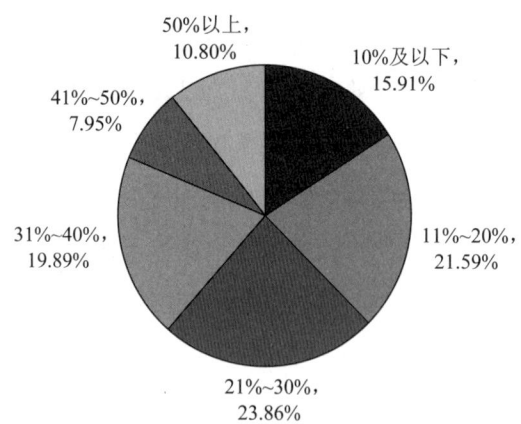

图 3-2-2 行业/企业兼职导师占专任教师比例分布

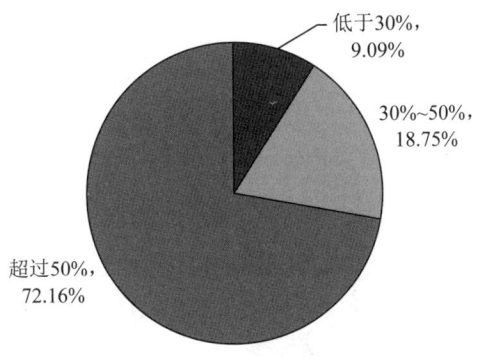

图 3-2-3 专任教师具有行业企业一线岗位实践经历占比分布

夯实基础、技能提升，加强"双师型"教师培养。2021年，《人力资源社会保障部关于进一步加强高技能人才与专业技术人才职业发展贯通的实施意见》出台，推动了技能资格与职称互通路径的搭建，以吸引更多行业高水平技能人才加入旅游职业教育。问卷结果显示，80.11%的旅游高职院校制定了行业人才引进政策，放宽学历限制，吸引高技能人才来校任教。71%的教师认为本校的行业人才引进政策实施效果较好或非常好。旅游高职院校重视教师在职培养与能力提升，实行教师分类培训，提升专业技能水平与教学能力，助力教师职业成长。潍坊职业学院提出教师"双能"发展观和"因材施育、分类培养"培育理念，构建"四轮驱动、多元交互"双能教师培育体系，实施校企人才双向交流，企业成立教师工作站，校内设立行业专家、技能大师工作室，校企互培共享，联手打造专业"双师"团队。调查结果显示，73.86%的旅游高职院校设立教师发展中心，88.64%的旅游高职院校有专任教师常态化培训制度。通过外引内培、引育并举，35.8%的旅游高职院校专任教师中具有高级职业技能资格占比超30%（图3-2-4），其中22.16%的院校具有高级职业技能资格的专任教师占比超50%。有18.19%的旅游高职院校专任教师获市级及以上技能类人才称号或荣誉的超10人次（图3-2-5）。

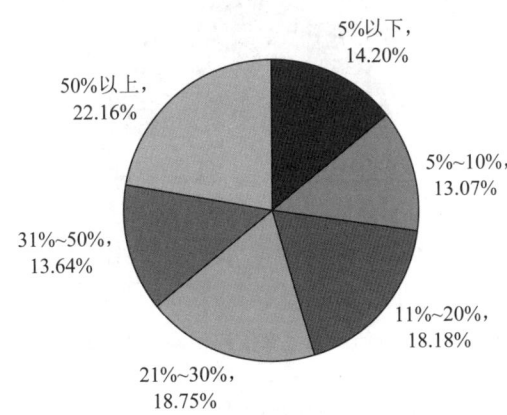

图 3-2-4 专任教师高级职业资格（技能等级）占比分布

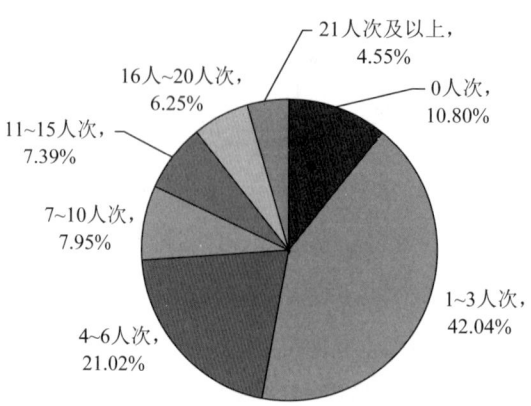

图 3-2-5 专任教师获市级及以上技能类人才称号或荣誉人次比例分布

（三）促进多元发展，实施教师分类评价改革

为响应《深化新时代教育评价改革总体方案》精神，旅游高职院校试图结合地方特点与专业特色，出台关于教师分类评价改革方案，建立以能力和业绩成果为导向的多元分类评价机制。调查结果显示，73.86%的旅游高职院校实施专任教师分类考核评价。在教师评价内容上，注重能力、突出业绩、科学评价，将教师参与企业技术应用、产品研发和社会服务作为考核重要内容，体现职业教育教师技能水平和专业教学能力的"双师"素质，16.48%的旅游高职院校不再将论文作为专业技术职务评审的必要条件。有69.07%的旅游高职院校教师对学校考核评价制度较满意和非常满意（图3-3-1），有63.57%的旅游高职院校教师对学校教师发展晋升体系较满意和非常满意（图3-3-2），教师分类评价改革效果显著，为"双师型"队伍建设提供制度保障和激励支持。

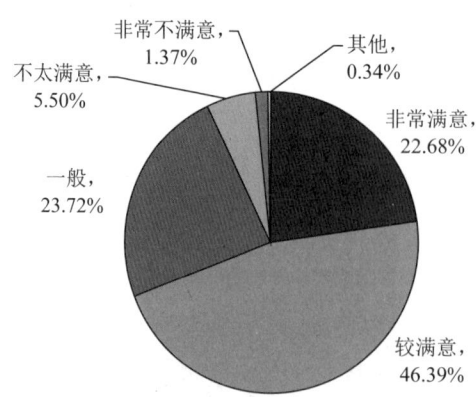

图 3-3-1 专任教师对学校考核评价制度满意度占比分布

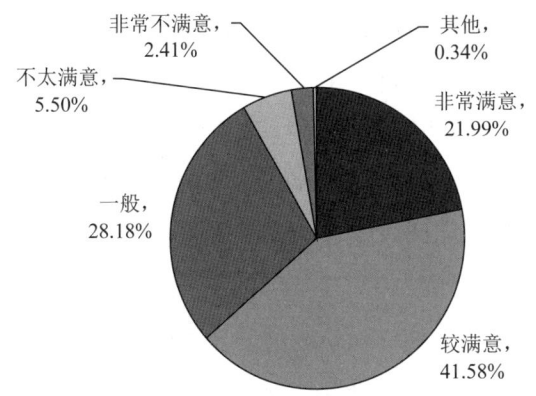

图 3-3-2　专任教师对学校教师发展晋升体系的满意度占比分布

浙江旅游职业学院创新人才分层分类评价体系，针对教师、行政人员、研究人员、辅导员等不同群体细化考评体系，单列考核指标，又将教师群体细分为教学型、科研型、技术技能型，贯穿职称评审、年度考核、岗位聘任全环节，形成教师考评闭环，进一步为人才松绑，将考评要求从"紧箍咒"变为激励干事创业的"能量棒"。坚持育人为本，回归教育教学本质，丰富教学工作量内涵，提高教学业绩权重，设置替代业绩，论文、课题不再作为职称评审的必备条件，对获得重大成果的高层次拔尖人才提供直评通道、单设指标。分层分类设置岗位竞聘条件和考核目标，完善岗位"能进能出"、等级"能上能下"、待遇"能高能低"的聘期动态管理机制，畅通人员立体化分层流转退出通道，打破职称终身制。2022年，学校"教师分类评价改革"立项浙江省新时代教育评价改革试点项目，入选国家级职业教育"双师型"教师培训基地。

（四）优化组合效能，推动教师教学创新团队创建

创新团队建设有助于进一步优化配置专业群之间的师资队伍，发挥不同专业背景教师的优势，打破现有的教师队伍结构，重构跨专业教学团队，形成专业优势互补，为全面提高复合型技术技能人才培养质量提供强有力的师资支撑。教育部支持国家级团队建设，探索建设模式，集聚优质资源，发挥辐射带动作用，示范引领地方政府、职业院校建设省级、校级教师教学创新团队，以点带面、梯队培养、全面实施。2021年，教育部共遴选240个职业教育教师教学创新团队，仅有8所高职院校的旅游大类专业立项，占比约3.3%。各省（自治区、直辖市）纷纷出台创新团队建设方案，强化分级指导。编制组随机抽取了11个省（自治区、直辖市）进行分析，结果发现，省级教师教学创新团队项目中旅游大类专业立项平均占比仅4.6%。根据调查问卷结果，53.97%的旅游高职院校没有省级及以上的

教学创新团队（图3-4-1）。根据问卷调查结果，85.8%的旅游高职院校制定了本校教师团队培养相关制度和政策。76.64%的教师认为本校教学团队建设成效较好或非常好（图3-4-2）。郑州旅游职业学院旅游管理专业获河南省级教学创新团队项目立项，通过"五能"（课程及其资源的开发和实施能力、信息技术与课程的有效整合能力、课堂的驾驭和调控能力、教育教学科研能力、社会服务能力）、"四阶"（新进教师—中青年教师—骨干教师—课程负责人）、"两赛"（教师教学能力比赛和学生技能比赛）等方式，强化教师培养，创新教学方法，实现教师、学生职业能力"双提升"。2021—2022年，浙江旅游职业学院获教师教学创新团队省级2项、国家级1项立项，成绩斐然。学校高度重视教师教学创新团队创建，先后出台《关于开展2020—2023年教师教学创新团队建设的实施意见》《浙江旅游职业学院关于成立教师教学创新团队建设领导小组的通知》《浙江旅游职业学院关于促进国家级和省级职业教育教师教学创新团队建设的实施意见》等政策，选拔培育27个校级教师教学创新团队，集聚优质资源、优化组合效能，培育学校、省级、国家级阶梯式教师教学创新团队。

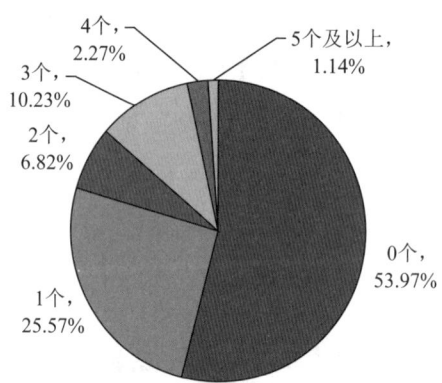

图3-4-1 具有省级及以上教学创新团队的旅游高职院校（专业）分布

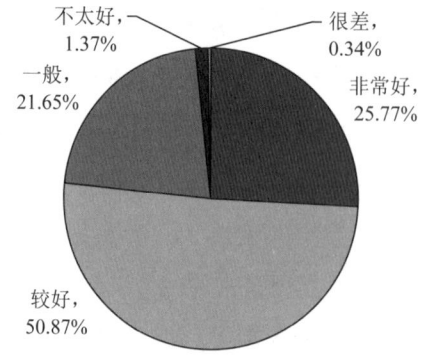

图3-4-2 专任教师对学校教学团队建设成效的满意度分布

四、教材改革路径与做法

（一）校校教材改革制度配套基本覆盖，激励力度各校参差不齐

为推动职业院校教材建设，2019年，教育部印发《职业院校教材管理办法》。据此，旅游高职院校纷纷出台针对本校教材选用的管理办法。据调查，全国旅游高职院校中，建立校级教材使用情况评估制度的院校占比为83.52%，基本落实了"严格执行国家和地方关于教材管理的政策规定，健全内部管理制度"的要求。

为响应国家政策对职业院校提出的加大优秀教材支持力度的要求，旅游高职院校在不同程度上以制度形式在评优评先、职称评定、职务（岗位）晋升等方面对教材编审人员予以支持。旅游高职院校对教材编写的激励政策效果如图4-1-1所示，有64.26%的教师对其实效较为认可，28.87%的教师则认为激励效果一般，2.75%的院校仍未出台相关支持政策。院校对于鼓励教师出版新形态教材的支持方式各有不同，山东理工职业学院依托国家级虚拟仿真实训基地建设仿真实训资源，对于立项完成验收的新形态教材在职称评审中给予赋分的支持；成都职业技术学院则设立优秀新形态教材编写奖和教育教学成果奖等，提高教师参与编写新形态教材的积极性。

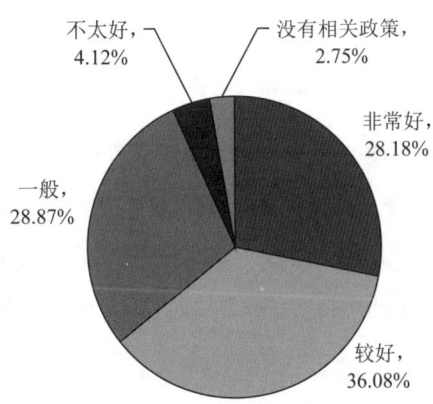

图4-1-1 旅游高职院校对教材编写的激励政策效果

（二）教材建设"产教融合"特色鲜明，合作水平地域差异显著

中共中央办公厅、国务院办公厅印发的《关于推动现代职业教育高质量发展的意见》中要求，职业学校应拓展校企合作形式内容，积极吸纳行业企业参与教材开发，"引导地方、行业和学校按规定建设地方特色教材、行业适用教材、校本专业教材"。

校企协同开发教材是职业教育同行业企业深度融合的体现。旅游高职院校在教材改革中十分注重发挥行业企业建设专业课程教材的作用。据统计，参与调研的旅游高职院校在教材建设的过程中均采用过与企业合作开发的方式。校企协同开发教材的情况如图4-2-1所示，2022年度，18.75%的院校与企业协同开发教材1本，12.50%的院校与企业协同开发教材6本及以上。

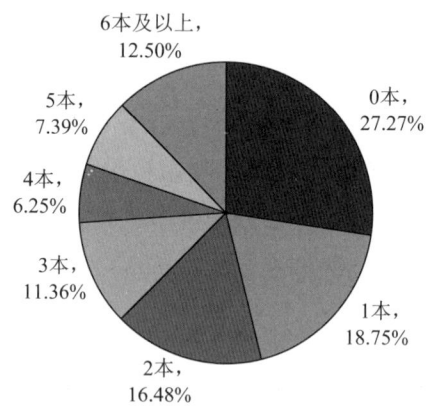

图4-2-1　2022年度旅游高职院校校企合作开发教材情况

旅游高职院校引导行业企业参与教材改革的积极性较高。数据显示，有53.41%的教师认为本校"引企入教"的情况较有成效，35.8%的教师认为成效一般，4.55%的教师认为没有成效。因此，尽管大部分院校具有较强的校企合作"双赢"意识，在教材改革中积极对接旅游产业发展的要求，但"引企入教"的实际成效还有待进一步提升。

（三）教材改革内容突出德育主线与职业类型，出版形态多样化与个性化相统一

旅游高职院校的教材内容变革主要从以下两个方面进行。一是将课程思政的要素有机融入旅游专业的教学内容。在教材开发的过程中，梳理出课程内容蕴含的思想政治元素并形成脉络。例如，广西农业职业技术大学从脱贫攻坚和乡村振

兴教育的角度切入，编著了《广西红色文化教育》《乡村振兴概论》一系列特色教材，深度挖掘旅游教育在思想性、先进性、时代性上的教育价值。二是深化产教融合，主要表现为进一步增强教材内容的前沿性，及时纳入新方法、新工艺、新技术、新标准，将教学载体与岗位进一步对接。

旅游高职院校正不断探索能够适应教学信息化需求的新形态一体化教材，主要有"活页式"与"手册式"两种形态。例如，青岛职业技术学院在深化校企双元合作的基础上，与评价组织合作开发活页教材；湖南交通职业技术学院融通"岗课赛证"建设，开发了一批活页式数字化资源一体化教材；山东旅游职业学院充分对接国际前沿趋势，为"法式桌边服务""情景礼仪外语""酒水语言"三门课程打造工作手册式、活页式配套教材。

从新形态教材的出版量可以看出，旅游高职教育近年取得了较为丰硕的成果。以高等教育出版社为例，截至 2022 年，该出版社总计出版 192 本旅游高职教育相关图书教材，其中新形态教材 43 本。该出版社所出版的新形态教材有着较为典型的组织方式，即"二维码资源"搭载"Abook 数字课程"，辅以相应的配套资源，形成了"一书一课一空间"的一体化数字教材。

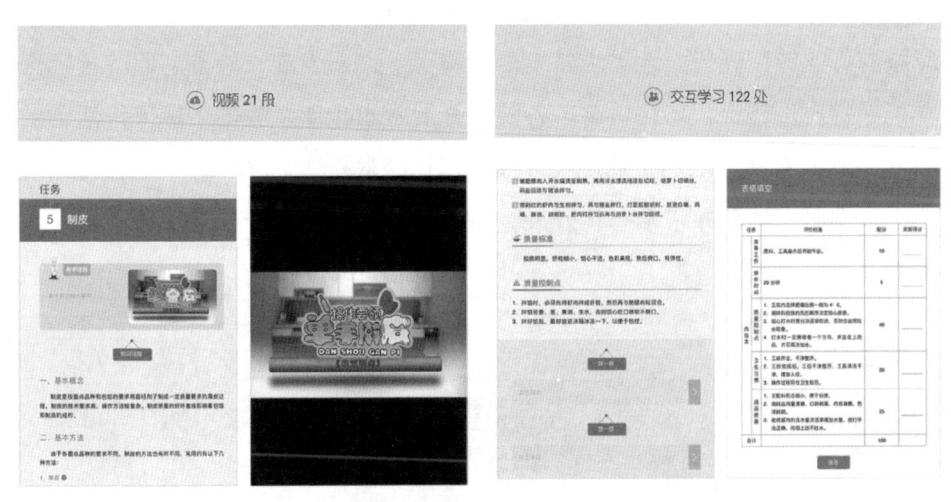

图 4-3-1　北京智启蓝墨信息技术有限公司出版的《中式面点基础》教材示例

通过不断努力，旅游高职教育的数字化资源建设取得一定成效。截至 2022 年，国家职业教育智慧教育平台总计上线了 62 门旅游大类专业课在线开放课程。旅游高职院校为满足信息化教育发展的要求，积极开展提升教师数字素养的培训，73.1% 的受访教师认为学校开展的数字化能力培训较好和非常好（图 4-3-2）。

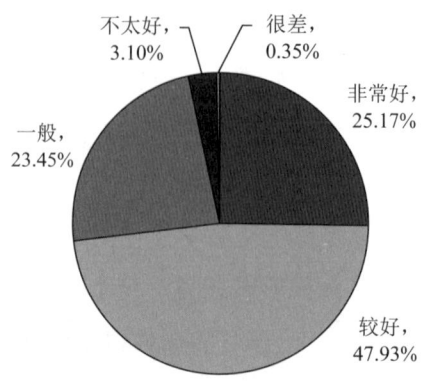

图 4-3-2　院校开展教师数字化能力培训的满意度情况

五、教法改革路径与举措

（一）院校围绕课堂革命主线，广泛建立常态化教学质量评价与成果转化机制

课堂教学质量一向是职业教育人才核心竞争力的关键一环，更是教法改革在响应旅游行业转型升级人才需求转变的落脚点。调研发现，旅游高职院校已广泛建立了课堂质量评价常态化机制。各院校开展常态化课堂教学质量评价活动的情况如图 5-1-1 所示，82.26% 的院校开展常态化课堂教学研讨活动，16.13% 的院校其课堂教学研讨活动并未常态化开展。有 1.61% 的院校未开展专项课堂教学质量评价活动。

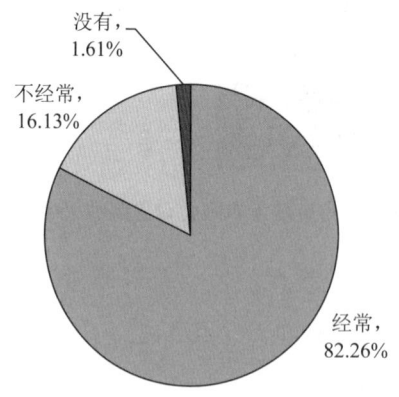

图 5-1-1　院校课堂教学质量评价活动开展情况

旅游高职院校十分重视教学成果的应用与推广。数据显示，84.1% 的旅游高职院校将教师课堂教学成果纳入教学科研积分情况，在教师教学方法的科学评价中

融入了课堂教学成果相应的激励机制。同时，70%的旅游高职院校设立了常态化的教学成果推广机制。

（二）实践教学显著加强，教学形态与资源进一步创新

教育部明确要求职业院校专业人才培养方案中实践学时原则上应占总学时数50%以上。据统计，97.73%的旅游高职院校严格落实了这一要求，仅2.27%院校未达标准。

为分析旅游高职院校在实践教学方面的具体情况，编制组在权衡地区分布后选取了13所独立建制的旅游高职院校，对其2020年至2022年典型专业人才培养方案实践学时的落实情况进行了汇总，结果如图5-2-1所示。尽管总学时略有差异，但所有院校在人才培养方案中所设置的实践教学时长都明显超过了总学时的50%。其中，占比最高的是海南经贸职业技术学院的旅游管理专业，达到了64.18%，最低的是海南经贸职业技术学院的会展策划与管理专业，实践学时数占比为53.52%。

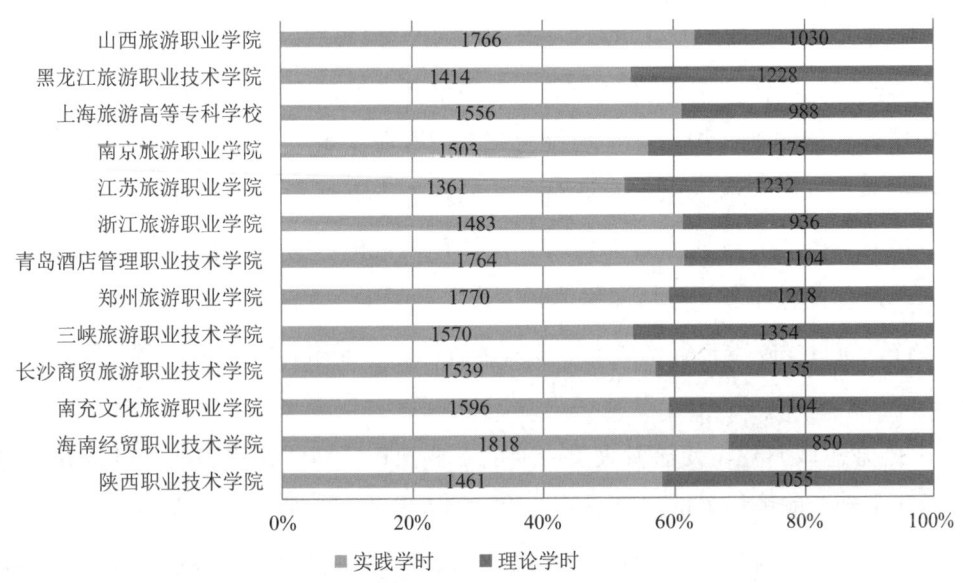

图5-2-1　各院校代表性专业人才培养方案中实践学时的分布情况

13所院校公布的实训进程方案中，在第一学期开展实训教学的院校，其实训内容则往往以岗位认知为主，如图5-2-2所示，大部分旅游大类专业的实训教学集中在第二学期和第四学期。同时，数字化技术亦成为实训教学资源的重要组成部分。各旅游高职院校人才培养方案数据显示，有46.67%的专业在实训教学的过程中配备了虚拟仿真的实训资源。

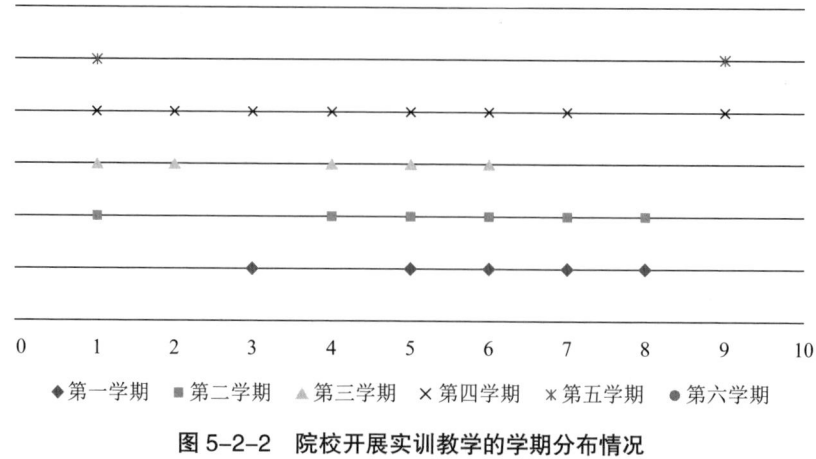

图 5-2-2 院校开展实训教学的学期分布情况

六、特色与经验

（一）做实"专业思政"融入人才培养全过程，全面深化"课程思政"

旅游大类专业的"专业思政"建设为深化"课程思政"建设搭建了共同的思政资源平台，它是"课程思政"融入人才培养方案的全方位体现，也是对专业人才培养功能的新认识。在实现旅游大类"专业思政"的过程中，专业在设置人才培养目标时，体现出本专业对人才的核心素养要求；在设置各专业人才培养方案时，围绕专业核心素养要求，设计育人目标和实现路径；在专业的人才培养全过程及各环节，包括课程体系（含实践教学）、教学规范、师资队伍、教学条件、质量保障等，有机融入专业所蕴含的思政元素，实现专业育人和育才的统一。

"专业思政"建设使旅游大类专业的专业课程开展"课程思政"可资利用的思政元素和功能更加丰富，而专业人才培养方案所规定的非旅游大类专业课程开展"课程思政"也更好地体现了"因专业施教"的专业元素。"专业思政"把"课程思政"所开启的将思想政治工作体系贯通人才培养体系的科学实践进一步深化，因此"专业思政"不仅不会限制专业教师开展"课程思政"建设的自主性，还能更好地为"课程思政"聚焦育人方向。

表 6-1-1 2021 年旅游大类专业获国家级课程思政重大成果情况

序号	学校名称	国家级课程思政示范课名称	国家级课程思政教学名师团队人数（人）
1	浙江旅游职业学院	面点工艺	8
2	长沙商贸旅游职业技术学院	湖湘饮食文化、审计基础与实务	16
3	黑龙江农业经济职业学院	模拟导游	8
4	漳州科技职业学院	中华茶艺	8
5	河南农业职业学院	营养配餐设计与实践	8
6	长垣烹饪职业技术学院	食品雕刻	8
7	广西职业技术学院	旅游茶园设计与管理	8

30 所独立建制的旅游高职院校以专业为依托深入实施课程思政建设工程，组建校企协同、专业教师和思政教师协同的双协同课程思政建设工作队伍，形成分类推进、共建共享的课程思政内容建设体系，从而实现课程思政覆盖学校所有专业类、专业群和专业，课程思政重大成果全面开花。以浙江旅游职业学院为例，该校是浙江省首批课程思政示范校，以打造课程思政示范课国省校三级体系为引领，分三批组建 24 支专业教师和思政教师紧密结合的课程思政教学创新团队。学校举办了 2021 年全国文化艺术职业院校和旅游职业院校"学党史·迎百年"课程思政现场展示暨教育研讨活动，2 门课程入选国家级课程思政示范课，3 门课程入选全国文化艺术职业院校和旅游职业院校课程思政案例。2021 年、2022 年连续两年承办全国职业院校旅游大类课程思政集体备课会。学校课程思政品牌"中国服务之美"风化于成，曾受邀在浙江省高职院校课程思政现场推进会上作课程思政创新与实践的经验交流。

在众多设置旅游专业的综合类高职院校中，旅游大类专业结合职业教育特点、专业建设特点、地域特点，将课程思政真正融入专业发展与学校发展，旅游大类专业课程思政重大成果百花齐放。例如，山东理工职业学院文化旅游与艺术学院以国家级课程思政教学团队为目标打造精品课程思政示范课，研学旅行管理与服务团队获第二批国家级职业教育教师教学创新团队建设单位。该校立足济宁儒家文化发源地的地域优势，将优秀传统文化融入专业建设。武汉城市职业学院旅游与酒店管理学院的"茶艺与茶道"课程入选 2022 年职业教育国家在线精品课程，泸州职业技术学院文旅学院教师团队以"历史遗址景点导游"项目在 2021 年全国职业教育教学能力比赛中获奖，广西职业技术学院的旅游茶园设计与管理课程入选 2021 年国家级课程思政示范课，课程教师团队入选国家级课程思政教学名师团队等。

（二）研究企业用人需求，着力全素质培养，提升文旅人才职业能力与创新意识

聚焦行业发展新趋势、企业用人新需求，编制组通过研究旅游大类专业毕业生与旅游行业企业的适配性和适应度，为高校人才培养模式改革、专业结构优化、课程体系调整提供参考依据。浙江省教育考试院进行的"2021届浙江省高校毕业生职业发展状况及人才培养质量调查"结果显示，旅游行业企业对旅游大类专业毕业生总体满意度高于浙江省全省高职院校平均水平，其中旅游行业企业对旅游大类毕业生满意度最高的是实践动手能力（99.01分）、专业水平（99.01分），其次是人际沟通能力（98.88分）（图6-2-1）。

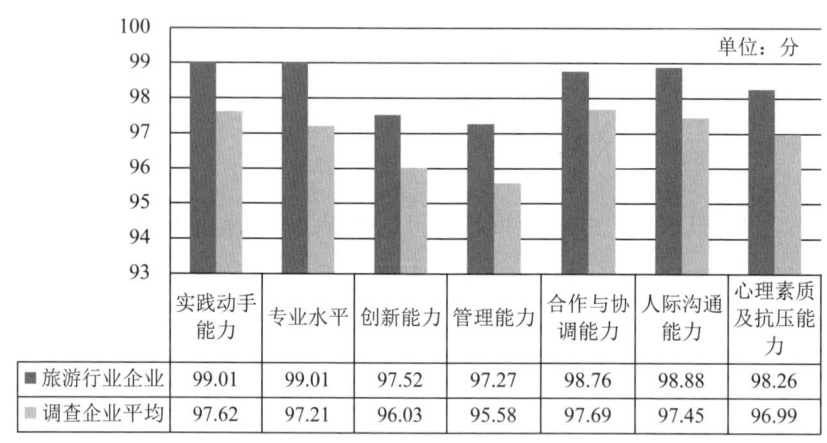

图6-2-1　用人单位对2021届毕业生的各项能力满意度情况

参与调查的用人单位认为，旅游大类院校在人才培养方面最需要进一步加强的是职业生涯规划与设计（40.99%）、工作适应能力（39.75%）和综合素质培养（36.65%）（图6-2-2）。

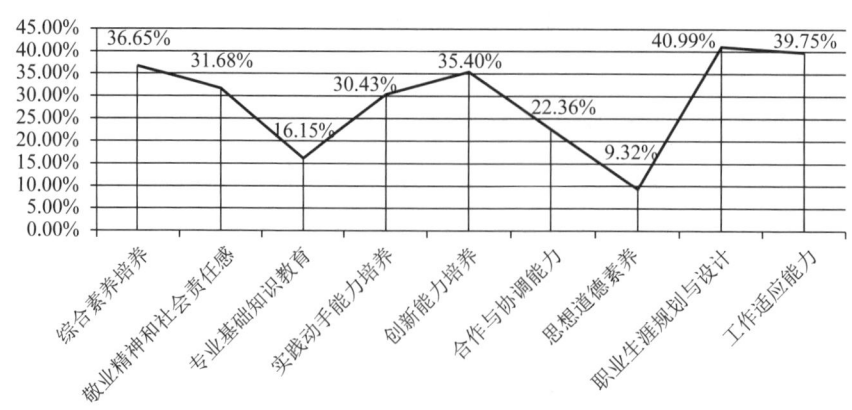

图6-2-2　企业对旅游高职院校人才培养的建议

近年来，随着人们对文化旅游的需求不断增强及"全域旅游"等概念的兴起，旅游行业发展与更新越发迅速，对旅游大类人才也提出了更高、更综合的要求。湖州职业技术学院、青岛职业技术学院、无锡商业职业技术学院等院校结合企业用人需求，通过课程体系调整和开展大咖进课堂等活动，引导学生提升职业意识和个人职业规划能力。山东理工职业学院、成都职业技术学院等院校结合旅游发展精品化、数字化、人工智能化等新趋势，与走在行业技术前沿的企业共同合作开发课程，培养学生数字化技能、个性化服务技能、新媒体传播技能，注重提高学生的创新能力和市场营销能力。

（三）依托数字化技术升级各类教学资源，实现教学质量稳步提升

2021年以来，旅游高职院校一体化推动包含专业教学资源库、优质在线开放课程、虚拟仿真实训等各类数字化教学资源升级，以促进教学质量的稳步提升。旅游高职院校中有847所选用省级及以上规划教材11 231种，49所旅游高职院校的100种旅游大类专业教材入选"十三五"职业教育国家规划教材，41所旅游高职院校的58种新申报的旅游大类专业教材入选"十四五"职业教育国家规划教材，24所设有旅游大类专业的高职院校的14种教材获"全国优秀教材"奖（表6-3-1）。

表6-3-1　2021年部分"全国优秀教材（职业教育或继续教育类）"获奖情况

序号	学校名称	教材名称	出版社
1	南京旅游职业学院	餐饮服务与管理（第二版）	高等教育出版社
2	辽宁经济职业技术学院、辽宁现代服务职业技术学院	餐饮服务与管理（第四版）	大连理工大学出版社
3	无锡商业职业技术学院、常州工程职业技术学院、江苏农林职业技术学院	餐饮管理与服务（第2版）	清华大学出版社
4	山西旅游职业学院、运城职业技术大学	大学人文基础（第三版）	高等教育出版社
5	河南经贸职业学院	职业英语模块 酒店英语（第三版）	大连理工大学出版社
6	三亚航空旅游职业学院	航空电气设备与维修	国防工业出版社
7	青岛酒店管理职业技术学院	计算机应用基础项目化教程（第二版）	大连理工大学出版社
8	上海旅游高等专科学校	酒店财务管理实务	中国旅游出版社
9	南京旅游职业学院	冷菜制作与食品雕刻技艺（第三版）	高等教育出版社

续表

序号	学校名称	教材名称	出版社
10	成都职业技术学院	旅游市场营销（第二版）	高等教育出版社
11	湖南高尔夫旅游职业学院	数控车床编程与加工	机械工业出版社
12	山东商务职业学院	西式面点工艺与实训（第三版）	科学出版社
13	浙江旅游职业学院、浙江经济职业技术学院、浙江交通职业技术学院、浙江育英职业技术学院、义乌工商职业技术学院、杭州万向职业技术学院、浙江农业商贸职业学院	新编高职高专体育教程（第四版）上册、下册	高等教育出版社
14	浙江旅游职业学院	中国旅游地理（第二版）	高等教育出版社

旅游高职院校中有349所已建成1174门省级及以上精品在线课程，57所旅游高职院校75门课程入选2022年职业教育国家在线精品课程，6所院校的6个旅游大类专业资源库入选国家级教学资源库（表6-3-2），3所院校的3个旅游大类专业实训项目入选国家级示范性虚拟仿真实训基地培育项目（表6-3-3），共有55所院校的63个教师团队在2021年和2022年的全国职业院校技能大赛教学能力比赛中获奖。

表6-3-2　入选国家级教学资源库的旅游大类专业教学资源库

序号	第一主持院校	专业资源库名称
1	浙江旅游职业学院	智慧景区开发与管理
2	长沙商贸旅游职业技术学院	会展策划与管理
3	天津职业大学	酒店管理
4	秦皇岛职业技术学院	导游
5	浙江商业职业技术学院	烹饪工艺与营养传承与创新
6	广西职业技术学院	中华茶文化传承与创新

表6-3-3　国家级示范性虚拟仿真实训基地培育项目（旅游大类）

序号	学校名称	专业实训项目名称
1	浙江旅游职业学院	现代旅游虚拟仿真实训基地
2	西宁城市职业技术学院	高原生态旅游虚拟仿真实训基地
3	林芝市职业技术学校	林芝职校旅游产业虚拟仿真实训基地

成都职业技术学院文化旅游学院积极鼓励教师编写新形态教材，通过教研活动、培训座谈、技术支持等多种手段为新形态教材提供保障，同时完善教材评估

机制，在教材编写时充分考虑学生特点与需求，已建有数字化教材 21 本。海南经贸职业技术学院国际旅游学院通过经费支持、奖励升级、建立网络平台、邀请专家指导等手段，鼓励教师积极建设在线课程资源，并通过联合兄弟院校、联合行业企业，大力加强已建在线教学资源的推广，学院建设有旅游大类在线开放课程 26 门，121 门课程开展线上线下混合式教学。江西旅游商贸职业学院从共享优质资源入手，逐步启动 18 所合作中职学校的数字化转型工作，通过校际合作、校企合作共同开发并使用数字化教学资源，建立教学信息化实践共同体，学校已有 98 门课程开展线上线下混合式教学，开发了 26 个虚拟仿真实训资源。

七、思考与展望

2021 年 10 月，中共中央办公厅、国务院办公厅印发的《关于推动现代职业教育高质量发展的意见》明确了深化教育教学改革的发展方向。党的二十大报告也提出"实施科教兴国战略，强化现代化建设人才支撑"的关键举措。旅游高职教育承担着为加快建设国家战略人才力量而努力培养造就更多大国工匠、高技能人才的根本使命。2022 年 12 月，为深入贯彻党的二十大精神，中共中央办公厅、国务院办公厅印发的《关于深化现代职业教育体系建设改革的意见》提出要提升职业学校关键办学能力，打造一批核心课程、优质教材、教师团队、实践项目，建设职业教育专业教学资源库、精品在线开放课程、虚拟仿真实训基地等重点项目，服务全民终身学习和技能型社会建设。旅游高职教育未来仍需进一步通过完善政策制度体系、建设教育教学信息化、深化产教融合、凝聚凸显特色等做法，推动旅游高职教育高质量发展，加快建设教育强国、科技强国、人才强国。

（一）完善"三教"改革政策制度体系，优化旅游高职教育政策制度环境

从调研结果来看，一方面，关于"三教"改革的旅游职业教育政策多以宏观规划为主，且多存在于职业教育改革或旅游业发展的综合性政策文件中，缺乏以"三教"改革为主题的能够指导旅游高职教育"三教"改革落地实施的政策文件。另一方面，通过"国家—省域—学校"三层制度体系构建，旅游高职教育"三教"改革制度架构的"四梁八柱"基本形成，但总体来说各级政策制度的结构性和创新性仍待加强。

旅游高职教育"三教"改革实施要从政策制度体系建设着手，构建纵横交错的政策制度体系，创新各级各类政策制度内容。一是要完善政策制度体系结构。"三教"改革的顺利推进需要纵向递进、横向联动的政策制度体系支撑和保障。纵向维度要进一步明确国家、省域和学校在政策制度设计方面职能，构成从整体到局部、宏观到微观、指导到实施的递进式制度体系；横向维度要完善旅游大类政策和职业教育类政策间的制度衔接和联动，结合旅游行业发展和旅游大类专业建设需求，明确旅游高职教育"三教"改革的具体措施。二是要提高政策制度的创新性。目前省域和高职院校层面实施的"三教"改革制度大同小异，存在同质化和普适化问题。各省（自治区、直辖市）和旅游高职院校在贯彻国家颁布的"三教"改革政策时，需要根据本省实际情况和学校建设情况，综合运用自身资源优势，创新制定差异化、个性化的政策制度。

（二）广泛应用信息技术，推动旅游高职教育信息化建设与应用水平

从调研结果来看，信息技术对旅游高职教育"三教"改革产生了深刻影响，包括新形态教材、教学资源库、在线课程建设、虚拟仿真实训基地等在内的融合信息技术与教育教学的项目，切实推动了现代职业教育体系建设。但旅游高职院校存在的教师信息素养难以支撑教育信息化、信息化教材内容质量欠佳与形式单一、教学模式落后于现代化设施设备等现实问题，仍需进一步通过融合信息技术深化"三教"改革。

旅游高职教育"三教"改革要通过提高教师信息素养，强化教学资源建设，推动教学模式创新，实现信息技术与教育教学深度融合的应用与实践。一是增强教师信息素养，引导教师树立信息化教学的意识，开展线上线下相结合的教师信息技术应用能力培训，采取多种方式全面提升教师应用信息技术促进教学的意识和能力，创设信息化教学环境和学习环境，为教师教学和学生学习提供良好的环境。二是强化教学资源建设，开发设计多样化、类型化、层次化的旅游大类教材，紧跟旅游行业发展变革，及时将新技术、新工艺、新规范融入教材，编写活页式、工作手册式、立体化教材等新形态教材；进一步开发融媒体教材，加强旅游大类教学资源库建设，提升数字教材内容质量，采用视频讲解、动画模拟、图片展示等符合高职学生形象思维认知特点的形式进行展示，并及时更新数字资源。三是推动教学模式创新，强化人工智能、大数据、虚拟仿真、5G等技术与教学的融合应用，搭建虚拟仿真实训室创设虚拟工作场景，增强学生在实践教学中感知真实工作过程的沉浸感和参与感，强化实践教学的成效；打造线上线下混合教学相结

合的融媒体课程，创建与完善融媒体教学资源库，建设在线精品课程。

（三）强化校企"三教"改革主体地位，产教深度融合提升人才培养质量

从调研结果来看，在旅游高职教育"三教"改革中，旅游高职院校和相关行业企业是同等重要的改革主体，旅游高职院校的教师队伍建设、教学资源开发、教学模式创新等"三教"改革任务都离不开企业的参与，但当前"校热企冷"现象导致的人才培养质量不高、人才供需不匹配、教学滞后于产业发展、企业参与深度不够等问题，需通过深化产教融合、对接旅游产业需求进一步开展"三教"改革，培养符合旅游产业要求的现代旅游人才，切实提高旅游高职教育适应性等措施予以解决。

旅游高职教育"三教"改革要对接产业结构的转型升级和旅游新业态的不断发展，联合企业培养旅游产业所需的高技能人才。一是在教师改革方面，要强化高职院校教师与企业的合作对接，以多种形式定期推动教师赴企业开展实践活动，紧跟旅游行业发展变化，及时更新专业知识与技能，提升高职院校教师的"双师"素养；加强高职院校教师与旅游企业一线人员间的密切合作与交流，在课程开发、教学设计等方面积极开展合作。二是在教材改革方面，要以职业岗位为出发点开发教材，以典型工作任务为导向编写教材，加强旅游企业参与高职院校教材开发的力度，实现资源互通；完善教材的选用与更新制度，确立规范化的教材选用标准，定期审查教材内容与旅游产业发展匹配度，对接旅游产业变革，及时更新教材内容。三是教法改革方面，面向旅游企业真实工作情境，采用项目式教学、情景化教学、理实一体化教学、启发式教学等多样化教学方法，融合多媒体、虚拟仿真技术、慕课、微课等手段开展线上线下混合式教学改革，激发教学改革活力，提升课堂教学质量。

（四）凝聚凸显旅游行业与学校自身特色，形成各具优势的"三教"改革发展新格局

从调研结果来看，旅游高职教育主要依托国家出台的政策和开展的项目进行"三教"改革，各旅游高职院校仅仅是照搬国家和省级政策内容，存在针对性和特色性不足等问题，需进一步挖掘旅游行业特色和学校自身特色，采用旅游高职教育"三教"改革各具特色的做法。

一是要凸显旅游行业特色。旅游高职院校"三教"改革要凸显旅游行业综合性、融通性、多样性和服务型等特点，在教师改革中要加强师德师风和职业素养培育；在教材改革中要融入课程思政和工匠精神元素，潜移默化地培养学生的爱国情怀、劳动精神、职业精神和服务意识；在教法改革中要增强教学方法与课程类型的适应性，创新多样化的教学模式，传授旅游岗位所需的专业知识及服务能力、沟通能力、协调能力等隐形能力。二是要凸显学校自身特色。高职院校"三教"改革的根本使命是解决人才培养过程中遇到的基本问题，为旅游行业培养高素质技术技能人才，各学校实施"三教"改革需要以培养适应旅游行业需求的人才为基本原则，在继承发展原有办学特色的基础上，充分运用自身优势资源，创新"三教"改革实施路径，凝练形成独具特色的教师、教材、教法改革的做法与经验。

八、典型案例

● 案例 1

新时代旅游职业教育专业教材建设
——以旅游教育出版社新形态专业教材为例

（旅游教育出版社　黄明秋　陈卫伟　陈凤玲）

（一）实施背景

2019 年，教育部根据《普通高等学校高等职业教育（专科）专业目录》，在相关学校和行业提交增补专业建议的基础上，研究确定高职专业增补 9 个，"研学旅行管理与服务"专业就位列其中；同年，教育部根据《中等职业学校专业设置管理办法（试行）》，开展了《中等职业学校专业目录（2010）》修订工作，"康养休闲旅游服务"专业增补列入其中。2021 年，教育部颁布的《职业教育专业目录（2021 年）》新增"定制旅行管理与服务""民宿管理与运营专业""智慧旅游技术应用"专业，同时将"葡萄酒营销与服务"更名为"葡萄酒文化与营销"，"酒店管理"更名为"酒店管理与数字化运营"。专业的新增和更名突出"专业升级"和"数字化改造"。为贯彻落实全国职业教育大会精神，深入推进职业教育"三教"改革，旅游教育出版社立足教材出版前沿，顺势推出 7 套新形态教材。

旅游教育出版社成立于 1987 年，隶属于北京第二外国语学院，是教育部职业教育教材出版基地之一。自创建以来，一直以"服务旅游业，推动旅游教育事业的发展"为宗旨，致力于旅游专业教材、旅游学术研究及一般旅游图书的出版，构建了目前国内从旅游中职、高职教育到本科、研究生教育最完善的旅游学历教材体系，出版了从旅游饭店、旅行社到景区景点的旅游行业从业人员的培训教材，是国内旅游教育图书品种最全的专业出版社。

秉承服务旅游院校教学需求的理念，旅游教育出版社在职教改革、专业目录变更的大背景下，策划出 7 套新形态教材。从教材的选题策划到正式推出，出版社始终贯彻中央文件精神和宗旨，把握课程思政育人导向，注重校企双元合作，融入数字化教育理念，贯通"岗、课、赛、证"教学思路，助力培养新时代旅游行业需求的高素质、复合型技能人才。

（二）主要做法

1. 多次召开编写研讨会

为充分保证专业教材的权威性、实用性，旅游教育出版社在每套教材正式编写前都专门举办相关的编写研讨会，广泛邀请全国各地的专家学者、专业教师、行业企业代表参与，共同研讨专业核心课程的设置、教材大纲和具体内容的编写。出版社于 2020 年 1 月至 2021 年 7 月共计召开编委会 5 次，参会人员涉及北京第二外国语学院、四川省旅游学校、浙江旅游职业学院、上海旅游高等专科学校、山东旅游职业学院，内容涉及研学旅行管理与服务、康养休闲旅游服务、智慧旅游技术应用、民宿管理与运营、定制旅行管理与服务、葡萄酒文化与营销、酒店管理与数字化运营等专业 7 套教材的编写情况，共邀旅游专业、文旅行业 200 余位专家出席。

2. 充分调动全国专家参与教材编写

参与教材编写的作者不仅有来自中国旅游院校五星联盟的专家，还有来自本科、高职、中职等近 40 所职业院校的数百名优秀教师。此外，编写委员会还吸纳了来自浙江省文化和旅游厅、中国旅游协会民宿客栈与精品酒店分会、途家、Feekr、携程、路书科技、北京歌华开元大酒店、济南舜和酒店集团、杭州绿云软件股份有限公司、北京云迹科技股份有限公司等单位的百余名行政管理部门、行业、企业专家。可以说，旅游教育出版社的新形态专业教材真正做到了校企融合，以服务专业教学和人才培养为己任，力求帮助职业院校向社会输送适应旅游行业发展的高素质人才。

3. 隆重举办新书发布会

7 套教材出版后，旅游教育出版社举办了三场规模宏大的新书发布会。例如，2022 年 8 月 18 日，新时代旅游专业教材建设暨新教材发布会在浙江旅游职业学院召开。会议由中国职业技术教育学会智慧旅游职业教育专业委员会、旅游教育出版社和浙江旅游职业学院共同主办,上海旅游高等专科学校、山东旅游职业学院协办。当天,中国职业技术教育学会智慧旅游职业教育专业委员会成员,各系列教材主编及参编人员,各旅游院校、行业、企业代表,以及媒体代表共60多人参会,另有1400多位旅游院校、行业、企业的专家、人员通过在线直播观看了整场会议,会议图片的浏览量更是超过14万。

4. 教材编写体例创新

7套教材大部分都采用"项目—任务"式编写体例,案例丰富,模块多样,方便实训;教材全部采用双色印刷,装帧精美,还通过二维码嵌入了大量拓展内容,包括拓展知识、微课视频等数字化资源,大大拓展了教材边界,真正呈现出新时代职业教育教材立体化、多元化、数字化的特点。此外,出版社还创新性地印制了一批活页教材,广受职业院校师生欢迎。

(三)成效

旅游教育出版社的7套旅游职业教育新形态专业教材一经出版,便受到了各大旅游职业院校和行业、企业的高度关注,经受住了市场检验,获得了广大读者的认可。其中,"研学旅行管理与服务系列教材"已多次再版加印,销量持续增长,备受好评。如今,首批使用该系列教材的学生已走上了工作岗位,成为在专业教材培养下服务于研学旅行行业的专业人才。

● **案例2**

旅游类专业团队协作的"教练式"模块化(项目)教学模式的探索与实践
——以青岛职业技术学院为例
(青岛职业技术学院 孙雯)

(一)实施背景

2022年9月,教育部办公厅下发的《教育部办公厅关于进一步加强全国职业院校教师教学创新团队建设的通知》(教师厅函〔2022〕21号)进一步强调要突出创新团队模块化教学模式的改革研究,创新团队要把模块化教学作为重要内容,探索创新项目式教学、情境式教学。青岛职业技术学院旅游学院旅游类专业近年来以能力为本位、以行动为导向、以项目为载体,系统匹配相关课程,构建了模块化课程体系与教学模式,教学效果显著。该模式实施一段时间以来,发现仍然存在没有很好解决的问题。一是激发学生内驱力不足、改善学生心智模式不到位。二是更关注针对团队合作运行的集体指导和团队目标的达成,在构建师生间基于正向、信任的"师徒"关系，一对一针对性个体指导方面方法手段不充分。于是，旅游学院引进教练技术，用其升级项目教学的理念与方法，把教练技术与项目教学融合，将项目教学模式提升为"教练式"项目教学模式。

（二）主要做法

1. 构建基于 CBL 的项目课程体系

项目课程体系开发的起点是能力分析。教师团队深入旅游企业，校企专家合作，共同调研分析业内人员职业生涯轨迹，确定人才培养目标。项目课程体系开发特别关注三个问题。一是项目统领、匹配课程。项目特指体现职业核心能力的职业活动，以项目为参照点匹配课程。二是能力内涵。采纳荷兰 CBL 体系能力概念，即"为实现目标所需要的态度、潜在的知识和完成专业领域内工作任务所需的技能的综合体"。三是能力培养方案的设计。根据能力的重要程度和难度，能力培养方案采用递进式的轴心设计和线形设计。

2. 实施"教练式"项目教学模式

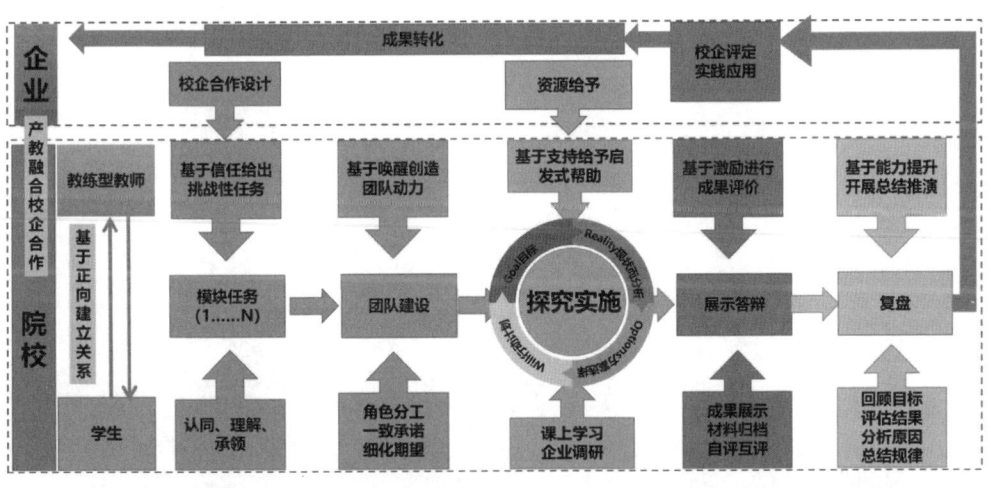

图 8-1-1 团队协作的"教练式"项目教学模式运行流程

团队协作的"教练式"项目教学模式以项目任务为基本单元，教师团队根据分工组成模块协作组，共同支持学生完成任务。其基本运行流程为"承领项目任务—团队建设—探究实施—展示答辩—复盘"五个阶段（图 8-1-1）。第一阶段，教师基于信任给出校企合作设计的挑战性任务，学生认同、理解、承领项目任务；第二阶段，学生组建团队，进行角色分工，形成团队公约，做出承诺；第三阶段，运用教练技术 GROW 模型，引导学生探究解决项目任务，教师基于支持给予启发式帮助；第四阶段，学生展示答辩，教师基于激励进行成果评价；第五阶段，通过复盘，一方面对任务成果及经验进行迁移应用，另一方面引导学生进行心智模式的反思与改善。教师全程转变为教练，既能对学生进行专业指导，又能引导学生心智成长。

(三) 成效

1. 学生竞争优势凸显

实施"教练式"项目教学模式以来，有关学生追踪调查数据显示：72.3%的学生喜欢"教练式"项目教学模式；77.6%的同学认为自主学习能力得到提高；83.5%的学生认为自己的交流能力得到提高；71.4%的学生认为团队合作、协作能力有所提高；78.5%的学生认为自己的知识应用能力提高。学生普遍认为"教练式"项目教学模式使他们对学习产生了浓厚的兴趣。

2. 同行认可，推广效果初显

先后举办20余期师资培训班，多次被相关协会组织指定在全国性相关领域工作会议上介绍经验。对新疆轻工职业技术学院、湖北三峡职业技术学院、新疆交通职业技术职院等院校进行了操作性指导，部分院校已经在专业内实施"教练式"项目教学模式。

中国旅游职业教育产教融合发展报告（2021—2022 年）[①]

党的二十大报告就"产教融合"问题提出"职普融通、产教融合、科教融汇"的"三融"理念。2017 年以来，陆续出台的《关于深化产教融合的若干意见》《国家职业教育改革实施方案》《国家产教融合建设试点实施方案》《职业教育产教融合赋能提升行动实施方案（2023—2025 年）》等政策文件以及新修订的《职业教育法》等，都非常重视产教融合。可以说，产教融合已成为中国特色职业教育改革的核心要求。为了解全国旅游职业教育产教融合育人现状及其存在的问题，编制组进行了深入调研，力求全面、真实地反映我国旅游职业教育产教融合的广阔图景、特色经验和思考展望。

一、旅游职业教育产教融合背景分析

（一）促进产教融合政策体系基本形成

中国经济结构的转型，离不开职业教育对高技能人才的培养。为给职业教育更好地服务产业发展提供良好的政策环境，为突破产业结构转型后可持续发展的人力资源瓶颈提供政策保障，国务院及相关部门自 2014 年以来颁布了《国务院关于加快发展现代职业教育的决定》《国务院办公厅关于深化产教融合的若干意见》《职业教育产教融合赋能提升行动实施方案（2023—2025 年）》等关于产教融合的重要政策文件 50 余个，以帮助职业教育培养出规模和质量都能满足社会需要的人才，让职业教育真正融入国民经济建设发展，实现产教融合的良好局面。

[①] 负责人：胡剑，浙江旅游职业学院合作发展处副处长，副研究员。成员：方敏，浙江旅游职业学院合作发展处处长，研究员；王绍懿，浙江旅游职业学院合作发展处干事。

（二）职业教育产教融合建设稳步推进

职业教育的生命力在于实践和应用。经济社会发展需求是职业教育改革的主要动力。深化现代职业教育体系建设改革，重点在于坚持以教促产、以产助教、产教融合、产学合作。按照中央关于产教融合的决策部署，促进教育链、人才链与产业链、创新链深度融合、有机衔接，国家发展改革委、教育部等国家部委积极推进产教融合试点城市和产教融合型企业建设工作。截至2022年底，已认定了21个国家产教融合试点城市，各地培育了4600多家产教融合型企业，一大批行业组织和行业协会积极参与产教融合工作，已经初步形成了以城市为节点、行业为支点、企业为重点的产教融合推进机制。

（三）旅游职业院校产教融合探索积极推进

文旅融合促进旅游产业转型升级，旅游行业高素质劳动者和技术技能人才培养需增加文化新内涵。大众旅游促进新业态发展，旅游行业高素质劳动者和技术技能人才培养需直面创新新要求。体验经济促进旅游消费方式迭代，旅游行业高素质劳动者和技术技能人才培养需注入数字新元素。以5G、大数据、云计算、物联网等为代表的信息技术成果的广泛应用及体验旅游向智慧旅游的发展，推进了旅游领域数字化、网络化、智能化的转型升级。行业的新发展趋势对旅游职业院校人才培养提出了新要求。产教融合是推动旅游职业院校与旅游行业企业加强合作的重要途径。为了适应旅游行业对人才培养的新需要，为贯彻落实国家有关产教融合政策文件精神，全国各地旅游职业院校都非常重视产教融合，引导企业深度参与职业院校专业规划、教材开发、教学设计、课程设置、实习实训，促进企业需求融入人才培养各环节。

二、旅游职业院校产教融合基本情况

（一）各级政府有关产教融合经费支持情况

1. 政策扶持情况

根据调查结果，2022年41.01%的旅游企业享受到了国家有关产教融合政策，其中政策享受涉及旅游企业最多的一项是减税，占调查对象总数的23.88%，其次是其他支持，占7.02%，具体如图2-1-1所示。

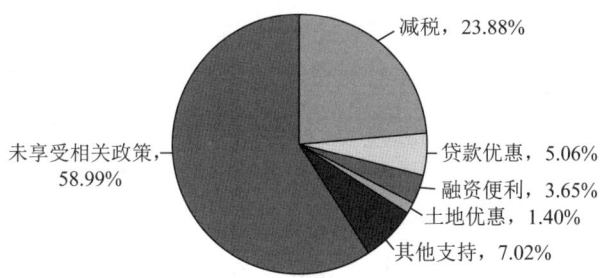

图 2-1-1 有关产教融合政策旅游企业受惠不同项目占比

2. 政策支持金额

2022 年因相关产教融合政策产生经济利益的旅游企业占调查总数的 30.63%，其中最多的情况为受惠 1 万~5 万元，占调查企业总数的 6.74%，其次为 0~1 万元，占比 4.78%，50 万元以上者也占到 4.21%，具体如图 2-1-2 所示。

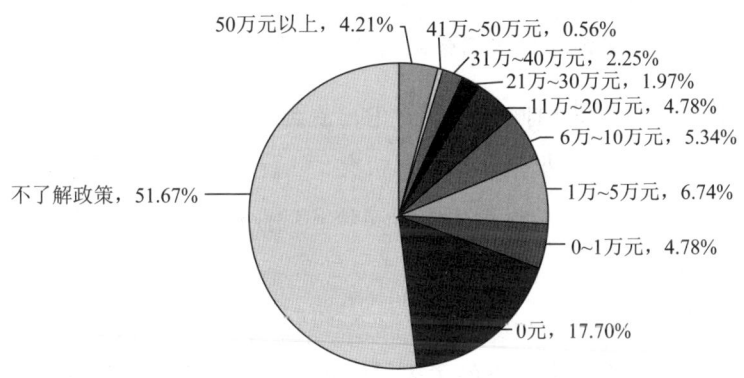

图 2-1-2 有关产教融合政策旅游企业受惠不同额度占比

（二）旅游职业院校产教融合育人基本情况

1. 产教融合育人总体情况

按照企业参与程度，企业与旅游职业院校产教融合育人活动主要包括三个层次。第一层次，企业需投入大量时间及经费的活动，主要包括订单班、学徒制、产业学院等。调查显示，参与这三项活动的旅游企业不多，分别为 36.8%、35.67%、17.13%。第二层次，需要投入一定时间和经费，企业参与较多的项目主要是进校讲座，占比 26.69%；进校授课，占比 26.4%；协助招生，占比 21.35%；参与人才培养方案制订，占比 21.07% 等（图 2-2-1）。

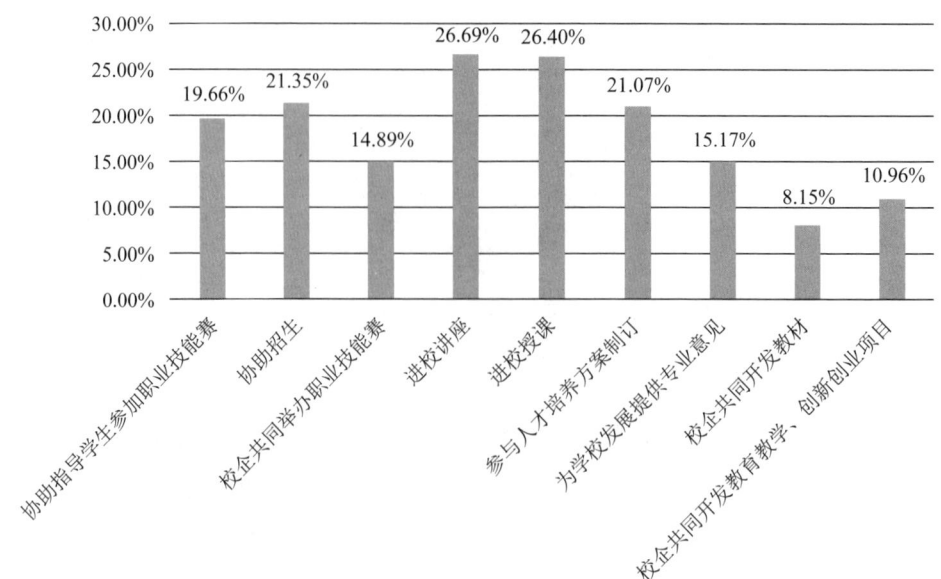

图 2-2-1 第二层次产教融合育人不同活动占比

第三层次，企业投入时间和经费较少，甚至不需额外投入，主要为提供学生就业岗位，占比 70.79%；提供学生实习机会，占比 73.03%；提供教师挂职锻炼岗位，占比 16.01%。可见，提供学生实习岗位和就业机会是绝大多数旅游企业参与产教融合的主要内容。

2. 产业学院基本情况

目前，产业学院是产教融合的主要载体之一。调查显示，有 53.98% 的旅游高职院校（专业）设有产业学院。在被调查的旅游高职院校中，有 1 个产业学院的情况相对多一些，占比 34.51%（图 2-2-2）。

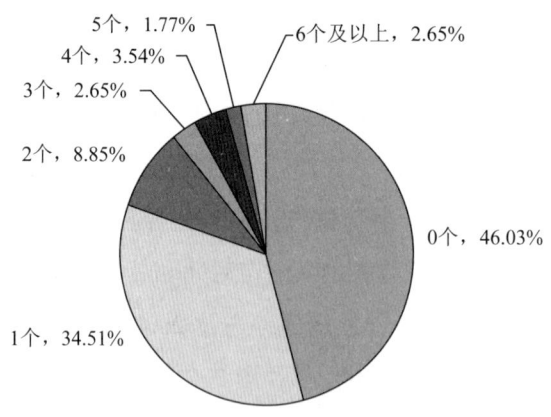

图 2-2-2 产业学院数量分布情况占比

3. 学徒制基本情况

学徒制也是产教融合育人的主要载体之一。调查显示，采用学徒制的旅游高职院校（专业）占 67.26%，其中仅一个专业采用的情况最为常见，占比 38.05%（图 2-2-3）。根据教育部数据，2022 年进行现代学徒制试点的旅游高职院校有 188 所，占统计总数（979 所）的 19.2%。

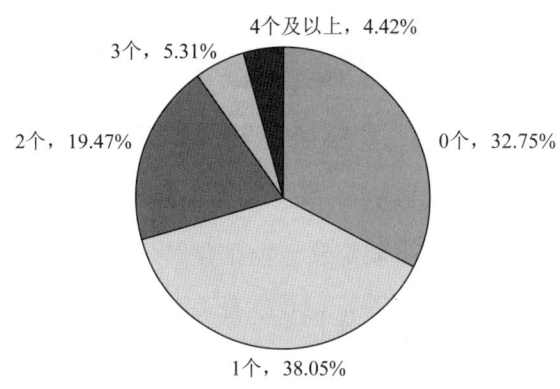

图 2-2-3　采用学徒制的旅游高职院校（专业）分布情况

根据教育部数据，2022 年参加现代学徒制的学生人数总计 23 000 人，占旅游高职院校在校生总数的 5.34%。其中，学徒制人数为 40 人以下者最多，占比 35.12%（图 2-2-4）。

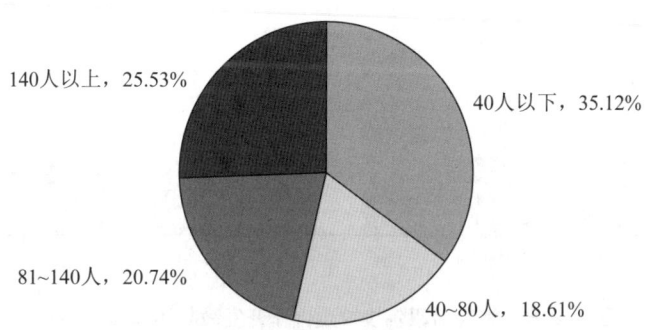

图 2-2-4　院校学徒制人数规模不同情况占比

4. 订单班基本情况

采用订单班育人的旅游高职院校（专业）占 65.48%，其中班级规模为 21~50 人的情况最多，占比 37.17%，具体如图 2-2-5 所示。

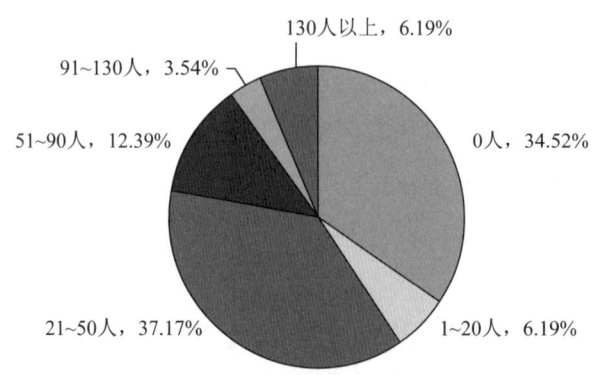

图 2-2-5 订单班人数规模不同情况占比

5. 校企合作开发教材基本情况

调查显示，70.8% 的旅游高职院校与企业合作开发教材，但整体而言，2022年开发数量较少，19.47% 的旅游高职院校仅有 1 本，16.82% 的有 2 本，具体如图 2-2-6 所示。

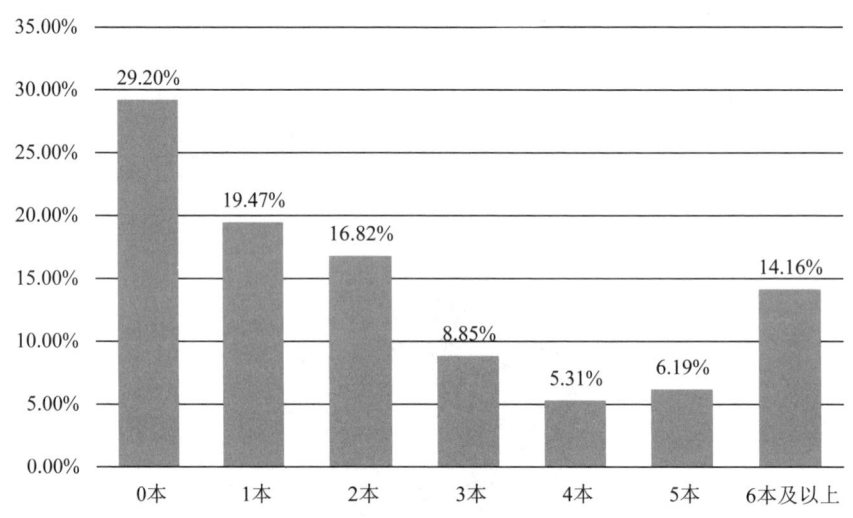

图 2-2-6 旅游高职院校校企合作开发教材不同情况占比

6. 校企合作培养教师情况

到企业工作是教师提升实践教学能力的重要途径。有三年以上企业工作经历者，或近五年累计不少于 6 个月到行业、企业或生产服务一线实践经历对于其实践能力提升具有重要意义。调查显示，符合上述条件者为 9 人及以下的旅游高职院校数最多，占被调查旅游高职院校的 40.72%，其次为 10~19 人，占比 29.2%，具体如图 2-2-7 所示。

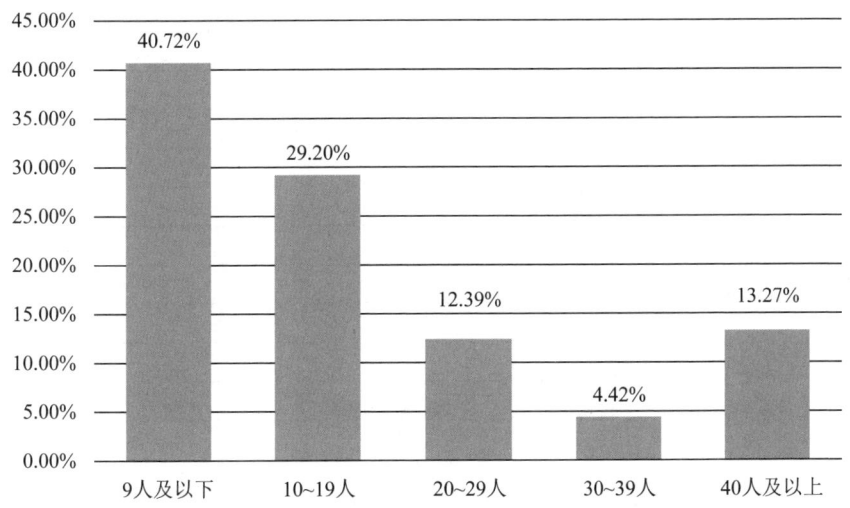

图 2-2-7　校企合作培养教师不同情况占比

（三）旅游职业院校产教融合政策实施情况

1. 有关产教融合常态化合作机制基本情况

调查显示，全国 81.42% 的旅游职业院校有产教融合常态化合作机制，具体如图 2-3-1 所示。

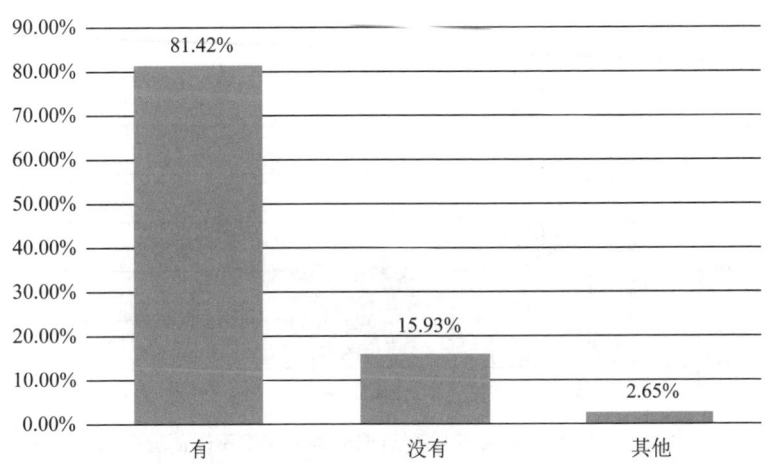

图 2-3-1　旅游职业院校产教融合常态化机制建设不同情况占比

2. 教师下企业实践锻炼保障政策情况

调查显示，全国 93.81% 的旅游职业院校有教师下企业实践锻炼保障政策，具体如图 2-3-2 所示。

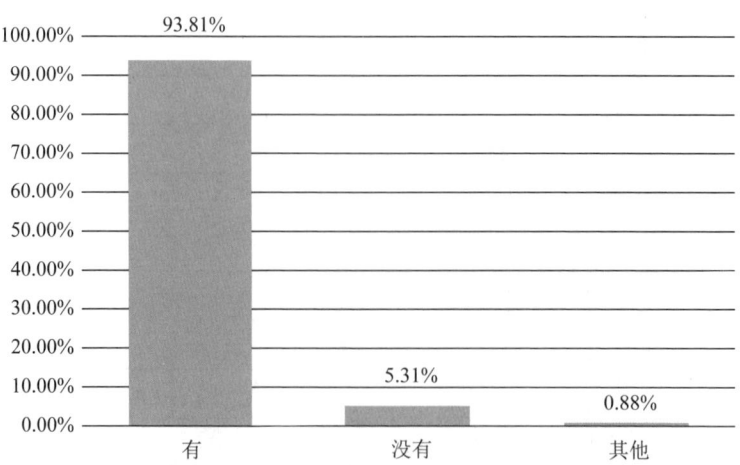

图 2-3-2　旅游职业院校教师下企业实践锻炼保障政策不同情况占比

3. 实践课时要求落实情况

实践课时不少于总课时的 50%，这是国家相关政策文件有关职教课时安排的基本要求。实践课时比例的保障是确保产教融合顺利进行的基础。调查显示，认为"全部落实"的旅游职业院校有 73.45%，部分落实的有 24.78%，具体如图 2-3-3 所示。

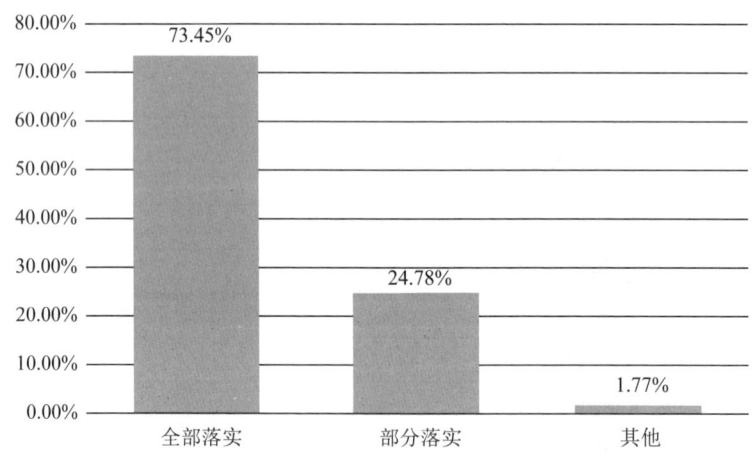

图 2-3-3　旅游职业院校实践课时要求落实不同情况占比

4. 旅游职业院校教学管理制度对产教融合的支持情况

对于旅游职业院校而言，推行产教融合是个系统工程，需要相关制度予以支持。调查显示，46.90% 的旅游职业院校认为本校教学管理制度对于产教融合的支持"非常有利"，42.48% 的旅游职业院校认为"比较有利"，具体如图 2-3-4 所示。

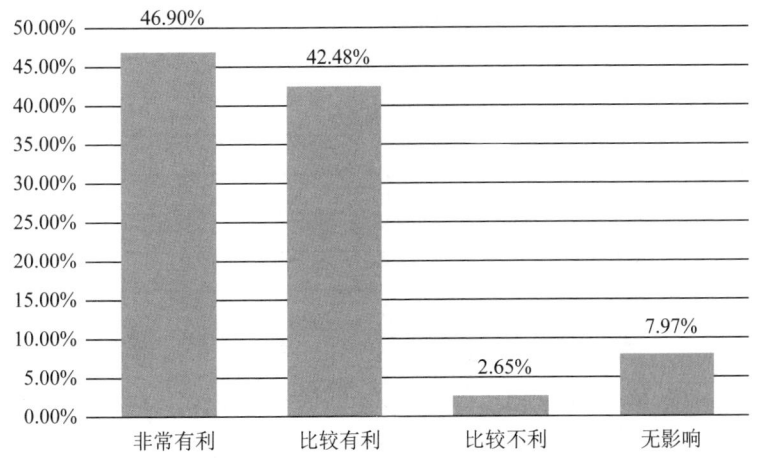

图 2-3-4　旅游职业院校教学管理制度对产教融合是否支持的不同情况占比

5. 旅游职业院校治理结构对于产教融合的支持情况

旅游职业院校有关事权、财权分配等方面治理结构对产教融合的支持,是推进产教融合的基础。调查显示,36.28% 的旅游职业院校认为本校支持情况"非常有利",47.79% 认为"比较有利",具体如图 2-3-5 所示。

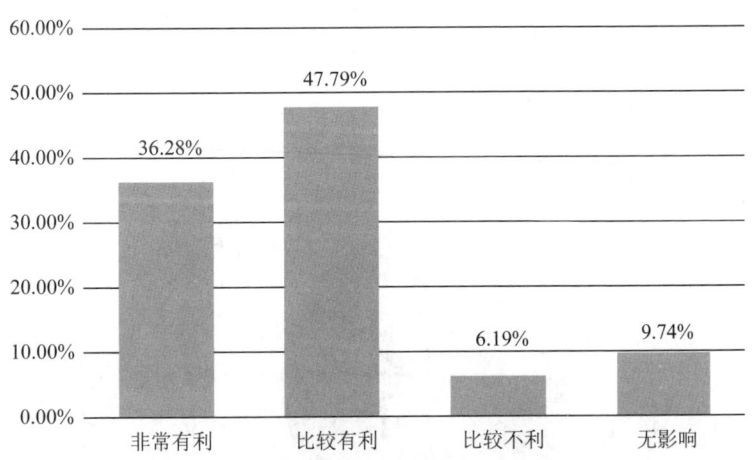

图 2-3-5　旅游职业院校治理结构对产教融合是否支持的不同情况占比

6. 旅游职业院校内部组织文化等非正式制度对于产教融合的支持情况

从全国情况来看,37.17% 的旅游职业院校认为本校内部组织文化等非正式制度对产教融合的支持情况为"非常有利",46.02% 认为"比较有利",具体如图 2-3-6 所示。

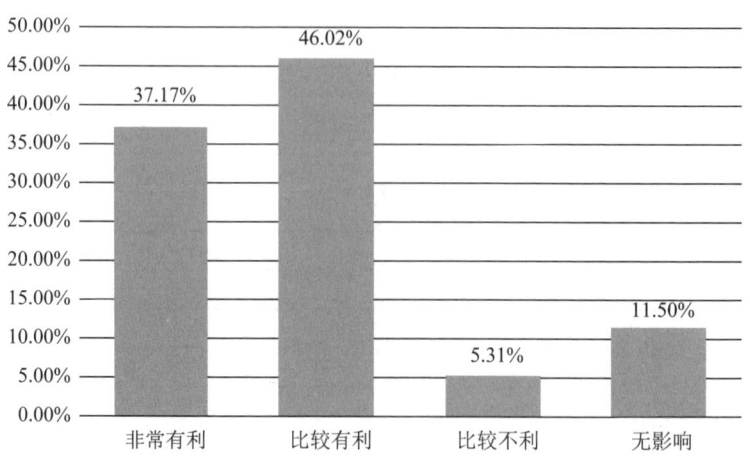

图 2-3-6　旅游职业院校非正式制度对产教融合是否支持的不同情况占比

（四）旅游企业产教融合成本收益基本情况

1. 旅游企业产教融合成本支出情况

（1）旅游企业产教融合经费支出情况。调查显示，2022年，旅游企业参与产教融合有项目经费支出者占调查总数的74.72%，其中1万~5万元占比最高，为19.94%，其次为6万~10万元，占比12.64%，11万~20万元占比12.08%，0~1万元占比10.11%，具体如图2-4-1所示。

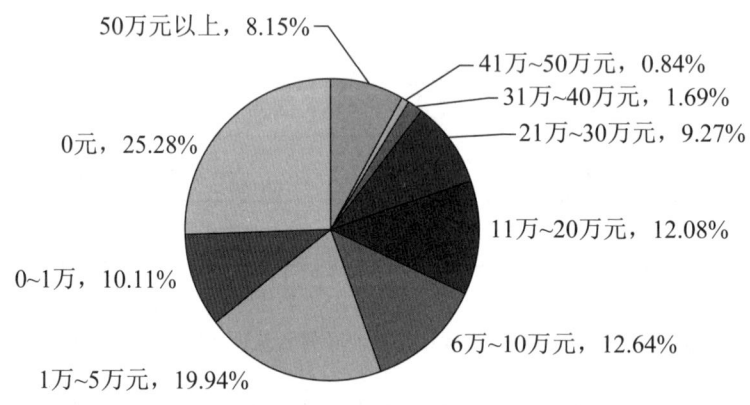

图 2-4-1　旅游企业产教融合经费不同情况占比

（2）合作旅游企业投入教学设施建设经费情况。调查显示，校企合作教学设施建设中，有合作旅游企业投入经费的旅游高职院校占75.22%，其中投入0~10万元者最多，占比34.51%，具体如图2-4-2所示。

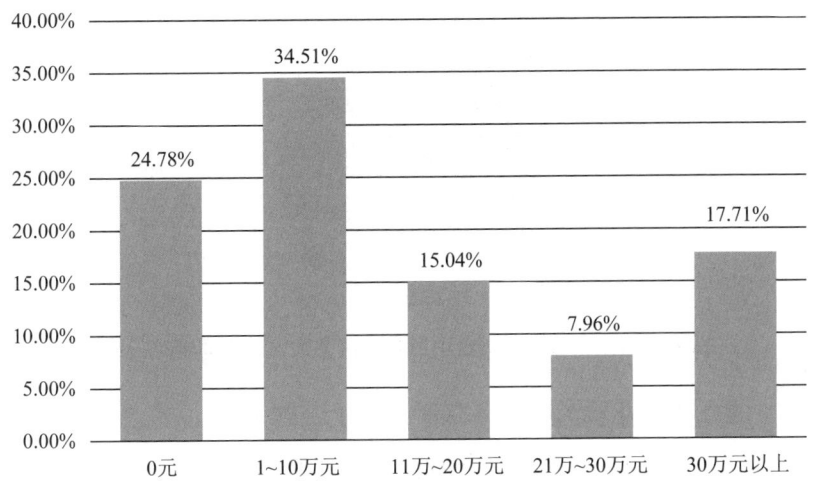

图 2-4-2 合作旅游企业投入教学设施建设经费不同情况占比

2. 旅游企业参与产教融合的收益基本情况

调查显示，39.61%的旅游企业认为参与产教融合获得的最大收益是"获得学生顶岗实习"，37.64%的旅游企业认为是"获得毕业生就业"。两者比例都超过1/3，具体如图 2-4-3 所示。

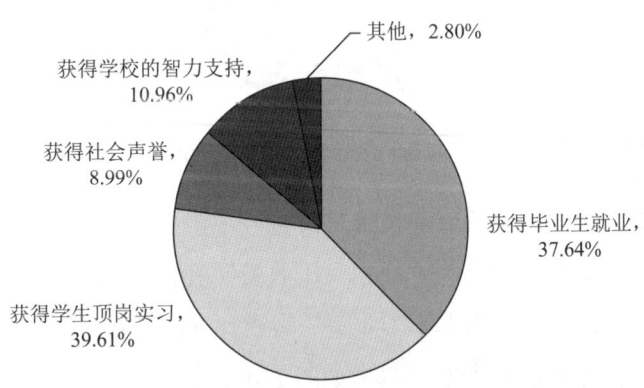

图 2-4-3 旅游企业参与产教融合收益的不同情况占比

旅游企业参与产教融合育人所培养的学生后续到本单位实习或就业对于激励企业参与具有重要的推动作用。尽管有参与产教融合项目的学生留下来，数量却不多。调查显示，50.84%的旅游企业认为，留下来实习的学生不到10%，有20.51%旅游企业认为留下来实习的学生有10%~20%，具体如图 2-4-4 所示。

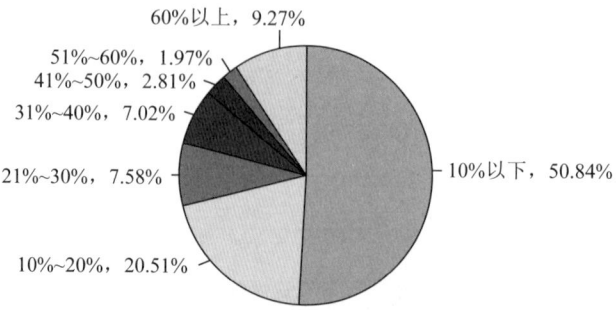

图 2-4-4　参与产教融合项目学生留下实习的不同情况占比

58.15% 的旅游企业认为，留下就业的学生不到 10%，有 17.98% 旅游企业认为留下就业的学生有 10%~20%，具体如图 2-4-5 所示。

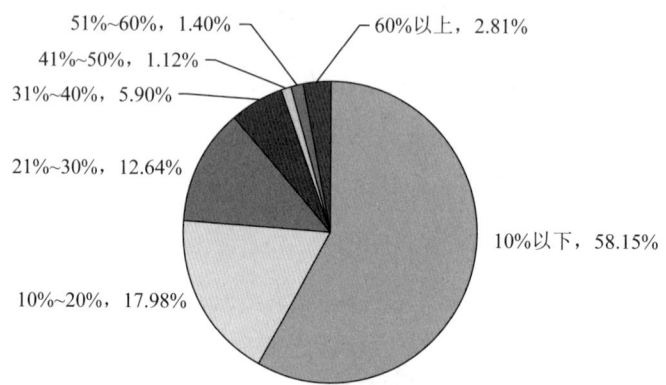

图 2-4-5　参与产教融合项目学生留下就业的不同情况占比

3. 旅游企业参与产教融合成本收益关系

调查显示，旅游企业中认为"成本大于收益"者占比 25.84%，认为"成本忽略不计"者占比 22.19%，"成本小于收益"者占比 44.66%。可见，对于成本因素并不敏感的旅游企业达到 66.85%，具体如图 2-4-6 所示。

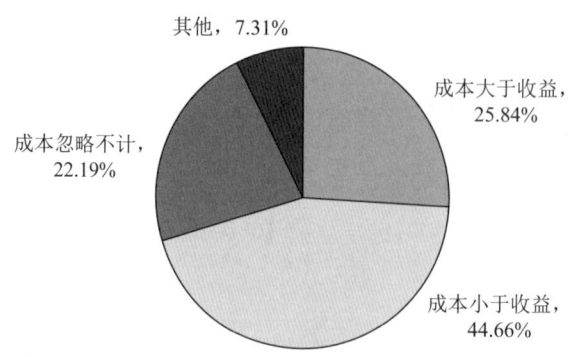

图 2-4-6　参与产教融合项目成本收益不同情况占比

（五）旅游企业产教融合工作满意度基本情况

1. 旅游企业对于参与产教融合项目满意度

调查显示，旅游企业中有35.67%对于参与产教融合项目"非常满意"，42.13%的旅游企业为"满意"，具体如图2-5-1所示。

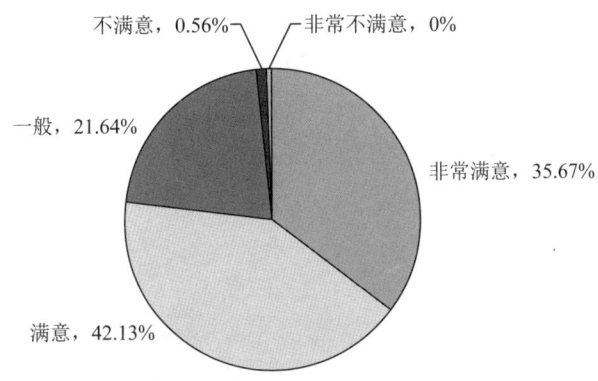

图2-5-1　旅游企业对参与产教融合项目满意度情况占比

2. 旅游职业院校对于"引企入教"成效评价情况

2017年，《关于深化产教融合的若干意见》提出"引企入教"改革，内容主要包括企业深度参与职业院校教育教学改革，多种方式参与学校专业规划、教材开发、教学设计、课程设置、实习实训，促进企业需求融入人才培养环节。旅游职业院校对于企业参与产教融合的这些行动成效评价如何？调查显示，53.11%的旅游职业院校认为"非常有成效"，36.16%认为"成效一般"，具体如图2-5-2所示。

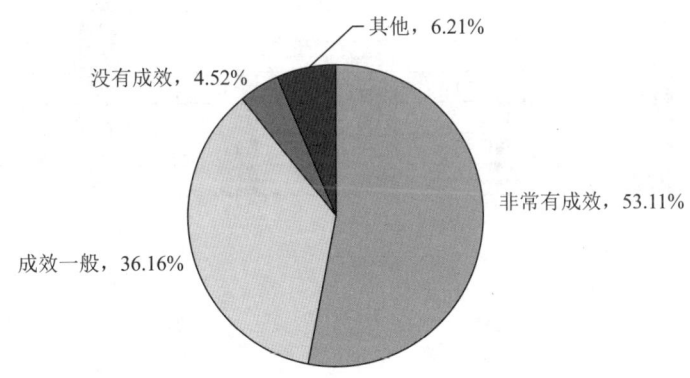

图2-5-2　旅游职业院校对"引企入教"成效评价不同情况占比

（六）校企协同产教融合行动期待基本情况

1. 旅游企业对于产教融合政策内容的期待

调查显示，56.74%的旅游企业最期待的国家产教融合政策是"经费奖励政策"，29.49%的旅游企业则为"减税"，其他政策期待意愿都比较低，具体如图2-6-1所示。

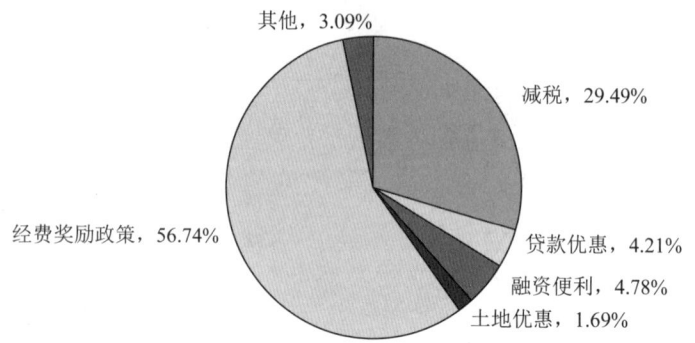

图 2-6-1 旅游企业对于产教融合政策内容期待的不同情况占比

2. 旅游企业对旅游职业院校未来产教融合合作行为的期待

调查显示，期待旅游职业院校提供实习生和毕业生的旅游企业均超过65%，62.64%的企业期待"为企业提供社会服务"，具体如图2-6-2所示。

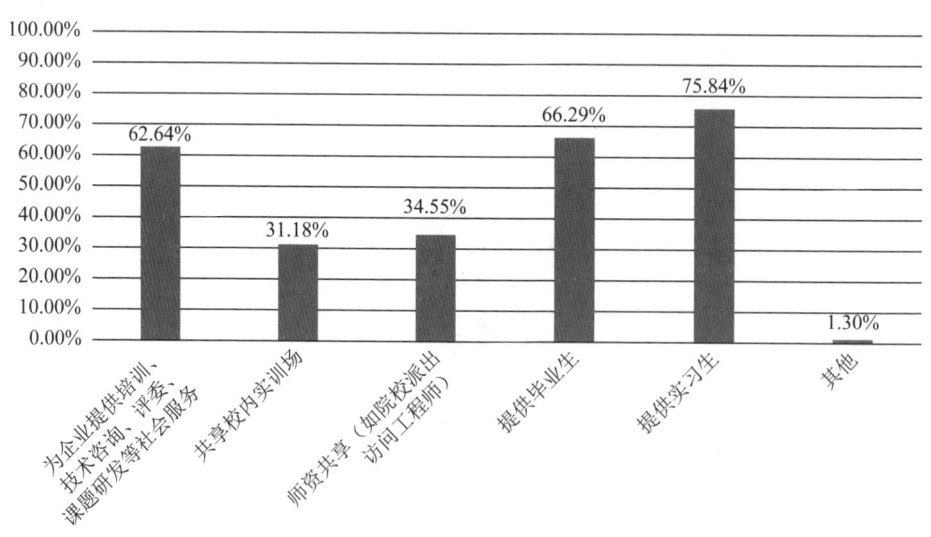

图 2-6-2 旅游企业对学校产教融合行为期待的不同情况占比

3. 旅游企业对未来参与产教融合项目的意愿情况

调查结果显示，旅游企业对于参与产教融合有较大的积极性，其中38.76%的旅游企业有极高意愿；35.67%的旅游企业有较高的意愿，具体如图2-6-3所示。

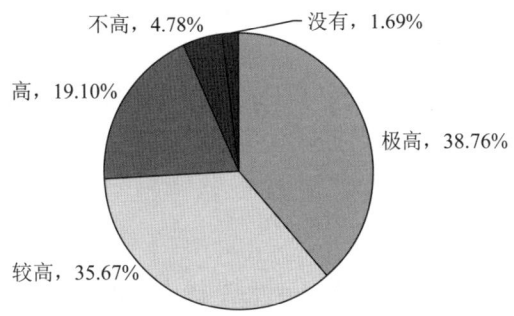

图 2-6-3 旅游企业对未来参与产教融合的意愿不同情况占比

为进一步了解旅游企业参与意愿,编制组对在成本高于收益情况下旅游企业参与产教融合意愿进行调查。结果显示,在这种情况下旅游企业参与意愿有所降低,其中参与意愿"极高"的占 28.37%,"较高"的占 29.21%,"高"的占 20.51%,具体如图 2-6-4 所示。

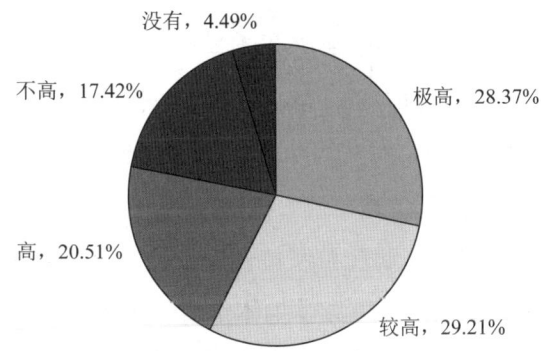

图 2-6-4 成本高于收益情况下旅游企业参与产教融合的意愿不同情况占比

4. 旅游企业未来参与产教融合经费投入预期情况

旅游企业经费投入是影响产教融合成效的关键因素。调查显示,旅游企业对于经费投入预期总体偏低,其中 1 万~5 万元占 25%,6 万~10 万元占 15.45%,具体如图 2-6-5 所示。

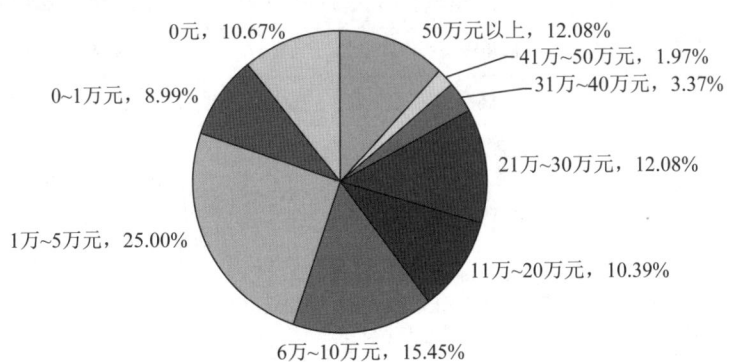

图 2-6-5 旅游企业未来参与产教融合经费投入预期情况占比

三、旅游职业教育产教融合特色和亮点

（一）产业学院

《国务院办公厅关于深化产教融合的若干意见》指出，要强化企业重要主体作用，深化'引企入教'改革，鼓励企业依托或联合职业学校、高等学校设立产业学院。为此，教育部办公厅、工业和信息化部办公厅研究制定了《现代产业学院建设指南（试行）》以推进现代产业学院建设工作。产业学院作为产学研深度融合的创新组织形式，是以服务产业需求为导向，多主体共建共治，集人才培养等多种功能于一体的新型育人平台，近年来得到了越来越多高校的关注，不少院校在布局建设产业学院上主动作为。

但在建设中，相当一部分产业学院只是穿上了"产业学院"的新式外衣，而并未脱离订单班等浅层合作的实质，企业与学校的合作依旧局限于提供实习、就业岗位等方面，学校的理论教学与企业的实践教学之间仍然存在时空分离的问题。换言之，"一头热""两张皮"的现象依旧存在。

针对以上问题，各旅游高职院校坚持创新发展，充分发挥高校与地方政府、行业协会、企业机构等双方或多方办学主体作用，加强区域产业、教育、科技资源的统筹和部门之间的协调，推进共同建设、共同管理、共享资源，探索"校企联合""校园联合"等多种合作办学模式，使产业学院实现可持续、内涵式创新发展，培养高质量产业人才（表3-1-1）。

表3-1-1　全国职业院校旅游类特色产业学院

亮点举措	产业学院	主要院校
结合地域特色打造现代产业学院	湘菜产业学院	长沙商贸旅游职业技术学院
	柳州螺蛳粉产业学院	柳州职业技术学院
采用中国特色学徒制实现产业学院多方育人	山东文旅产业学院	青岛酒店管理职业技术学院
	亮朵数字经济产业学院 旅商体育产业学院 旅商江铃产业学院	江西旅游商贸职业学院
	湖南智慧文旅产业学院	长沙商贸旅游职业技术学院
推进混合所有制扩展合作各方融合深度	舜和餐饮智能管理产业学院 山旅斯维登产业学院	山东旅游职业学校
	金通旅游交通分院	太原旅游职业学院

1. 结合地域特色，打造现代产业学院

地域特色产业学院建设，是高职教育为地方特色产业发展赋能的有力抓手。为推进地方特色产业学院建设和可持续发展，部分旅游高职院校转变高职服务理念、明确产业服务对象、培养产业所需人才、促进师资双向流动、加速技术转化应用、建立长效合作机制，创新方式方法，发挥地方特色产业学院的优势，为地方特色产业的转型升级发展作出有益贡献。

全国湘菜产业目前从业人员达 360 万人、餐饮企业 12.6 万家，北京、上海、广州、深圳四大一线城市的湘菜企业均在 6000 家以上，湘菜产业整体产值达 4300 亿。在全国的整体体量、网店布局、销售额等方面，湘菜均在各菜系中排名第一。与此同时，一批湘菜品牌餐饮企业强势崛起，引领了湘菜产业在新时期的蓬勃发展。但湘菜产业的持续发展对产业链的完善提出更高要求，如何解决人才培养、技术创新、产品提质等产业链痛点已刻不容缓。为此，长沙商贸旅游职业技术学院坚持"立足长沙，服务三湘（湘菜、湘商、湘旅）"的办学定位，紧密对接长沙实施"强省会"战略，打造美食之都等城市发展目标，瞄准了湘菜产业当下发展的痛点所在，与湖南省餐饮行业协会联合成立了全国第一个以地方菜系命名的产业学院——湘菜产业学院。这是全国唯一一所培养高素质湘菜产业人才的高职院校，在全国树立起了"三湘"品牌。

同样结合地域特色打造的现代产业学院还有柳州螺蛳粉产业学院。2021 年，柳州螺蛳粉全产业链的销售收入达 501.6 亿元，同比增长 40%，年寄递量突破 1 亿件，全产业链带动 30 多万人就业——螺蛳粉已成为柳州这座城市的名片。为挖掘螺蛳粉饮食文化，促进螺蛳粉产业转型升级发展，柳州职业技术学院在柳州市商务局的扶持指导下与行业企业共同成立柳州螺蛳粉产业学院。校政企共建 7 个高水平特色专业，并共同开发课程标准及培训教材、打造师资团队，联合进行订单班及现代学徒制培养，共建技术研发应用中心、实践培训基地、螺蛳粉大数据技术服务中心及"双创"教育实践平台，培养高素质、极具创新力的螺蛳粉产业技术技能复合应用型人才，共同开展螺蛳粉文化建设。2021 年，柳州螺蛳粉产业学院还与宝鸡擀面皮产业学院、潜江龙虾学院、宜宾燃面学院等 9 家特色食品产业学院，共同成立特色产业学院联盟。

2. 采用中国特色学徒制，实现产业学院多方育人

中国特色学徒制是以培养高素质复合型、创新型技术技能人才为目标，以促进高质量就业为导向，以质量保障体系和标准为基础，最终实现校企合作双元育人的新型学徒制。2022 年 5 月 1 日起修订实施的《职业教育法》第三十条规定：

国家推行中国特色学徒制。这是学徒制首次上升到国家制度的层面并以法律形式得以确立。在此背景下，一部分旅游高职院校将产业学院作为中国特色学徒制的试点，通过践行中国特色学徒制理念，积极创新，实践协同育人，为行业企业培养了一批高素质复合型技术技能文旅人才。

青岛酒店管理职业技术学院文旅学院与山东文旅集团紧密合作开展国家级现代学徒制试点，共建具有混合所有制特征的产业学院——山东文旅产业学院。该学院在体制机制、人才培养、教学资源和服务产业等方面重点突破，建立"现代学徒制＋产业学院"新模式，打造文旅融合人才培养新高地，实现产教深度融合、校企合作共赢。依托产业学院，学校先后完成国家级、省市级现代学徒制试点，培养学生 300 多人，为行业输送了高素质、复合型技术技能人才。产业学院案例入选国家级现代学徒制试点工作典型案例，在全国进行推广。

江西旅游商贸职业学院以产业学院为平台，面向江西重点产业，先后与江西亮朵电子商务有限公司、江西青创联盟、江铃汽车股份有限公司共同组建"亮朵数字经济产业学院""旅商体育产业学院""旅商江铃产业学院"，紧跟产业转型升级发展需求，探索工学结合的现代学徒制与订单班培养模式，已为 1500 余家江西本地企业培养、输送了逾万名技术技能型人才。

长沙商贸旅游职业技术学院携手中惠旅智慧景区管理股份有限公司以共同开展党建活动、共建智慧文旅产业人才培养模式、共建校企合作课程、共建高水平师资团队、共建实习实训基地、共建行业技能培训中心、共建产学研服务平台、共建文旅产业从业人员职称考评体系的"八个共同"为框架组建湖南智慧文旅产业学院——中惠旅特色学徒制班，按照企业用工标准和需求，每年招收一个现代学徒制订单班，实行"3+2""四双"现代学徒制人才培养模式，使学生了解智慧文旅全产业链，提升订单班人才培养的针对性，实现学生"零距离"上岗。

3. 推进混合所有制，扩展合作各方融合深度

混合所有制办学是当前高职院校改革发展的重要方向之一。实施混合所有制办学，是通过构建分权制衡的治理模式，推动办学体制创新，建立多元兼容、优势互补、富有效率的运行机制，从而运用市场手段激活职业院校的内生动力，把学校打造成为具有活力的市场竞争主体的有效手段。近两年，不少学校构建教育资本与产业资本的"共办模式"，依法明确企业的办学主体地位，促进学校与企业建立基于责任、义务和利益的契约关系，在产业学院这个"命运共同体"内整合产教双方的诉求，实现利益上的相通共赢、办学行为上的同频共振，从而达到真正意义上的深度合作与融合。

2022年，山东旅游职业学院探索开展混合所有制办学实践，与四家龙头企业共建产业学院。学校以学院品牌、校园文化、教学设施场地、教学管理经验、优质师资等为投入，企业以专业建设资金、实训设施设备、师资、课程资源等为投入，校企双方通力合作，共同调研人才需求、开发人才培养方案、优化课程体系、共享师资，同时共同完成学生实习实训、就业创业等，大大提升了相关专业的人才培养质量。

太原旅游职业学院与合作十年之久的北京广慧金通教育科技有限公司围绕"空中乘务、高速铁路客运乘务、国际邮轮乘务管理"等"陆海空"一体化专业群，在山西省成立了首家混合所有制二级学院——金通旅游交通学院，主要通过以下六条路径实现混合所有制建设。第一，校企互信共商签订协议，逐步形成"陆海空"一体化旅游交通类专业群。第二，校企互议共商召开理事会，合力完善组织机构，推举学院院长为理事长、公司董事长为副理事长，在双方协商共建基础上，有序开展工作。第三，校企以骨干专业群为依托，打造"陆海空"一体化混合所有制高水平人才产教融合实训基地。学院为此兴建3000余平方米的实训场所并投入基础设施建设，企业投入价值2800万元的实训教学设施、设备，用于打造集民航乘务、民航安检、机场运行、高铁动车、城市轨道、游轮海乘实训教学设备于一体的教学实训中心，为文化旅游业向支柱性产业发展、大力发展民航业等转型发展积极储备专业人才。第四，校企共建混合所有制帅资共同体互补机制，注重"双师"结构转变，加强"双师型"教师队伍的培养；通过校企混编等途径，打造独具特色的混编"双师型"团队。第五，校企合力打造混合所有制定向实习就业平台，共同搭建学生的教学实习、生产实习和就业学生的顶岗实习平台，共同促进毕业生高质量就业。第六，校企双方创新混合所有制特色化学生管理模式，坚持"夯实基础、创立亮点、树立典型、突出特色、有所创新"的工作思路，开展独具旅游交通特色的学生活动，从而服务教育教学，服务学生成长成才。

（二）职业教育集团

近年来，职业教育集团化办学迅速发展，职业教育集团数量快速增长，集团运行机制不断健全，制度建设日趋完善。全国许多地方加快旅游职业院校布局结构调整，促进旅游职业教育资源整合，成立旅游职业教育集团，使旅游职业教育更直接有效地服务于经济和社会发展，实现旅游职业教育与市场需求的对接。

其中，有部分旅游职教集团入选全国示范性职业教育集团（联盟）培育单位。

如表 3-2-1 和表 3-2-2 所示，相比于第一批示范性职业教育集团（联盟）培育单位，第二批示范性职业教育集团（联盟）培育单位中旅游（类）职业教育集团的数量几乎翻了两番，可见各地旅游职教集团发展的蒸蒸日上之势。

表 3-2-1　第一批示范性职业教育集团（联盟）培育单位中旅游职教集团名单

序号	集团名称	牵头单位
1	绍兴市旅游职业教育集团	绍兴市职业教育中心
2	江西旅游职业教育集团	江西旅游商贸职业学院 江西省旅游协会
3	成都旅游职业教育集团	成都职业技术学院 成都文化旅游发展集团有限公司

表 3-2-2　第二批示范性职业教育集团（联盟）培育单位中旅游职教集团名单

序号	集团名称	牵头单位
1	河北省旅游职业教育集团	河北旅游职业学院
2	北方旅游职业教育集团	吉林电子信息职业技术学院
3	上海旅游职业教育集团	上海旅游高等专科学校 上海市商贸旅游学校
4	浙江旅游职业教育集团	浙江旅游职业学院
5	闽江文旅演艺职业教育集团	闽江师范高等专科学校
6	厦门市旅游职业教育集团	厦门南洋职业学院
7	河南旅游管理高等职业教育集团	郑州旅游职业学院
8	湖北旅游职业教育集团	武汉职业技术学院
9	湖南商贸旅游职业教育集团	长沙商贸旅游职业技术学院
10	南宁市中等职业教育商贸旅游专业集团	南宁市第一职业技术学校
11	云南省旅游职业教育集团	云南旅游职业学院 昆明假日国际旅行社有限公司

"多主体"协同育人作用更加明显，区域影响力日益提升，整合了职业院校及行业企业的教育资源，加快了"工学结合、校企合作"人才培养模式改革的进程；加强了中职与高职、职前与职后之间的有机协调，促进了现代职业教育体系建设；发挥了集团化办学的引领作用，在促进城乡之间、东西部之间协调发展的同时，

提升了职业教育服务经济社会的能力；等等。除上述共性发展路径和成果成效外，部分集团还探索出了自己的特色亮点，具体见表 3-2-3。

表 3-2-3　全国旅游职教集团特色亮点

特色亮点	职教集团代表	牵头单位
国际化办学	成都旅游职业教育集团	成都职业技术学院 成都文化旅游发展集团有限公司
以赛促教	上海旅游职业教育集团	上海旅游高等专科学校 上海市商贸旅游学校
实习就业一体化	浙江旅游职业教育集团	浙江旅游职业学院

上海旅游高等专科学校和上海市商贸旅游学校牵头成立的上海旅游职业教育集团则对接国赛、世赛、行赛标准，打造上海旅游职业技能大赛品牌，使技能大赛成为培养高质量技能人才与工匠精神的重要抓手。该集团建设了职业技能人才培养工作成效展示和职业技能领域互学互鉴交流展示的平台，推进上海旅游职业技能人才培养工作均衡、可持续发展。目前，该集团对接产业需求整合优质资源，已统筹各方力量精心组织并成功举办了十二届专业特色鲜明、办学亮点突出的旅游职业技能大赛。

浙江旅游职业学院牵头成立的浙江旅游职业教育集团积极倡导实习就业一体化工作模式，树立毕业即就业、实习即就业的工作意识，并于 2021 年向集团成员单位共享了《浙江旅游职业学院探索实习就业一体化方案》，引导成员单位根据行业形势动态调整专业设置，以就业为导向来促进招生和人才培养。该集团还搭建了就业服务平台，开通了集团就业直通车。一方面，疫情期间，集团启动云端就业服务，从用人单位线上招聘、"微信推送"就业信息资讯、学生参加线上面试，到学生就业手续办理、就业资料邮寄等事项都支持在线办理。集团还充分利用微博、抖音等学生常用的网络宣传平台，多种形式宣传就业相关政策，充分发挥示范引领作用。另一方面，集团牵头成员单位主动联系全省各地文旅主管部门、行业、协会和企业，拓宽就业渠道，开展系列招聘活动。

（三）实训基地

不少旅游高职院校将校内实训基地建设积极融入区域旅游发展之中，发挥政、校、行、企的多主体作用，以切实解决实训基地建设"设备技术陈旧落后、与产业实际现状脱节、难满足企业对高新技术人才需求"等瓶颈，提高旅游类专业人才的培养质量（表 3-3-1）。

表 3-3-1　全国旅游高职院校实训基地建设的特色亮点

特色亮点	代表院校
生产性实训基地	浙江旅游职业学院 烟台文化旅游职业学院
虚拟仿真实训基地	云南旅游职业学院 郑州旅游职业学院
数智化实训基地	上海旅游高等专科学校 三峡旅游职业技术学院

1. 生产性实训基地

基于产教融合，大部分旅游高职院校积极引入社会资本，在校内开展生产性实训基地建设，在资金投入方面变"输血"为"造血"，在实验室管理方面，变"教学"为"经营"，实现校内实训基地的产教融合。

浙江旅游职业学院联合阿里巴巴集团、阿里生态圈企业，建立"飞猪"生产性实训基地，共创"新旅游人才孵化基地"品牌，由学校提供场地，"飞猪"拿出"客户服务业务"生产性经营环节放入其中，让学生不出校门就可以参与到企业的真实运营环境中，实打实地让学生在实战中检验能力和水平。"飞猪"生产性实训基地的商品交易总额年均超过 2 亿人民币，客户服务满意度 92%，处于阿里飞猪各客户服务中心的前 20%。

2022 年，烟台文化旅游职业学院以"校企共建"为建设模式，由学院提供场地、企业负责投资建设，先后成立智慧旅游综合实训中心、金属 3D 打印装备生产性实训基地、向阳花创意设计实训基地等 3 个生产性实训基地。基地集产教学研、市场化运作、社会服务功能于一体，将生产与教学有机结合，将行业标准、管理机制、企业文化、生产流程融入教学，从根本上转变了传统实训室的单一教学模式，实现了教学与生产合一、老师与师父合一、学生和徒弟合一、作业与产品合一，同时实现校企共赢、创业创收的终极目标。

2. 虚拟仿真实训基地

受生产效率等因素的制约，通常校外生产实训基地会产生教学效果和生产效率之间的矛盾，于是职业教育虚拟仿真实训基地的建设应运而生，以弥补生产实训教学的不足，成为产教融合、科教融汇的新途径。许多旅游高职院校建立虚拟仿真实训基地，构建校企多方协同的团队，按要求与产业企业对接，提升旅游场景虚实环境和资源呈现的先进性，强化旅游专业链与旅游产业链的密切对接，培养适应旅游产业转型升级要求的技术技能人才。如云南旅游职业学院旅游管理学院 2021 年立项建设了智慧旅游实训室、郑州旅游职业学院的研学旅行虚拟仿真实训室等。

四、旅游职业教育产教融合存在问题

通过上述调研数据分析，我们发现，旅游职业教育在产教融合方面存在以下问题。

（一）旅游企业产教融合长期利益保障机制有待形成

从调查结果来看，目前旅游企业参与产教融合呈现"参与层次低、投入少、收益少、动力不足"的低水平循环现象。该现象形成的原因主要在于旅游企业基于短期利益的行为决策难以得到约束，参与产教融合的长期利益无法得到保障，具体表现如下。

1. 低水平循环现象

（1）参与层次低。调查显示，70%以上旅游企业主要提供实习和就业岗位，而参与程度深的活动主要如学徒制、产业学院建设、订单班等相对较少，参与企业仅30%左右，规模也不太大，其中参与产业学院的企业不到20%。校企合作教材开发、人才培养方案制定及人才培养过程等各种"引企入教"活动，企业参与度低。例如，校企合作开发教材，企业参与者仅有8.15%，参与人才培养方案制订的企业仅有21.07%等。

（2）企业投入偏少。调查显示，有25.28%的旅游企业并没有在产教融合中投入任何经费，有可能这些企业极少参与产教融合。另外，2022年在产教融合中投入1万元以下的旅游企业占到调查总数的10.11%，投入10万元以下者占到67.97%。

（3）企业收益较少。调查显示，旅游企业认为参与产教融合获得的最大收益是获得学生顶岗实习或毕业生就业，两者相加占到77.25%，且产教融合育人项目的学生到参与企业实习或就业的比例较低，50%以上旅游企业留用者不到10%。也就是说，对于多数旅游企业而言，参与产教融合育人在一定程度上是为"他人作嫁衣"。

2. 现象的形成机制分析

旅游企业参与产教融合"层次低、投入少、收益少、动力不足"的现象实际上是一个恶性循环，即"投入少—收益少—层次低—动力不足"的往复循环。这个恶性循环形成的直接原因是产教融合过程中普遍存在的"为他人作嫁衣"现象。

这一现象使旅游企业通过产教融合获得收益处于不确定状态，在很大程度上就是经济学上所谓"搭便车"现象。这种不确定性使企业通过产教融合获益的期待大大降低，因而相应拉低了其参与动力。

"为他人作嫁衣"现象形成的根源在于现有制度框架下，企业往往基于短期利益而不是长期利益做出是否参与产教融合的决策。一般情况下，企业基于短期利益做出决策无可厚非。而产教融合育人模式由于时间周期长，需要大投入，且收益获取周期也比较长，按照著名制度经济学家奥尔森的观点，属于"公共物品"，与企业基于短期利益的决策易于形成矛盾。按照市场原则及基于短期利益，企业无法提供符合长期利益的"公共物品"，即高质量参与产教融合。在这种情况下，企业基于自身短期利益考虑，采取低成本参与的决策，由此形成"层次低、投入少、收益少、动力不足"的现象。

旅游企业基于短期利益做出决策是产教融合长期利益难以得到保障情况下的自然选择。而长期利益保障需要对企业进行一定约束。这一点，需要当前以倡导为主的制度框架做适当调整。当前，国家有关职业教育政策及法律文件设计了促进产教融合的奖励措施，例如，新修订的《职业教育法》明确规定，对深度参与产教融合企业给予奖励，对参与中国特色现代学徒制、产教融合活动的企业给予补贴，对产教融合型企业有一定金融、财政、土地等支持和教育费附加、地方教育附加减免及其他税费优惠等。可以看出，这些政策旨在吸引企业自愿参与产教融合，但落地性实在有限。可以说，目前制度框架下，企业长期利益保障体系不完善，因而面对低水平恶性循环现象显得非常无力。

（二）旅游职业院校有关产教融合制度共识尚有待达成

1. 旅游职业院校社会服务体系对产教融合支持力度不够

旅游职业院校目前吸引企业参与产教融合的方式主要是提供实习生和毕业生，其他方面明显不足。调查显示，实际上获得旅游职业院校智力支持的旅游企业仅占10.96%，而期望学校提供智力支持的则占62.85%，两者存在明显落差。可见，旅游企业在员工培训、技术研发、产品推广、产业结构调整等社会服务方面有较高需求，但旅游职业院校智力服务供给明显不足。

对旅游企业社会服务供给和需求的落差主要在于旅游职业院校规模较小，社会服务能力不足。学生规模小，则师资数量少，除教学和学生管理外，难以兼顾旅游行业社会服务。大部分旅游大类专业学生规模都较小，其中在校生300人以下的学校占36.4%，500人的学校占37.2%，两者共计73.6%。

2. 旅游职业院校教学管理制度对产教融合的协同支持还不够

调查显示，只有 46.90% 的旅游职业院校认为本校教学管理制度对产教融合"非常有利"。旅游职业院校教学制度对产教融合的支持不足主要表现在以下两方面。

一是将旅游企业纳入教学过程的组织形式并不完善。产教融合育人的前提就是要承认企业在实践知识方面相对于职业院校具有不可替代的优势。产教融合的实质就是将企业的实践知识优势转化为教学优势，将企业实际运行过程纳入教学过程。但是，这个过程需要解决学校与企业时空分离的问题。学校与企业产学交叉，通过理论和实践教学时空交替，将学校和企业在不同时空进行连接，是目前很多旅游职业院校所探索之产教融合的育人模式。但实际上，类似教学组织模式由于需要将学生在企业和学校之间不断转移，因而运行成本非常高，难以全面推广。

二是将旅游企业纳入教学过程的课程体系并不完善。在目前旅游职业院校中，利用企业实践知识优势的主要措施就是聘请企业技术或管理人员担任兼职教师，参与教学过程，而在旅游企业完成的教学内容则主要为顶岗实习。可以说，产学交叉进行的教学内容大多缺乏课程体系的深度支持。且由于缺乏学分转换系统，由企业主导的针对职业岗位培训的内容难以纳入旅游职业院校课程体系。

3. 学校治理体系支持力度不够

调查显示，只有 36.28% 的旅游职业院校认为本校治理结构对于产教融合的支持"非常有利"；只有 37.17% 的旅游职业院校认为本校内部组织文化等非正式制度对产教融合的支持"非常有利"。学校治理是高职院校按照党和国家有关法律和教育规律，科学、自主、有效运行的组织体系及其过程。学校治理结构主要指的是旅游职业院校内部运作的组织结构及其权力运行体系。通过调查发现，目前旅游职业院校治理结构对于产教融合支持度不够主要在于"引企入教"相关制度不完善。

目前，旅游职业院校"引企入教"也取得了一定成效，旅游企业在人才培养过程中有一定参与度，也建立了职教集团、产业学院的理事会等校产教融合组织体系，但整体而言，"引企入教"相关制度不完善，主要在于产教融合并没有成为职业院校各部门、各项工作的制度共识。例如，专业建设、课程建设、师资队伍建设、科研和社会服务、日常教学管理等方面对于旅游企业参与职业院校教学的要求等都未能有效体现。在很大程度上，旅游企业对于旅游职业院校教育教学过程的参与层次比较浅，制度性保障不足。

（三）政府部门产教融合政策实施体系尚难以满足需求

1. 适用于旅游企业的产教融合政策实施体系尚缺

各类产教融合支持政策以激励为主。国务院办公厅《关于深化产教融合的若干意见》对于校企参与产教融合同样采取以激励为主的原则，其实施体系存在以下不足。

（1）政策受惠覆盖面不够。由于采用激励原则，相关产教融合政策受惠者以积极参与产教融合企业为主，一般旅游企业难以进入扶持范围之内，难以享受到相关政策红利。调查显示，2022年因国家产教融合政策带来经济利益的旅游企业占调查总数的30.61%，尚未享受到有关产教融合政策的旅游企业占到58.99%。

（2）企业受惠额度占比较少。调查显示，受惠额度最多的情况为1万~5万元，占接受调查旅游企业总数的6.74%，其次为1万元以下，占比4.78%，5万元以上仅占总数的19.11%。

（3）政策内容与需要存在一定差距。调查显示，56.74%的旅游企业最期待的产教融合政策是"经费奖励政策"，29.49%的旅游企业则认为是"减税"。实际上，"减税"政策是旅游企业所能享受到的最多的政策措施，这些企业占旅游企业总数的23.88%。尽管政府部门有关产教融合政策内容丰富，土地、金融、财政、税收等方面都有所涵盖，但对于旅游企业而言，针对性产教融合政策目前并不充足。

2. 有关产教融合政策与相关法律文件存在不协调的情况

两者不协调主要体现在国家现有法律文件与产教融合有关税收减免政策存在不协调的情况。国务院办公厅《关于深化产教融合的若干意见》提出，"各级财政、税务部门要把深化产教融合作为落实结构性减税政策，推进降成本、补短板的重要举措"。教育部等六部门发布的《职业院校校企合作促进办法》（以下简称《办法》）规定，"企业因接收学生实习所实际发生的与取得收入有关的合理支出，以及企业发生的职工教育经费支出，依法在计算应纳税所得额时扣除"。该项规定将因产教融合付出的成本纳入企业税收扣除范围。其突破点就在于针对所有参与产教融合企业，而不仅仅是少数企业建立了成本补偿机制。依据该条款，企业通过在征税中扣除产教融合成本，补偿训练学徒等产教融合活动导致的成本损失，以确保即使由订单班、学徒制等形式所培养学生日后离职，该企业也不用担忧吃亏。但《办法》的实施存在一定问题，即对企业税收进行规定的法律文件《中华人民共和国企业所得税法》（以下简称《企业所得税法》）有关税收优惠的条款并没有涉及产教融合项目。按照《企业所得税法》规定，税收优惠的具体办法由国务院制定，即需要国务院对相关税收文件进行调整。

五、对未来产教融合发展的展望

综上所述，由于调动企业参与产教融合的约束体系不健全、政府产教融合政策落实不到位，以及旅游高职院校支撑产教融合的制度体系不完善等因素，产教融合难以形成多方共赢局面。为了改变这种状况，未来的产教融合体系机制势必从企业、学校、政府三类主体入手进行完善。

（一）推动完善企业参与产教融合的约束体系

目前，国家相关政策和法律文件对于企业参与产教融合均以鼓励和劝导为主，即给予参加产教融合的企业相应的奖励，对于不参加产教融合的企业也无任何约束，因此企业处于志愿参与的状态。长此以往，大家都想以低成本"坐享其成"，企业参与产教融合的各方面投入严重不足。因此，未来企业参与产教融合的行为将由志愿性质逐步转为约束性质。

1. 确立企业参与产教融合的法定责任

一方面，相关职教法律文件可以对符合一定条件的企业参与产教融合的责任进行法律设定；另一方面，国家层面应增加针对企业"坐享其成"的行为的监管和惩罚的法律条款。

2. 充分发挥旅游行业组织的协调与监督作用

通常情况下，行业协会承担着监管行业规范、提供咨询服务、参与市场、制定行业发展计划及反馈行业信息等多重职责，但现阶段，我国许多地区的旅游行业协会在其基本职能的发挥方面存在着功能相对单一、支撑职教流于表面形式等多方面的问题。

2017年，国务院颁布的《国务院办公厅关于深化产教融合的若干意见》，特别强调"强化行业协调指导"，要求行业主管部门通过职能转移、授权委托等方式，积极支持行业组织制定深化产教融合工作计划，开展人才需求预测、校企合作对接、教育教学指导、职业技能鉴定等服务。未来各地区会建设依托旅游行业组织和旅游职教集团的产教融合组织机制，交流区域内校企双方产教融合供需情况，及时解决问题。旅游行业组织还会建立较为完善的产教融合信息披露机制和行业产教融合考核评价机制，收集旅游职业院校和旅游企业双方的产教融合需求，编制并公布旅游产教融合工作计划、实施进展情况等信息，并定期对相应区域内旅游企业产教融合的政策执行效果进行评估，当地政府根据评估结果，落实相应的奖罚措施。

3. 建立社会舆论约束机制

通过社会舆论给企业施压也是一种强制企业积极参与产教融合的约束方式。舆论约束机制可以包含信息公开机制和信息交流机制两方面。

信息公开方面，2018年《职业学校校企合作促进办法》鼓励有关部门、行业、企业共同建设互联互通的校企合作信息化平台，引导各类社会主体参与平台发展、实现信息共享；建立全国统一的旅游行业产教融合信息平台，将旅游企业参与产教融合的信息公开化、透明化，破除校企之间、同一行业内部企业与企业之间、政府部门与企业之间的信息不对称，并在平台上公布旅游企业产教融合红白名单，以此形成社会舆论压力。

信息交流方面，可以定期举办论坛、交流会、研讨会，为产教融合多元治理主体间提供顺畅的信息交流平台，统一产教融合的发展理念，形成多元主体之间的目标共同体。

（二）促进旅游职业院校产教融合制度体系进一步完善

目前，我国旅游高职院校的专业设置、课程体系、实习实训、培育的旅游人才模型及成效等方面存在同产业发展"契合度"较低、与市场人才需求"匹配度"存在明显不足的问题。旅游高职院校只有不断完善产教融合制度体系才能实现与产业发展需求的有效衔接。

1. 完善产教融合教学体系

首先，旅游高职院校应建设产教融合育人标准体系，包括《产教融合企业遴选标准》《产教融合实训教学条件建设标准》《产教融合人才培养规格标准》《产教融合教学组织实施标准》等。其次，要推动专业标准体系与岗位职业标准体系对接，将职业标准和行业技术规范纳入课程体系，推进专业人才培养与岗位需求衔接。此外，还要完善校企合作教学资源开发制度，吸引旅游行业企业共建共享产学研一体的实验实习实训平台、研发中心，建立和完善企业与旅游高职院校学分互认系统，借助企业的市场优势充分开发职业教育教学资源。

2. 打造产教融合师资队伍

完善教师"企业—学校"双向流动制度。一方面，完善教师赴企业兼职的制度和教师实践假期制度，支持和鼓励旅游高职院校的专业技术人员到业务领域相近旅游企业、科研机构、社会组织等挂职、兼职，鼓励和支持在职教师定期到企业相关企业任职或顶岗，承担企业生产和管理任务，不承担学校教学任务，并将其在挂职、兼职、实践单位的工作业绩作为职称评审、岗位竞聘、考核等的重要依据。另一方面，与行业知名企业共同建设"双师双能型"教师培训基地，积极引进旅游企业优秀技术人才、管理人才作为专业建设带头人、担任专兼职教师，全面参与教学、科研和学生管理。

3. 加强产教融合社会服务

包括完善教师参与创新创业的制度和教师参与行业社会服务的制度。鼓励教师开展企业科技项目开发、行业相关科技成果推广和转化、科研社会服务等工作；设立专门课题，鼓励将旅游行业企业研发转变为教学资源；鼓励教师参与企业人才培训，将培训课时纳入教学工作量计算。

（三）推动政府部门产教融合政策切实落地

2022年12月，中共中央办公厅、国务院办公厅印发的《关于深化现代职业教育体系建设改革的意见》提出了新阶段职业教育改革的一系列重大举措，"一体两翼"尤为引人关注。"一体两翼"非常强调发挥政府的作用，发挥我国的组织优势和制度优势。特别是在省域现代职业教育体系建设新模式和市域产教联合体建设两大任务方面，都直接对政府提出了要求，由政府来牵头，说明产教融合缺不了政府的引导和支持，这是产教融合走向实质的关键。当前，新修订的《职业教育法》《国务院办公厅关于深化产教融合的若干意见》等产教融合政策文件涉及一定的奖励措施，但在贯彻落实方面也存在一些问题。为了更好地发挥政府的作用，产教融合有关政策还需进一步完善，具体如下。

1. 产教融合相关政策实施更具针对性

这里的针对性包括两方面内容。一方面是因地制宜。各省出台省级的产教融合相关政策，各市、县在此基础上针对本地的实际情况，制定更具体更本土化的产教融合政策实施意见，并建立和完善政府各部门之间的协调工作机制以确保产教融合政策切实有效地落地，还要形成涵盖"省、地市、县市"三级政策实施情况的定期督查和评估制度。另一方面是针对旅游行业制定产教融合相关政策。文旅部门以有关产教融合的政策文件为基础，针对旅游行业的特点，对旅游企业与旅游职业学校校企合作、产教融合育人的要求及文旅部门对产教融合的支持政策进行规定。

2. 提供与产教融合政策配套的法律依据

目前，现有的产教融合政策中的部分内容与相关法律文件条款存在不配套的问题，导致政策难以有效实施。例如，《职业学校校企合作促进办法》规定"企业因接收学生实习所实际发生的与取得收入有关的合理支出，以及企业发生的职工教育经费支出，依法在计算应纳税所得额时扣除"，将因产教融合付出的成本纳入了企业税收扣除范围，补偿了企业因参与产教融合活动导致的成本损失。《职业学校校企合作促进办法》由教育部、国家税务总局等六部门发布，为政府部门规章，而对企业税收进行规定的法律文件主要如《企业所得税法》，税收优惠的具体办法则由国务院制定。并且按照《中华人民共和国立法法》，法律的效力高于规章，也就是说，教育部等部委没有权力对税收办法进行调整。因此，上述政策的顺利实施，必须依靠《企业所得税法》的修改或者国务院相关行政法规的修改，为将产教融合支出在计算相关税收项目时予以扣除提供配套的法律依据。

六、典型案例

智慧文旅校企共同体成都旅游职业教育集团的运行与实践

（成都职业技术学院　赖斌　洪光英　黄晓菲　邹小兵　陆午西）

成都职业技术学院以教育部与成都市共建"成都统筹城乡教育综合改革试验区"为契机，与成都文化旅游投资管理有限公司（以下简称成都文旅）共同牵头组建了成都旅游职业教育集团（以下简称旅游职教集团）。经过14年的改革与实践，构建了职教集团合作育人生态圈，走出了"找准区域服务需求、发挥资源整合优势、建设美丽乡村"的新路子。

（一）理念

成都旅游职业教育集团依托教育部与成都市共建的"成都统筹城乡教育综合改革试验区"，发挥政府办学和国有企业优势，巧用政府统筹的政策资源，立足区域经济，找准自身定位、共建共享资源，构建了政府统筹下的智慧文旅校企共同体合作育人生态圈，形成了"政府统筹、龙头引领、效益共享"的职业教育集团化办学模式，创建了以企业资源和院校资源相互转化的"发单—接单"校企合作机制（图6-1-1），以新型智慧文旅校企共同体生动诠释了中国职教践行"乡村振兴"战略的国家担当。

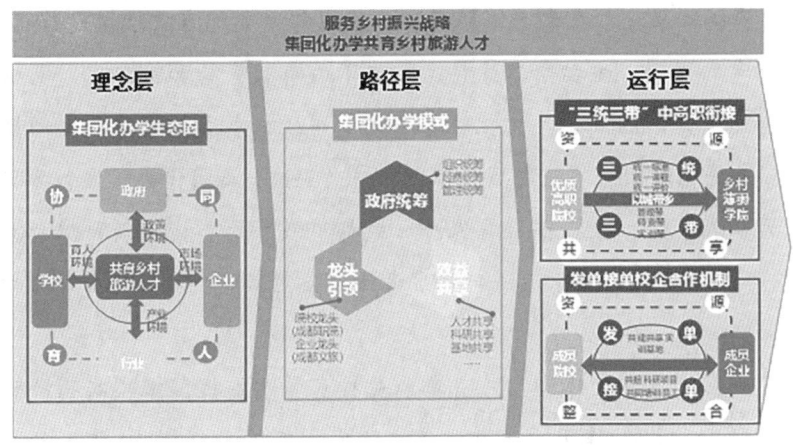

图 6-1-1　集团化办学共育乡村旅游人才实施路线

（二）主要做法

1. 构建旅游职教集团"政府统筹、龙头引领、效益共享"办学模式，激发共同体各方参与乡村旅游人才培养动力

旅游职教集团将政府主导的政策环境、旅游行业机构主导的产业环境、以旅游企业主导的市场环境、以旅游院校主导的育人环境有机融合起来，构建职教集团合作育人生态圈（图 6-2-1）；进而发挥各方优势，开展协同育人行动，构建了"政府统筹、龙头引领、效益共享"的职教集团办学模式。

图 6-2-1　职教集团合作育人生态圈

（1）政府统筹激发外部动力。旅游职教集团作为成都市首批组建的职教集团，发挥政府办学的优势，主动争取支持，组建了由市教育局和市文化广电旅游局的相关领导和处室部门组成的集团化办学推进小组，征求成员意见，主动报告所需政策支持。政府相继出台《统筹城乡职业教育"3+N"集团化办学实施方案》等系列文件，为职教集团办学提供经费保障。成都市教育局委托市教科院牵头，组织专家对"3+N"集团化办学情况进行年度考核，夯实了校企共同体开展人才培养的监督力。

（2）龙头引领激发主体动力。成都职业技术学院发挥国家"双高计划"专业群建设单位的示范辐射作用，成都绿舟文旅发挥其资产规模10亿元以上的市属国有企业、重要的旅游产业平台公司的主力军作用，旅游职教集团以二者为龙头，建立了校企共同牵头、共同组成的"双主体"体制下的"一体两翼"集团内部治理结构（图6-2-2）。

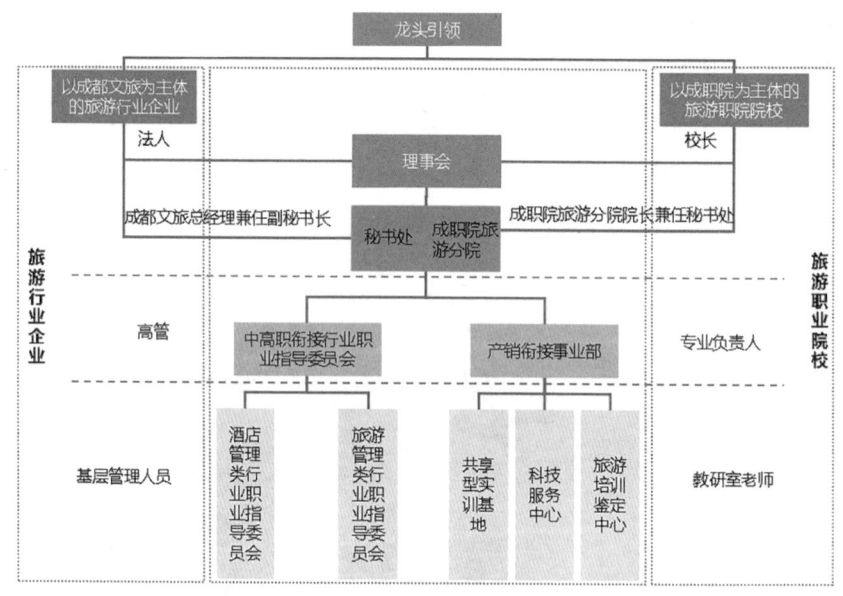

图6-2-2 旅游职教集团校企"双主体"体制下的"一体两翼"治理结构

治理结构的优化充分实现了企业从校企合作的"配角"到"主角"的转变，二级院系作为责任主体，有利于做实职教集团，职教集团又为二级院系人才培养提供了坚实的校企合作平台保障。同时，旅游职教集团通过制订《章程》《理事会议事制度》等一系列制度文件，召开了理事大会近10次，年均发布各类通知、文件近100份，从而优化了校企"双主体"体制下的"一体两翼"治理结构，建立了集团化运行的长效机制。

2. 构建"发单—接单"校企共同体运行机制，吸引优质企业资源向乡村薄弱

院校动态转化

（1）优质企业资源向教学资源转化。其一，乡村成员学校发单企业师资需求，成员企业接单。建成148人的企业兼职教师专家库，开展教学培训，核定专家职称和课时标准，对接企业人力资源部，精准匹配教学需求。建成乡村旅游师资库，开设企业课程、精选企业案例、遴选创业导师。其二，乡村成员学校发单实训实习需求，成员企业接单。建成13个乡村旅游校外实训基地，与乡村旅游企业生产淡旺季精准匹配，重构人才培养方案，制订顶岗实习标准，企业已接受学生实训和教师挂职锻炼。其三，乡村成员学校发单专家咨询需求，成员企业接单。定期开展校企合作对话会和研讨人才培养方案，精准邀请企业专家咨询专业建设，共建乡村旅游企业订单班。编写教材、标准，开展线上线下乡村旅游从业人员培训。

（2）优质教学资源向企业资源转化。其一，成员企业发单用工需求，乡村成员校接单。组织年度性毕业生双选会，动态发布企业用工需求，精准匹配学生求职意愿，提升学生在成员企业的就业比例。共发布实习、就业信息2000余条，为成都文旅等成员企业年均订单输送1900名毕业生，年均为2800人次员工提供技能培训。其二，成员企业发单生产、研发需求，乡村成员校接单。聚焦乡村振兴战略，围绕乡村旅游精品工程建设，校企合作承担乡村旅游项目等研发任务，将课堂搬到"田间地头"，承办乡村讲解员比赛等项目10余次，承担乡村旅游线路设计、文创产品研发、非遗技艺转化等项目20余项，有效助推科技创新，反哺课堂教学。其三，成员企业发单乡村旅游从业人才培训、职业资格鉴定等需求，乡村成员校接单。编写教材、制订标准，利用送教下乡和在线课程的形式，开展线上线下乡村旅游从业人员培训；聚焦民族地区旅游资源开发利用、保护管理、数字化营销人才缺口，持续开展科技扶贫、民族地区乡村旅游订单班人才培养，近三年来，累计培养和输送高职毕业生100余名。

中国旅游高职院校数字化转型发展报告（2021—2022年）①

为贯彻落实党中央、国务院关于建设数字中国的重要部署，深入实施国家教育数字化战略行动，各旅游高职院校积极探索，其教育数字化转型已进入整体布局、全面推进的新阶段。为了解2021—2022年全国旅游高职院校数字化转型发展状况，系统总结其数字化转型取得的成效，编制组在进行问卷调查基础上，撰写《中国旅游高职院校数字化转型发展报告（2021—2022年）》，以期为旅游职业教育领域数字化转型提供参考。

一、前言

（一）调研背景

我国高度重视数字化转型发展，《国民经济和社会发展第十四个五年规划和2035年远景目标纲要》将"加快数字化发展，建设数字中国"单列成篇，提出要加快建设数字经济、数字社会、数字政府，以数字化转型整体驱动生产方式、生活方式和治理方式变革。在以数字化转型加速推进经济发展和国家治理现代化的时代背景下，党的二十大做出了"实施科教兴国战略，强化现代化建设人才支撑""推进教育数字化"等重要部署。为了推进教育数字化转型，《职业院校数字校园规范》《教育部等六部门关于推进教育新型基础设施建设构建高质量教育支撑体系的指导意见》《关于深化现代职业教育体系建设改革的意见》等文件陆续颁布，为旅游职业院校数字化转型提供了重要指导。

（二）编制说明

本报告以相关政策文件中的目标要求和任务部署为依据，借鉴实践中积累的

---

① 负责人：张永波，浙江旅游职业学院信息技术中心主任，正高级工程师。成员：陈晓燕，浙江旅游职业学院信息技术中心技术策划工程师。

成功经验，确立问卷构建的基本框架。在此基础上，以《"十四五"国家信息化规划》《中国教育现代化 2035》《职业院校数字校园规范》《教育部等六部门关于推进教育新型基础设施建设构建高质量教育支撑体系的指导意见》等文件有关职业教育数字化转型内涵特征界定为依据，参照国内外关于教育数字化监测评估方面的研究成果和方法手段，设计了问卷的框架和维度。

本报告有关高职院校数字化转型包括五个维度，具体为"组织保障""基础环境""数字化教学""数字化治理"和"网络安全"，并细分为 41 个子项。

二、发展概况

本报告数据来源主要包括三个渠道。一是校级层面发展规划数据，即通过相关旅游高职院校官网、高等职业教育质量年度报告等渠道获得的基础类数据。二是全国调研数据，即《中国旅游职业教育年度报告——数字化转型调查问卷》数据，最终采集到全国 63 所旅游高职院校的数据。三是专题专项类数据，主要来源于与相关旅游高职院校开展的深度访谈。

（一）组织保障

1. 领导力

截至 2022 年底，超 93% 的旅游高职院校设有数字化转型（或网络安全与信息化）工作领导小组（图 2-1-1），且 61.9% 领导小组组长职位为正校级，23.81% 为副校级（图 2-1-2），充分显示了旅游高职院校在组织保障上对数字化转型工作的重视程度。

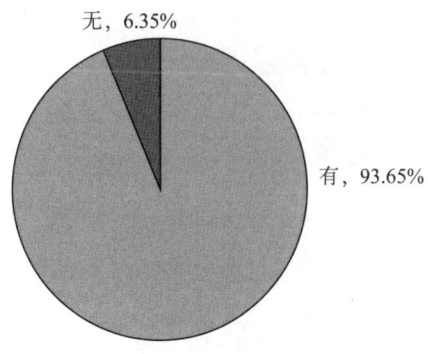

图 2-1-1 成立数字化转型（网络安全与信息化）工作领导小组情况

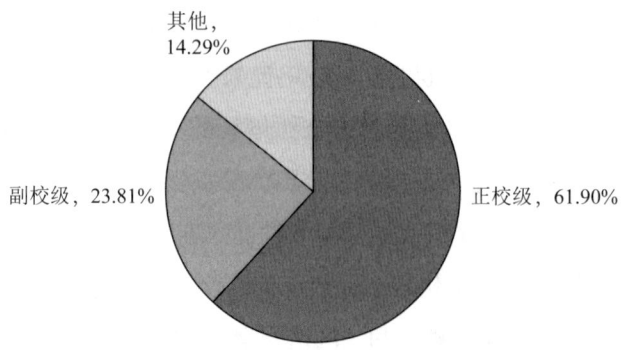

图 2-1-2　数字化转型工作领导小组组长职位情况

2. 规划发展

截至 2022 年底，超 90% 的旅游高职院校具有数字化转型的中长期规划，其中 41.27% 的院校具有五年数字化转型专项规划（图 2-1-3）；79.37% 的院校具有数字化转型年度工作方案，并有明确的工作内容、责任分工和时间安排等任务清单（图 2-1-4）；79.37% 的院校由信息技术中心（数字化专职技术部门）牵头规划设计数字化转型工作，其余或由校办、发展规划处、教务处牵头（图 2-1-5），超 82% 的院校有独立设置的专职技术部门负责数字化转型（智慧校园）建设工作，其中 28.57% 独立设置机构为正处级，33.33% 为副处级（图 2-1-6）。

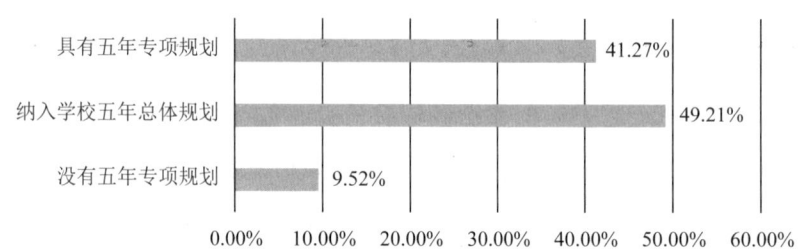

图 2-1-3　数字化转型中长期规划编制情况

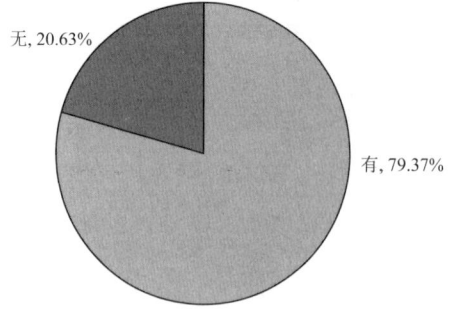

图 2-1-4　数字化转型年度工作方案编制情况

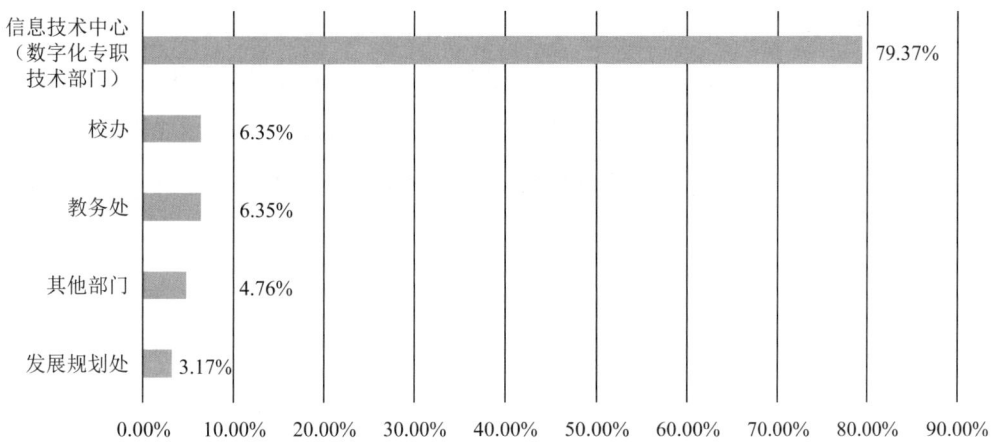

图 2-1-5 数字化转型规划设计牵头部门分布情况

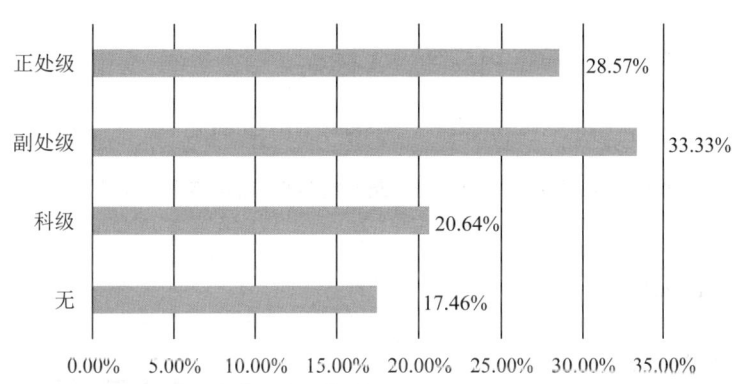

图 2-1-6 负责数字化转型（智慧校园）建设工作的独立设置机构级别情况

3. 资源保障

在资金保障方面，70%以上的旅游高职院校将数字化建设专项经费和日常运维经费纳入数字化转型工作领导小组办公室统筹（图 2-1-7）。在队伍建设方面，校均信息化专职人员与师生数之比为 1∶1230，大于等于 1∶700 的占比为 19.04%。

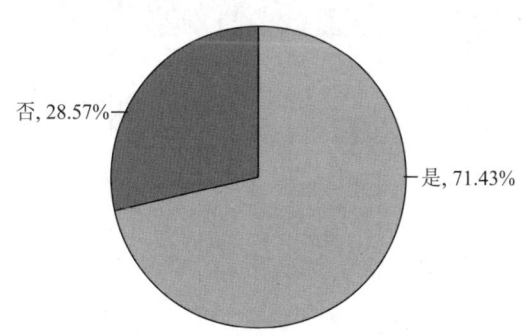

图 2-1-7 数字化建设专项经费和日常运维经费保障情况

4. 素养提升

截至 2022 年底，超 82% 的旅游高职院校面向中层以上干部开展了数字化转型或数字技术普及的专家讲座，其中开展 1~2 次的比例为 57.14%，3 次及以上为 25.4%（图 2-1-8）。部分旅游高职院校对于干部数字化素养能力提升的意识有待增强。

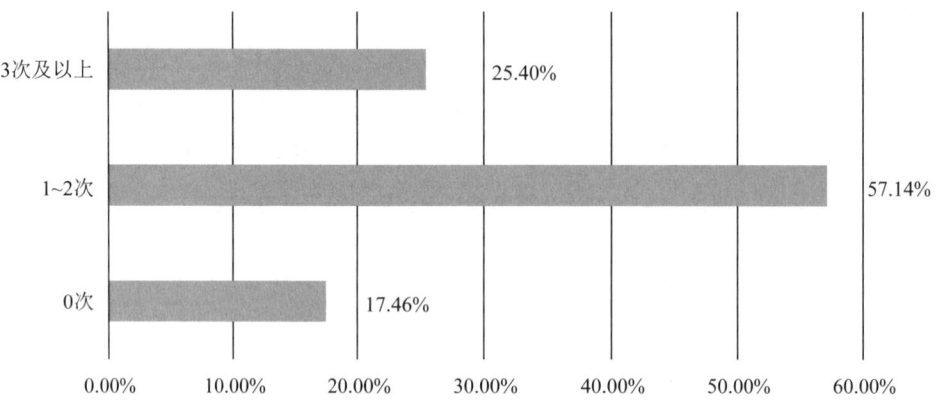

图 2-1-8　面向中层以上干部开展数字化转型专家讲座情况

（二）基础环境

1. 基础网络

通信网络作为教育数字化转型的基础工程，得到各个旅游高职院校的高度重视，接入互联网的学校比例接近 100%，其中 68.25% 的院校实现了有线、无线网络全覆盖，25.4% 的院校实现了有线网络全覆盖、无线网络部分覆盖（图 2-2-1），整体基础网络情况较好。

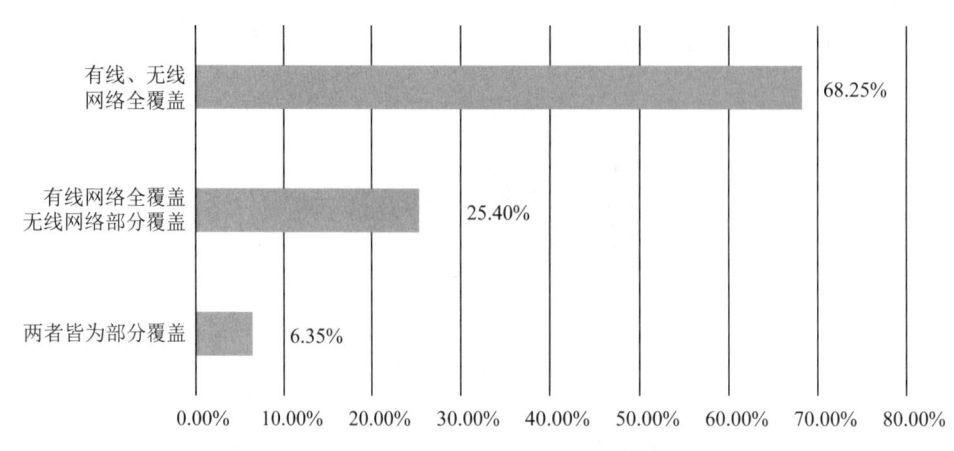

图 2-2-1　有线网络和无线网络部署情况

2. 教学设施

在教学设施建设中的多媒体教室建设方面，截至 2022 年底，校均多媒体教室占院校教室的比例为 68.93%，其中 20.63% 的院校多媒体教室占院校教室比例达到 100%（图 2-2-2）。

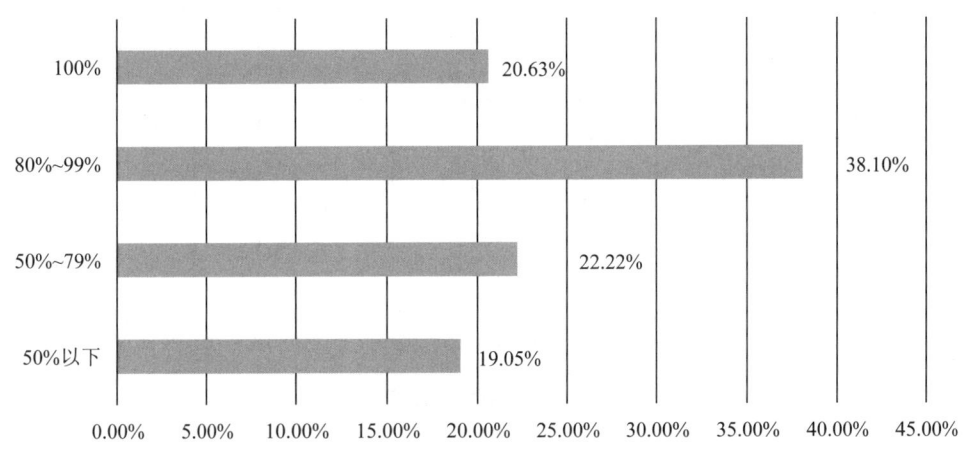

图 2-2-2　院校多媒体教室占比情况

近年来，随着我国教育数字化转型的不断深入，智慧教室的建设也成了各高职院校教育数字化建设的一个投入重点。截至 2022 年底，我国旅游高职院校校均智慧教室占院校教室的比例为 12.95%，63 所院校中有 4 所院校智慧教室占院校教室比例在 50% 及以上，同时也有 4 所院校还未建有智慧教室（图 2-2-3）。

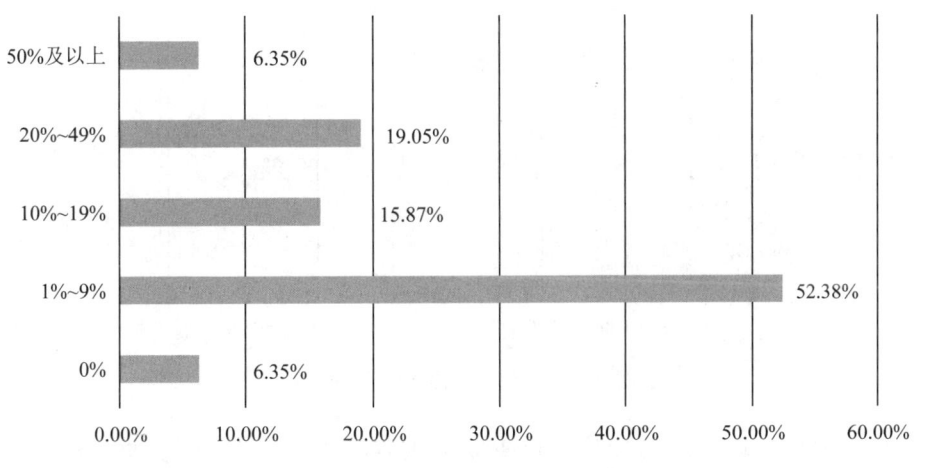

图 2-2-3　院校智慧教室占比情况

3. 基础平台

统一身份认证中心。截至 2022 年底，84% 以上的旅游高职院校构建了统一身份认证中心，实现校园业务系统一个账号、一个密码、单点登录、应用漫游；

36.51%的院校实现了短信动态密码、钉钉或微信动态扫码、人脸识别等方式登录认证；34.92%的院校具有通过短信、邮件、钉钉或微信等方式实现自主找回密码功能（图2-2-4）。能实现上述三种功能的高职院校占比23.81%。

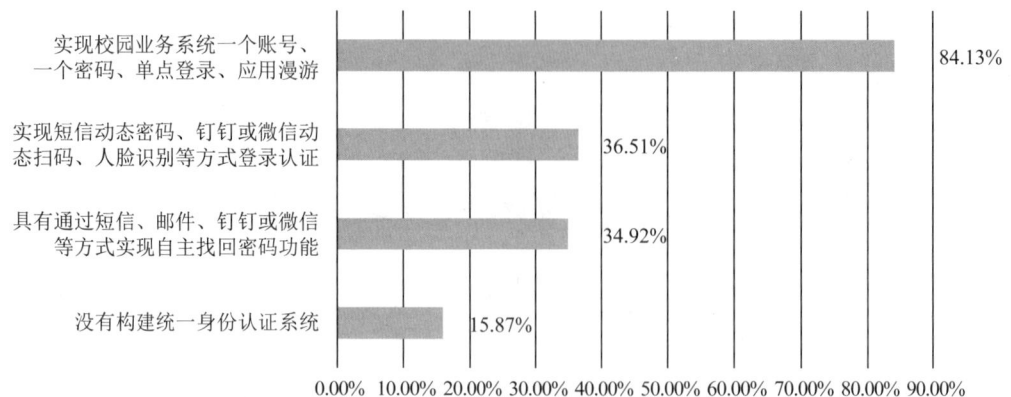

图2-2-4　统一身份认证实现情况

信息门户平台。87%以上旅游高职院校建立了信息门户，其中77.78%的院校通过信息门户或网上办事大厅实现了信息系统与应用集中呈现、一网通办；55.56%的院校支持个性化门户界面定制；46.03%的院校建立了全流程消息中心（图2-2-5），能实现上述三种功能的高职院校占比34.92%。

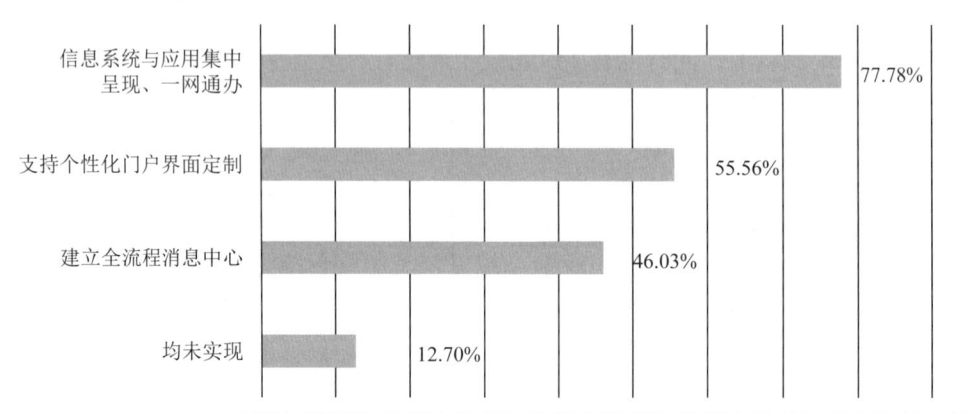

图2-2-5　信息门户功能实现情况

数据中心。截至2022年底，超84%的旅游高职院校建立了数据中心，其中73.02%的院校能实现数据的统筹管理、清洗和有效交互；66.67%的院校具有明确的数据交换规则、交换策略；60.32%的院校具有数据调用标准接口（图2-2-6）。能实现上述三种功能的高职院校占比44.44%。

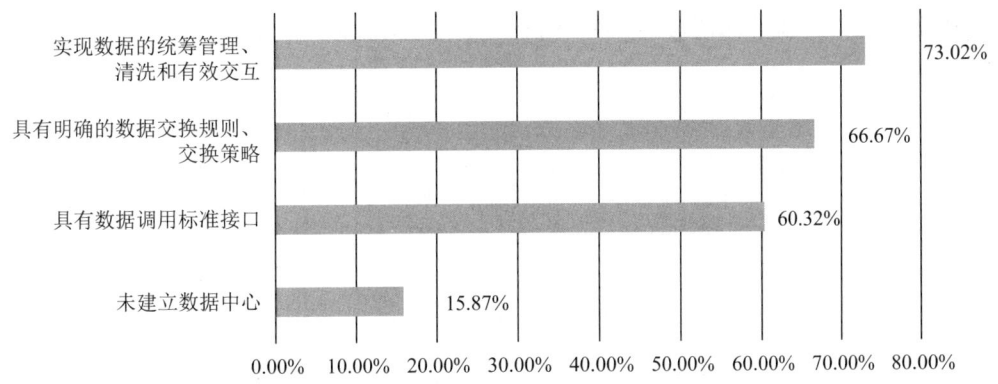

图 2-2-6 数据中心(中枢)建设情况

(三)数字化教学

1. 教学平台

96%以上的旅游高职院校建设了统一入口的网络教学平台,并通过网络教学平台积极开展线上教学活动,包括在线交互教学、自主学习、网络教研、讨论答疑、作业考试、线上互评、资源分享等,能实现上述7种功能的院校占比49.21%;其中开展自主学习、作业考试、在线交互教学的院校占比最多,分别为93.65%、92.06%和92.06%(图 2-3-1)。此外,校均网络教学平台教师开通率达91.59%,学生开通率达94.29%,其中超73%的院校网络教学平台教师开通率达100%,超81%的院校网络教学平台学生开通率达100%。网络教学、混合式教学得到了普遍应用。

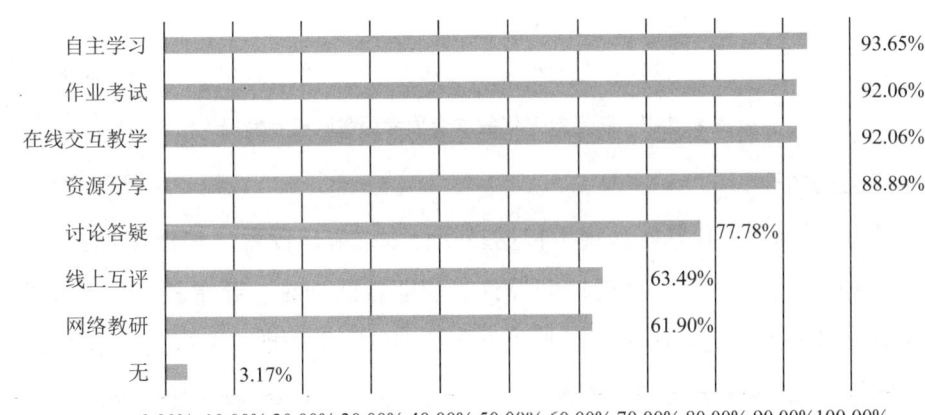

图 2-3-1 网络教学平台建设与师生教学活动开展情况

2. 教师能力

教师数字技术应用能力普遍提升,近六成学校90%以上的专任教师能熟练运用数字技术(软件、工具)进行课堂教学与在线直播,全国旅游高职院校中熟练应用信息技术的教师比例在 50% 以下的只有 1 所院校（图 2-3-2）。

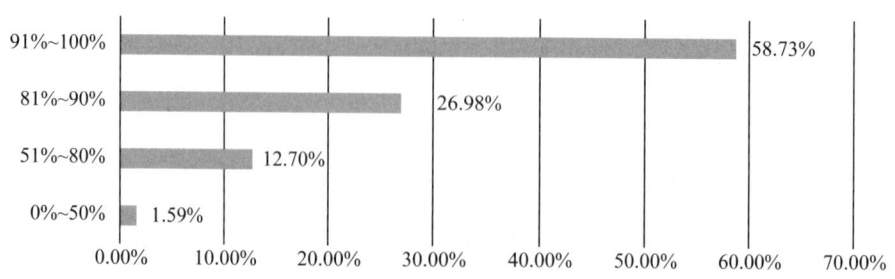

图 2-3-2　教师熟练运用数字技术进行课堂教学与在线直播情况

3. 激励机制

旅游高职院校高度重视数字化教学工作，88.89% 的院校制定了推动数字化教学开展的专项考评激励机制，并纳入年度考核、职称评审、岗位聘任、科研立项、授课酬金等相关政策文件。其中，在上述 5 项政策文件中均有规定数字化教学要求的院校占比 19.05%，在年度考核、职称评审中制定数字化教学考评机制的院校占比最多，分别为 66.67% 和 61.90%（图 2-3-3）。

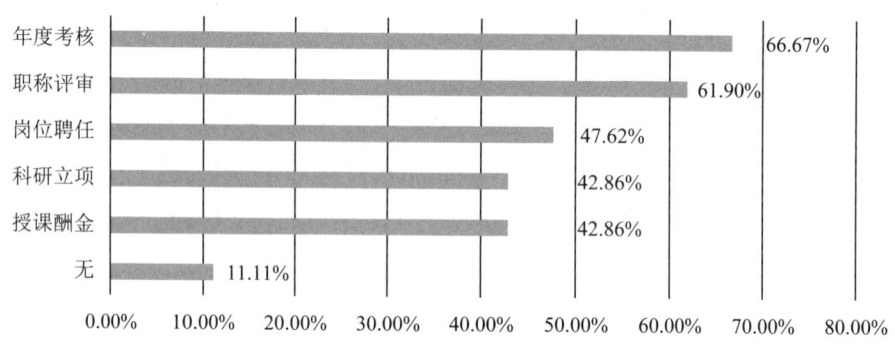

图 2-3-3　制定数字化教学专项考评激励机制情况

4. 实践教学

我国旅游高职院校基本实现了根据教学计划统筹建设教学实验实训项目，并将虚拟仿真资源运用于计算机辅助设计、职业技能训练、课堂教学、专业技能（或设施设备原理）动态认知、专业能力考核训练、生产性（沉浸式）仿真实习、探究式交互实验等实验实训，能实现上述 7 项实训项目的院校占比 25.40%，能实现上述 4 项及以上实训项目的院校占比 61.90%，其中将虚拟仿真资源运用于课堂教学、职业技能训练的院校占比最多，分别为 87.30% 及 77.78%，将虚拟仿真资源运用于探究式交互实验的院校占比最少，为 36.51%（图 2-3-4）。

在教学管理方面，47.62% 的旅游职高院校建立了统一的实践教学管理平台，能够实现综合查询、服务预约、实验室监控、绩效分析等功能，从而使教学管理更便捷、更智能、更高效。

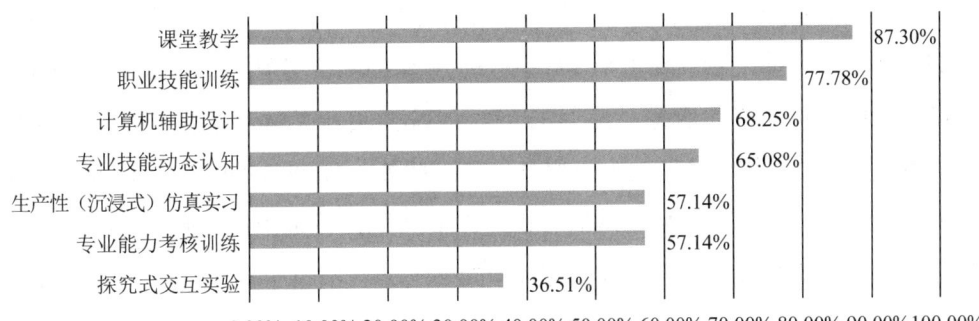

图 2-3-4　虚拟仿真资源在教学实验实训中的应用方式

（四）数字化治理

1. 智慧管理

截至 2022 年底，80% 以上的旅游高职院校实现了办公、人事、教务、财务、学工等 5 个核心业务部门管理数字化 100% 覆盖率，25.40% 的院校实现了办公系统、人事系统、教务系统、学工系统、财务系统、科研系统、项目采购系统、后勤服务系统、资产管理系统、实习管理系统、图书管理系统等 11 个主要业务系统的数字化管理 100% 覆盖率，其中教务系统、办公系统、图书管理系统的数字化管理覆盖率最高，分别为 98.41%、95.24% 及 90.48%；项目采购系统、后勤服务系统的数字化覆盖率相对较低，分别为 46.03% 及 52.38%（图 2-4-1）。

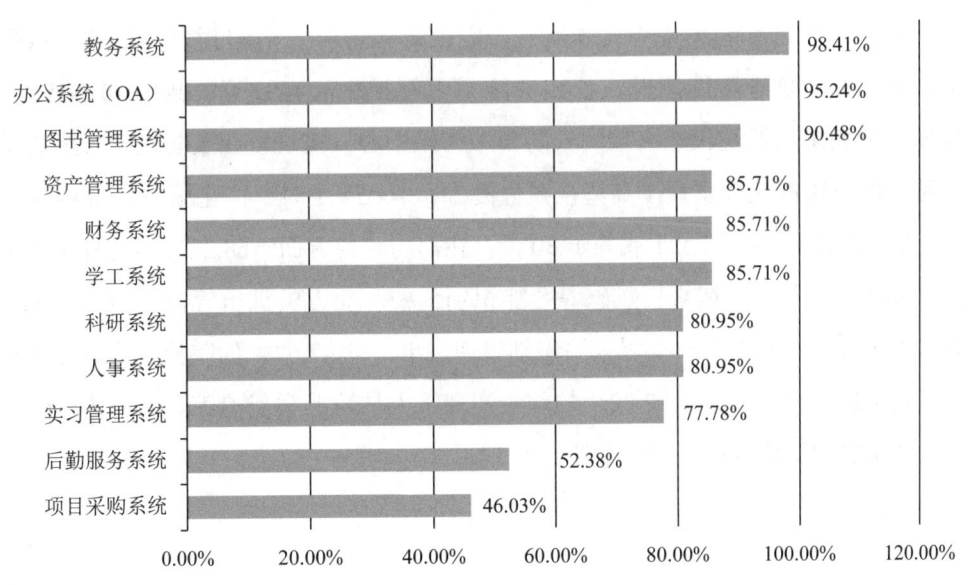

图 2-4-1　学校主要业务管理系统建设情况

2. 智慧服务

智慧服务包含网上办事、掌上办事和自助终端服务三个维度。截至2022年底，71.42%的旅游高职院校实现了网上办事，66.67%的院校实现了掌上办事，38.09%的院校实现了自助终端服务，其中33.33%的院校实现了网上办事、掌上办事和自助终端服务"三维一体"的办事服务体系。此外，41.27%的院校掌上办事采用App形式，25.40%的院校采用微信形式，17.46%的院校采用钉钉形式。校均网上办事大厅服务事项掌上办事应用实现率为74.24%，其中超66%的院校网上办事大厅服务事项掌上办应用实现率在50%以上，28.57%的院校实现掌上办事百分之百全覆盖（图2-4-2）。

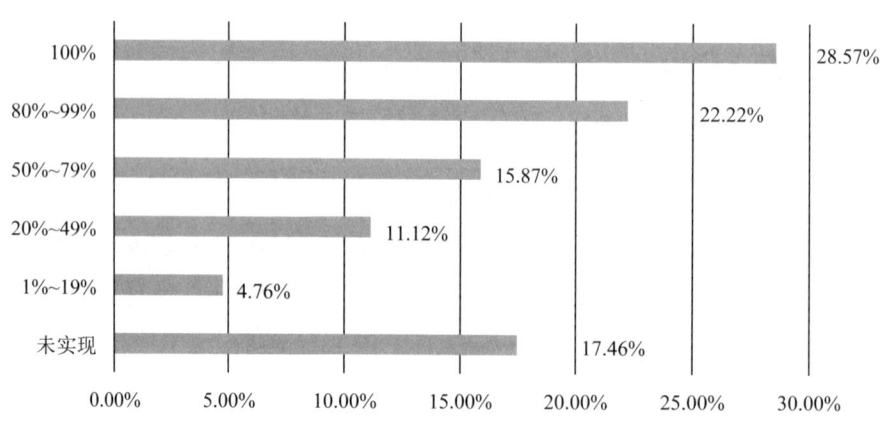

图 2-4-2　掌上办事覆盖率百分比情况

3. 校园安防

校园安防主要包含高清视频覆盖、监控视频保存、消防预警、重点区域边界预警、人员轨迹智能跟踪、校园安防集中管控中心建设等。截至2022年底，74.60%的旅游高职院校建有校园安防集中管控中心，实现校园安防视频大屏集中呈现；80.95%的院校实现了高清视频全覆盖和7×24小时一体化服务，88.89%的院校监控视频保存时间大于或等于30天。在消防管控方面，68.25%的院校实现了消防重点区域明火、烟雾、热感等智能识别预警。在人员进出管控方面，63.49%的院校实现了校园出入口部署人脸识别管理进出，且47.62%的院校在重点区域建立了安全边界预警系统，22.22%的院校实现了人员轨迹智能追踪。无上述校园安防监控功能的院校占比1.59%（图2-4-3）。

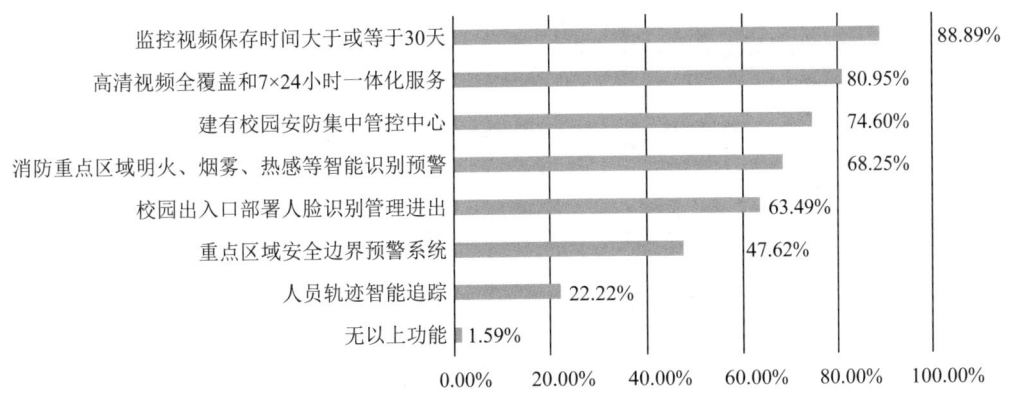

图 2-4-3 校园安防监控功能实现情况

4. 校园节能

数字技术在旅游高职院校校园节能方面得到了较为普遍的运用，超过 74% 的院校应用人工智能、物联网、声控、光控、红外感知等技术，开展对办公楼宇、教室、道路等校园公共区域的节能管控，其中实现校园节能区域全覆盖的占比 14.29%，完成校园节能区域的 50% 及以上覆盖的占比 50.79%（图 2-4-4）。

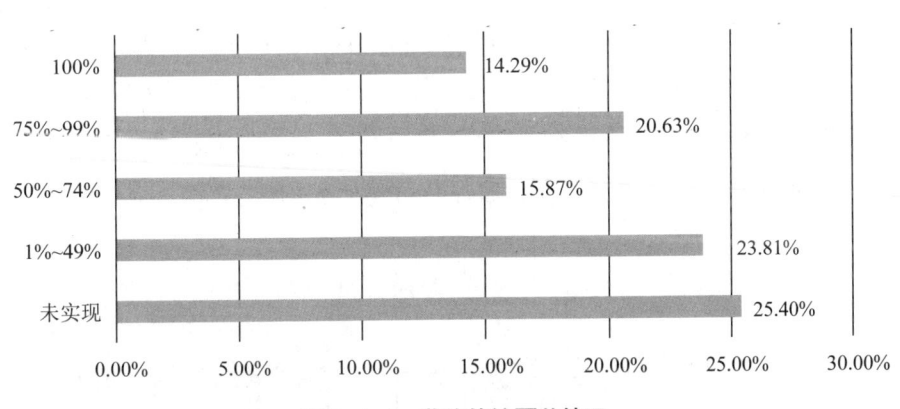

图 2-4-4 节能管控覆盖情况

在能耗管控中心建设方面，超过 71% 的院校应用物联网和网络通信等技术，实现对校园能耗数据的动态采集和安全管控，其中 20.63% 的院校实现了水、电能耗数据采集与实时大屏展现，15.87% 的院校实现了水、电能耗其中一项数据采集与实时大屏展现，34.92% 的院校电能数据采集终端过流、过压、烟雾报警等具有安全防护功能（图 2-4-5）。

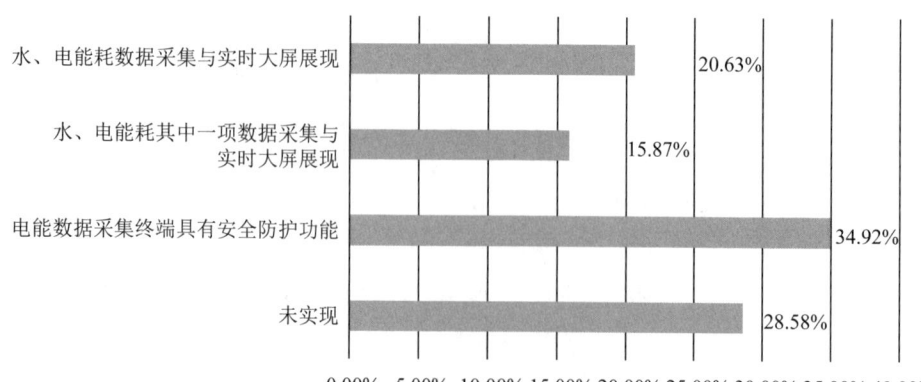

图 2-4-5 能耗管控中心建设情况

5. 数据治理

数据是数字化转型的关键要素，截至 2022 年底，超 90% 的旅游高职院校启动实施了数据治理工程，63.49% 的院校建立了"一数一源、一源复用"的治理机制，55.56% 的院校定制了可视化、可定义的数据采集工具、报表工具和画布工具，53.97% 的院校制定了数据源清单和数据维护责任清单，其中 25.40% 的院校同时实施了上述 3 项数据治理任务。此外，49.21% 的院校建有教职工人事、教学、培训、社会实践、科研和获奖等信息的"一人一表"基础数据库（教职工成长一张表），31.75% 的院校将"数据通、业务通"列入数字化项目验收必要条件，30.16% 的院校提供"教职工成长一张表"综合数据查询和数据导出服务（图 2-4-6）。

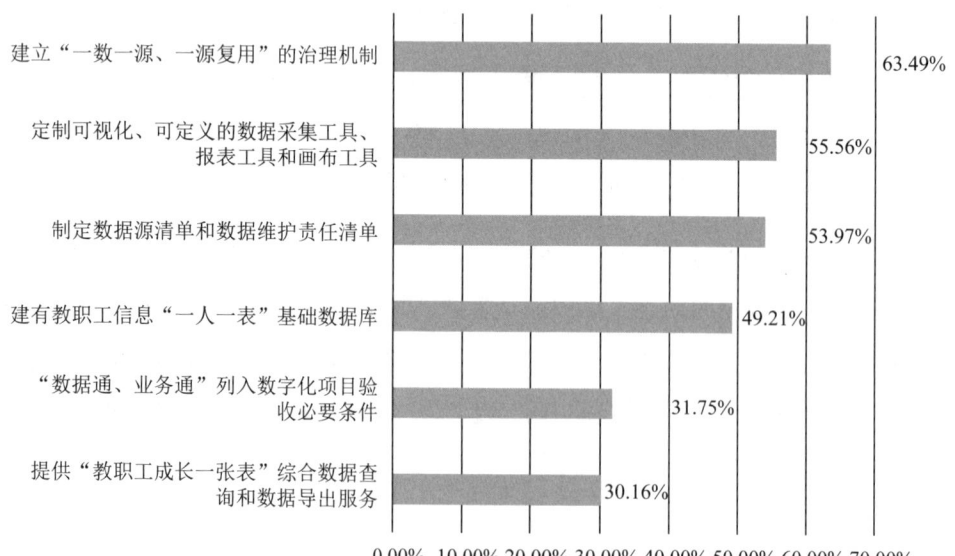

图 2-4-6 数据治理开展情况

6. 数据赋能

截至 2022 年底，68% 以上的旅游高职院校开展了多维度的校情数据分析，服务学校人才培养、科学研究、校务治理和社会服务等治理决策，其中 7.94% 的院校建成数据看板（驾驶舱）20 屏以上（图 2-4-7）。此外，50% 的院校开展了基于规则实现"监测分析、预警预测、战略目标管理"的校园大脑建设；41.27% 的院校开展了年度考核、事项申报、岗位评聘等校内自动填报服务。

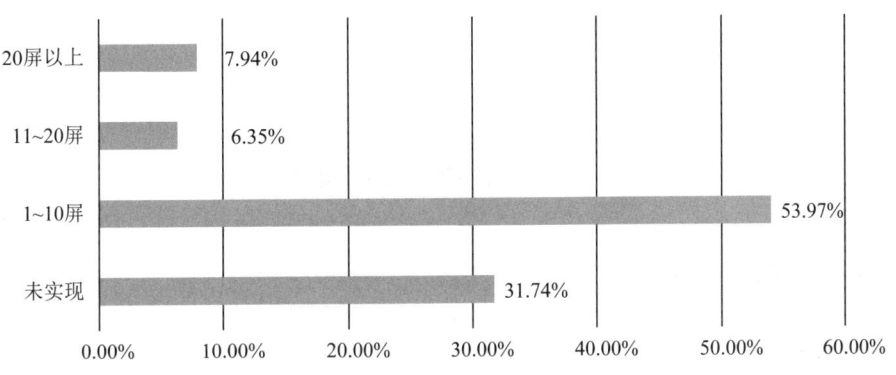

图 2-4-7　建成数据看板（驾驶舱）情况

7. 影响数字化转型重点工作开展的因素和主要困难

在当前校务治理数字化转型的重点工作方面，基于整体较好的业务系统覆盖基础，92.06% 的院校认为要加强多跨（部门、系统）协同，实现"一站式集成、一件事联办"，数据治理和价值作用也得到了普遍的认知重视。其次，业务场景的应用覆盖，数字化推动校务治理组织变革、制度重塑，数字化推动校企数据共享、增强人才培养和办学适应性，人工智能、物联网、大数据等新技术的创新应用等均是数字化转型的重点发展方向（图 2-4-8）。

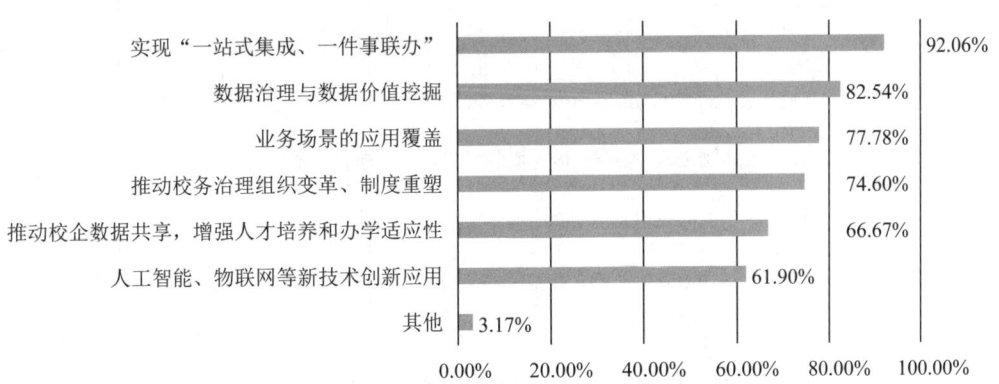

图 2-4-8　当前校务治理数字化转型的重点工作

82.54% 的院校认为主要困难是数字化专职技术人员不足，也有一半多的学校认为重视不够，工作难以开展，另外有 23.81% 的学校对于数字化转型还存在认知不足的迷茫。建设经费不足、干部和师生数字化理念欠缺等均是数字化转型过程中所碰到的痛点、难点问题（图 2-4-9）。

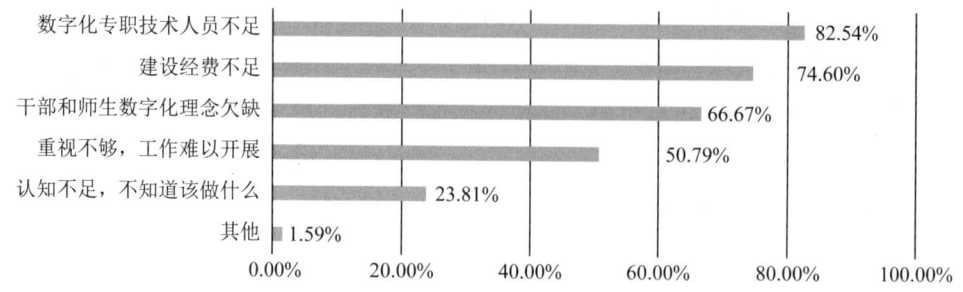

图 2-4-9　影响当前数字化转型工作开展的主要困难

（五）网络安全

1. 网络安全工作举措

网络安全是数字化转型的基本保障，93.65% 的旅游高职院校建立了完善的网络安全制度，且有明确的责任人，但国家《网络安全法》明确规定的网络安全等级保护尚有 7 所学校未能履行法律义务，需要引起高度重视。另外，77.78% 的院校配置相应产品或购买相关服务，定期开展渗透测试与漏洞扫描；68.25% 的院校在新应用上线前进行安全渗透测试与漏洞扫描。在数据安全方面，53.97% 的院校对重要敏感数据的使用进行脱敏处理，46.03% 的院校建立了应用系统全生命周期的数据保护措施（图 2-5-1）。

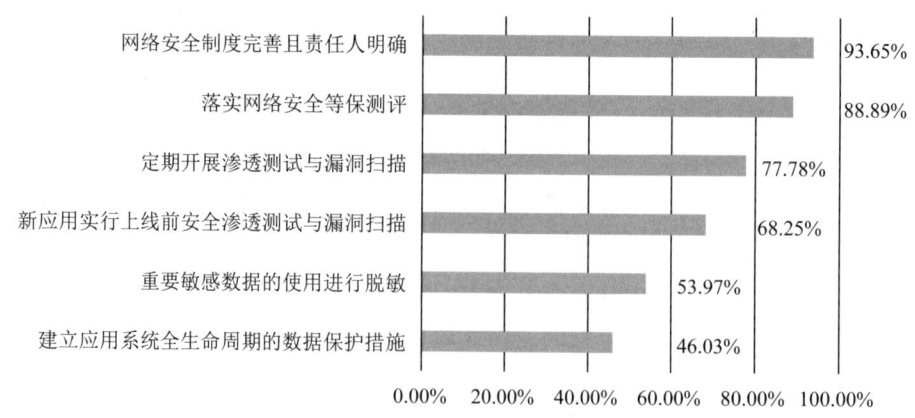

图 2-5-1　网络安全管理措施

2. 网络安全设备部署

截至 2022 年底，超 96% 的旅游高职院校配备了多种网络安全设备，包含防火墙、DDoS 攻击防护、上网行为管理、IPS、WAF、堡垒机、日志审计、数据库审计系统、态势感知等，其中 30.16% 的院校部署了上述全部的设备（图 2-5-2）。

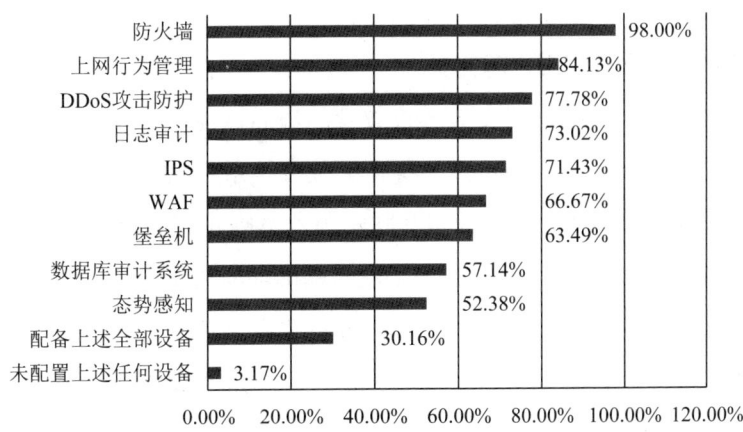

图 2-5-2　网络安全设备配置情况

（六）小结

整体而言，我国旅游高职院校数字化转型发展情况如图 2-6-1 所示，在组织保障、基础环境、数字化教学、数字化治理、网络安全五个维度上发展相对均衡，其中数字化教学、网络安全发展形势较好，组织保障、基础环境、数字化治理还有较大的提升空间。

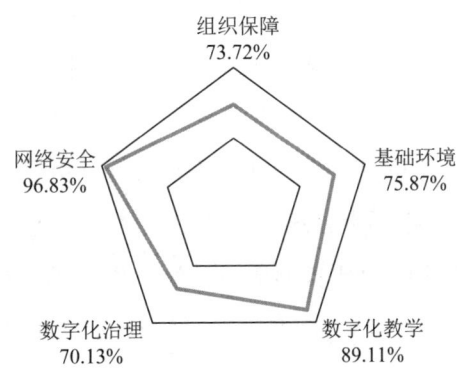

图 2-6-1　全国旅游高职院校数字化转型发展雷达图

1. 教育数字化转型已成普遍共识

目前，我国旅游高职院校已逐步将推进教育数字化转型列为重点任务，超过九成的院校成立了数字化转型（或网络安全与信息化）领导小组，统筹谋划学校数字化转型中长期规划，制定数字化转型年度工作方案及任务清单。我国旅游高职院校基本建立了符合学校数字化改革转型的项目管理体系，以"一体化、集约化、规范化"的系统性思维，统筹数字化专项资金使用管理。同时，将领导干部数字化素养作为干部培训的重要教学内容，持续提升干部队伍的数字思维和数字技能。

2. 数字化基础设施建设日趋完备

职业教育数字化转型需要突破学校教育的边界，推动教育类型、资源等要素多元结合，构建网络化、数字化、终身化的教育体系和数字教育资源公共服务体系。目前，我国旅游高职院校的校园互联网接入率接近100%，有线、无线网络全覆盖的院校占比接近七成。"互联网+"教学基础环境逐步得到了改善，多媒体教室占比超过九成，同时进一步推进了智慧教室建设，基本构建形成线上线下相结合的教学模式。数字化基础平台初步完成搭建，超过八成的院校建立了统一身份认证、信息门户和数据中枢，实现了校园业务系统一个账号、一个密码、单点登录、应用漫游以及数据的统筹管理、清洗和有效交互，为建设人人皆学、处处能学、时时可学的学习型学校奠定了更加坚实的基础环境。

3. 智慧育人环境得到不断优化

目前，我国旅游高职院校均建立了统一入口的网络教学平台，超九成教师和学生能利用网络教学平台开展教学和学习，正在向"网络学习空间人人通"的目标迈进。近九成的院校出台了数字化教学专项考评激励机制，并将其纳入年度考核、职称评审、岗位聘任、科研立项、授课酬金等政策文件，鼓励教师充分利用网络空间开展在线教学、自主学习、网络教研、作业考试、资源分享等教学活动。实习实训是提升职业教育人才培养质量的重要环节，相关院校逐步开始探索运用虚拟仿真、数字孪生等数字资源，创设职业技能训练、沉浸式仿真实习、专业能力考核训练等教学场景，进一步深化了高素质技能型人才的培养。

4. 数字化治理服务水平逐步提升

目前，我国旅游高职院校初步形成了数字化院校治理模式，逐步推进人事、教务、科研、资产等核心业务系统的建设，进一步加强了网上办事大厅和手机终端办事应用的内容建设，逐步实现了校园服务由线下向线上的延伸。紧跟教育大数据平台建设步伐，超过九成的旅游高职院校逐步开始实施校内数据治理工程，开展基于大数据驱动、人工智能辅助的教育分析与决策。在平安校园、绿色校园建设上积极探索前沿技术的应用创新，开展水电节能、安全管控、智能服务等新产品的研发应用，进一步提升校园服务水平。

5. 网络安全防控底座不断夯实

目前，大多数旅游高职院校配备有防火墙、上网行为管理、DDoS攻击防护、日志审计等网络安全设施设备，制定了网络安全制度，明确了网络安全责任，进一步加强了安全技术防范措施，并通过开展数据全生命周期安全管控，保护重要敏感数据，保障师生个人信息安全。网络安全风险防控机制得到完善，进一步提升了安全风险监测与预警、安全态势感知与研判、安全事件响应与处置能力，为院校数字化转型保驾护航。

三、特色亮点

我国旅游高职院校高度重视数字化转型工作，建设过程做到了组织领导到位、责任分解到位、工作落实到位和保障措施到位，教育数字化工作目标更明确、思路更清晰、抓手更扎实、机制更完善，逐步形成"总结经验形成模式、技术创新引领发展、数字赋能产教融合"的特色之路。

（一）推动信息技术与教育教学深度融合

加快推进教育数字化既是教育现代化的基本内涵和显著特征，又是实现教育现代化的战略支撑和动力引擎。近年来，旅游高职院校高度重视教育数字化建设工作，把数字化转型作为推进教育高质量发展的重要抓手，加强系统谋划，不断完善教育数字化顶层设计，有力地促进了信息技术与教育教学深度融合。江苏旅游职业学院、太原旅游职业学院、三峡旅游职业技术学院、上海农林职业技术学院、嘉兴职业技术学院、浙江旅游职业学院等多所高职院校积极推进数字化转型，编制数字化转型中长期规划，统筹布局数字化校园建设工作。

江苏旅游职业学院以"智慧旅院"建设为目标，按照"总体规划、制度先行、应用导向、分步实施"的思路，打造"智慧育人"新平台；以促进学生全面成长为目标，搭建"三全育人"多维度育人平台，实现师、生双向评价，实时反馈教师育人工作量、学生综合发展情况，整合相应资源，促进学生多元发展；以非遗传承为落脚点，构建资源共享新平台，牵头国家级专业教学资源库、省级教学资源库建设，组织团队通过数字3D技术进行造型设计和工艺的复原，实现传统文化及技艺可视化、颗粒化，引领专业教学改革；以数据推动服务创新为视角，再造与优化学校业务办事流程，将服务的满意度作为评价准则，不断满足师生日益增长的"一站式"服务需求，使办事效率得到大幅提高。

嘉兴职业技术学院坚持教育教学改革创新，着力培养能够适应和引领新一轮产业数字化变革的高素质创新人才和技术技能人才；面对新形势新要求，开拓了虚拟现实技术应用、数字媒体艺术设计等一系列高新数字化专业；对现有专业和教师进行数字化水平提升，以满足培养智造和创新型人才需要；持续推进资源数字化，扩大覆盖面，推进开放共享，累计上线1452门数字化课程，覆盖全校36个专业；加快数字化教学空间建设，着力构建"一课一书一空间"，深化课堂教学改革，提升信息化教学水平。

浙江旅游职业学院长期重视数字化建设工作，实现了基础设施优良、工作机制完善、建设模式清晰，建立由书记、校长"一把手"挂帅，专班、改革办、督查办协同推进的改革工作组织架构，设计"十四五"数字化改革"152N"顶层规划，制定并发布年度数字化改革工作方案和任务清单，形成"目标项目化、项目清单化、清单责任化"的"目标—责任—考核"闭环管理机制；通过长期的理论与实证研究，形成高职教育数字化"五化两新"普适性建设模式（"智慧化教学支撑、网络化办公办事、智能化校园管理、自助化公共服务、数据化科学决策"五个体系和"产教融合、技术引领"两个特色创新方向）和"五个一"数据治理体系（协同"一中枢"、平台"一体化"、改革"一件事"、服务"一张表"、决策"一张图"），应用全面覆盖、数据全量归集，数字化具备"应用随身、服务随行、反馈随时"的服务能力，取得了"师生满意、治理增效、育人提质"的建设成效。

职业教育数字化转型是一项动态的、复杂的系统工程，各旅游高职院校通过数字化校园建设实践，不断探索从技术应用转变为融合创新的可行路径，形成具有本校特色的数字化转型模式。

（二）开展新技术与新产品试点应用

5G作为新一轮科技革命和产业变革的代表性、引领性技术，加快其与千行百业的深度融合，更好地发挥其效能，是促进经济社会数字化、网络化、智能化转型的重要引擎。教育部等六部门发布《关于推进教育新型基础设施建设构建高质量教育支撑体系的指导意见》，提出要深入应用5G等新一代信息技术，推动教育数字转型、智能升级、融合创新；工业和信息化部联合九部门出台《5G应用"扬帆"行动计划（2021—2023年）》，明确将"5G+智慧教育"作为重点应用领域之一。烟台文化旅游职业学院、广东科学技术职业学院、上海南湖职业技术学院、武汉职业技术学院、丽水职业技术学院、浙江旅游职业学院等多所高职院校积极探索"5G+智慧教育"应用创新。

烟台文化旅游职业学院与中国联通烟台市分公司签署"5G+智慧校园"专网校企战略合作协议，重点围绕"云中文旅"、5G+智慧校园、大数据、物联网、人才培养与实践等方面开展合作，建设 5G+ 智慧教室、"旅游大数据"联合实验室等项目，开展适用校园应用场景的 5G 校园专网深度应用，推进 5G 与教育教学双向赋能和融合创新。

广东科学技术职业学院设立"校园 5G 创新移动应用研发"人才培养基地，通过更高速的 5G 网络，让师生不仅拥有更好的硬件学习环境，还可以轻松实现移动 VR/AR 应用、观看高清视频、体验人工智能应用等项目。同时，将 5G 高端人才纳入人才培养计划，将 5G 技术应用项目融入创新创业课程和综合实战课程，推进 5G 众创空间、孵化器等平台建设，打造 5G 人才培养基地，建设 5G 网络的数字化校园工程，探索开展 5G 教学的应用与管理。

浙江旅游职业学院与中国移动杭州分公司签署"5G+ 智慧校园"战略合作协议，在"5G+Wi-Fi 网络"、"互联网＋教学环境"、大数据治理、物联网和人工智能应用等方面开展全方位合作共建，打造校园 5G 双域专网，不断拓展校园信息化服务边界；与浙江联通联合成立"5G+XR 文旅应用实验室"，运用 5G 与 XR 技术，重点聚焦博物馆视觉呈现技术、浙江生态旅游资源数字展陈、大学生职业教育仿真教学、博物馆研学数字化实践等方面进行应用研究与推广，创建文旅融合与博物馆创新发展的示范窗口，为打造数字博物馆提供决策参考和智力支持。

各旅游高职院校不断探索 5G 网络、云计算、大数据等新技术应用，采用"先行先试、示范引领、以点带面、层层推进"的方式，开展智慧教学、智慧服务、智慧治理等新产品的研发应用，为教育高质量发展提供新时代发展路径。

（三）推进产教融合数字化升级

党的二十大报告首次将教育、科技、人才三者统一部署，提出要统筹职业教育、高等教育、继续教育协同创新，推进职普融通、产教融合、科教融汇，为职业教育指明了新方向、提出了新要求、赋予了新使命。产教融合是职业教育的基本办学模式，是办好职业教育的关键所在。三亚航空旅游职业学院、南京旅游职业学院、嘉兴职业技术学院、江西旅游商贸职业学院、山东旅游职业学院、浙江旅游职业学院等多所旅游高职院校积极践行职业教育产教融合的数字化升级，构建高职院校包括专业、课程、实训、环境等供给要素与经济社会发展人才需求相匹配的数字化运用体系，促进教育链、人才链与产业链、创新链有机衔接。

南京旅游职业学院大力发展适应新技术和产业变革需要的职业教育，打造校企合作实训基地——"数字化烹饪教学示范基地"，通过架构"端＋云"体系，实现实训教学资源的数字化采集，突破空间局限，将烹饪教学过程的理论教学、操作演示、学生操作与点评、资源共享、远程互动、数字化评价有机融合，助力培养更加符合企业、行业、社会需要的餐饮人才，推动专业建设高质量发展。

山东旅游职业学院以旅游行业的数字化发展为导向，同频共振进行专业数字化转型升级，实施产教深度融合的育人模式；探索建立"研究+咨询+人才培养+社会服务"四位一体的联动机制，将实验室打造成为集文旅大数据及信息传播技术研究、文化和旅游创新人才培育、高水平学术交流、高质量社会服务于一体的产学研一体化数字平台，为解决文化和旅游发展的突出问题提供战略性、基础性、前瞻性的知识储备和科技支撑。

浙江旅游职业学院坚持以教促产、以产助教、产教融合、产学合作，紧密对接产业升级和专业数字化改造，出台专业数字化升级改造方案，重点推动新专业目录下的导游、酒店管理与数字化运营、智慧景区开发与管理、餐饮智能管理等专业群核心专业的数字化改造；着力打造智慧产教融合平台，通过校政企合作方式，建有浙江省智慧旅游体验中心、旅游大数据中心等省级数字化教产研平台，阿里巴巴"互联网+旅游"人才孵化基地、正保集团财务共享中心等数字化生产性实训基地，以及以国家级现代旅游虚拟仿真基地为代表的数字化实验实训基地，为师生提供集教学、科研、实训等一体化产教融合育人环境。

各旅游高职院校深刻认识到数字化转型是推动构建现代产业体系、增强职业教育适应性的迫切需要，积极推进产教融合数字化升级，在实训实习基地、专业课程设置、人才培养等方面形成多方参与、协同创新的产教融合数字化新模式，逐步提升职业教育与数字产业变革适应性。

四、存在不足

（一）组织领导需要进一步重视

职业教育数字化转型是一项系统性复杂工程，需要形成全校"一盘棋"推进的共识。编制组通过调研发现，"重视不够，工作难以开展"的学校占比达50.79%，"认知不足"的学校占比达23.81%。形成这些问题的根本原因在于旅游高职院校数字化转型的组织领导方面需要进一步加强。一是领导重视存在问题。实际工作中近四成的学校没有实现书记、校长"一把手"负责制，超过半数的学校没有中长期和明确的年度工作任务规划。由于缺乏明确的目标和发展愿景，盲目建设、多头建设、重复建设、低水平建设等问题仍然存在，应用孤岛、数据孤岛和资源孤岛也在不断治理的同时不断产生，建设成效和资金绩效亟待提高。二是干部数字化素养存在不足。主要问题是干部数字化素养提升重视不够、数字化专职队伍配置不足和闭环推进机制缺乏等。这些因素是旅游高职院校总体转型尚停留在单一应用场景的主要原因之一，是导致深层次管理制度、服务流程、教学模式和方式等转型存在困难的重要影响因素。

（二）基础建设需要进一步加强

教育新基建是支撑教育高质量发展的重要举措，也是教育数字化转型的基本保障。旅游高职院校还需要从两方面加强基础建设。一是多媒体教室，特别是智慧教室的建设明显薄弱。近两成的学校多媒体建设覆盖率未超过教室总数的50%，超过一半学校智慧教室覆盖率不足10%。教学空间是课堂教学转型的主阵地，需要引起高度重视并切实加大投入力度。二是支撑数字化治理服务的三大基础平台建设尚有短板，与学校业务系统基本实现覆盖的客观现状不相适应。其中，未建立全局唯一用户认证体系实现单点登录、应用漫游的学校占比为10%，未建立数据中心的学校占比为10%。

（三）数据治理改革需进一步提升

数据治理是数字化转型的基础，也是难点。然而，大部分旅游高职院校数据治理目前都处于投入大、绩效不明显的初级阶段。一是对于"数据治理做什么、如何实施数据治理、达成什么目标"等问题尚需要进一步厘清。二是实际工作中普遍存在系统建设统筹不力、数据底数不清楚、数据责任不明确、数据信息不在线、技术能力不具备、数据更新不及时、信息安全意识低等问题。这些问题导致学校长期存在数据不统一、不准确、不完整、不在线等情况。三是数据驾驶舱、数据赋能师生服务及整体谋划建设"校园大脑"更是处于起步阶段。"校园大脑"在服务人才培养、科学研究、校务治理和社会服务等方面的应用实践较少，尚不具备基于规则实现"监测分析、预警预测、战略目标管理"的能力，难以满足支撑教育科学决策、精准管理和智能服务的需求。

（四）网络空间安全建设需进一步提高

网络安全和信息化相辅相成。在基础网络安全方面，大部分高职院校都制定了网络安全制度，明确了安全责任等举措，但仍有11.11%的学校没有落实国家《网络安全法》强制规定的网络安全等级保护测评工作，存在法律义务风险。另外，网络安全管理人员危机意识较弱，主动性不强，网络安全应急演练没有形成常态化机制，缺少开展覆盖网络安全事件应急响应、网络攻击溯源拦截、网络安全事件流程处理等多项应急能力训练等。在应用安全方面，数字技术风险的识别和评估不足，新应用上线前安全渗透测试与漏洞扫描检查不全面，且缺乏配置相应产品或未购买相关服务，以定期开展渗透测试与漏洞扫描。在数据安全方面，采集、存储、访问、使用、销毁等全生命周期的数据保护措施有待健全，权限管控、日志审计和数据脱敏等基础安全防护能力也需要进一步提升。

五、对策与建议

（一）提高站位，深刻领会教育数字化转型战略意义

推进旅游职业教育数字化转型，以引领教育领域深层次、系统性、全方位的变革与创新，是旅游高职院校优化内部治理优化、提升校园服务品质的内在需求，更是顺应数字化时代发展的必然趋势。在经济社会数字化转型的背景下，一方面，产业发展需要大量懂业务且具有数字化素养和能力的中高端技术技能人才；另一方面，新冠疫情以来，高职院校毕业生面临巨大的就业压力，产业结构调整导致懂业务又懂技术的融合型人才供需矛盾非常突出，且随着旅游行业数字化的推进，人才供需矛盾呈持续放大趋势。因此，与经济社会发展"最直接、最密切"和"以促进就业为导向"的职业教育无疑面临着前所未有的生存与发展变局，迫切需要适应性转型变革。要增强旅游职业教育数字产业变革的适应性，就必须把数字化转型作为职业教育系统性变革的内生变量和内生动力，以数字化转型的新成效重塑职业教育的新生态，达成"支撑高质量发展"和"促进高质量就业"使命。

（二）系统谋划，统筹推进教育数字化转型有序发展

旅游职业教育数字化转型要以系统性思维科学谋划体系化、集约化、特色化的顶层设计，包括目标体系、标准体系、技术体系、工作体系等内容。顶层设计既要有"需求驱动、机制创新"的工作方针，也要有"场景用得着、数据看得见、治理智能化"的递进路径遵循，更要形成"一把手"引领变革、"一盘棋"推动转型的闭环工作机制。转型推进主要应处理好三方面关系。一是"软"和"硬"的比重关系。很多旅游高职院校存在重"硬"轻"软"的现象，基础硬件的作用是

"软"应用的服务支撑，因此，硬件建设按需适时分期投入才符合科学原则。起步阶段在数字化应用尚不丰富的情况下，要避免消耗大量的资金建设校园无线网络、服务器、存储等基础设施。二是"建"与"用"的统筹关系。没有实际发展的投入增长将使技术陷入悬浮于组织的困境，数字化转型项目建设要有"给谁用""解决什么问题""产生什么绩效"的立项之问，要找准突破点，区分轻重缓急，遵循"师生减负、治理增效"理念，从高频服务到解决关键问题，基于总体规划分步实现场景应用覆盖，着力当前谋划未来。三是"内"与"外"的协同关系。旅游高职院校的办学特点在于产教融合、校企合作，数字化转型要在项目规划设计、资源共用、优势互补、利益共享等方面做足文章，创新学校、政府、企业、社会等多元主体参与的建设机制，提高转型效率和绩效。

（三）以人为本，全面提升教育数字化服务能力

以数字化转型推动一体化网上办事大厅建设是旅游高职院校回应师生关切、加快治理体系改革、提升治理效能的内在需求和紧迫任务。旅游高职院校在线办公办事的转型，一是要确立校务改革的职能部门主体定位和主体作用，加强干部简政放权、制度重塑、流程再造的数字化思维转变。二是基于一体化、集约化、规范化的理念，以需求和问题导向设计校务办公、教务教学、学工管理、后勤服务等业务领域场景应用，以场景建设推动校务改革破题，打通跨部门和跨系统的业务壁垒，将过去线下多头管理转变为线上"一网通管、一网通办"。三是在"网上办"的基础上同步规划实施"掌上办"，实现办公办事"应用随身、服务随行、时刻在线"的服务能力，以此提高校务服务的便捷度和效率。

另外，校务服务从交互形式上可以分为两类，一类是非"物"交互事项，即服务过程没有实体"物"的交互，如请假申请、公文流转等，可以通过线上业务流程完成；另一类是"物"交互事项，即存在线下"物"的交互，如收入证明、成绩证明、学生证注册等需要学校盖章，校园卡挂失补办需要领卡等。传统模式下"物"交互事项办理存在师生多趟跑腿、服务效率及管理效能低下等问题，校务服务数字化转型应在"网上办、掌上办"的基础上打通服务"最后一公里"，建立公共服务"终端办"体系，集成校内办公、教务、学工、人事、后勤等部门基于线下交互的服务事项，通过自助化公共服务终端，实现证明材料办理、证件注册、自助打印等"终端办"应用，为师生提供"24小时不打烊"的自助服务窗口。

（四）数据赋能，创新驱动校园智能治理变革

旅游高职院校内部治理是国家治理体系和治理能力现代化的组成部分。提升决策绩效和科学性的最有效策略是决策过程中通过数据分析来获取有效信息，进而替代传统决策者所依赖的自我认知的知识和经验。治理决策的数字化转型是一项涉及面广、复杂程度高的改革。首先应建立数据在线、数据交互和数据服务的层级技术架构，其次按照统筹设计、分步实施的原则分三步实现治理赋能。第一步是纵深推进教学科研、办公办事、校务服务、校园管理的业务场景建设，实现治理要素和治理过程的数据在线；第二步是强化综合校情数据可视化，分类构建"一项工作一看板"，实现"一张图"数据赋能；第三步是基于制度规则、动态阈值、成功经验、战略目标等构建算法模型"智慧集"、智能模块"执行集"，形成以数据计算分析、知识集成运用、逻辑推理判断为核心的校园"大脑"，形成预测预警、融合供给、资源优化等支撑能力，提升高职院校整体治理、科学研判及战略目标管理能级水平。另外，数据赋能也应思考如何服务师生成长，如通过建立师生成长数字档案"一张表"，运用可视化自定义工具实现自动填表，实现"一次录入、共享互通、重复使用、自动填充"，破解日常师生"表格繁多、重复填报"的突出问题。

（五）深度融合，产教共建数字化教学资源

2019年，国务院印发的《国家职业教育改革实施方案》在人才培养方案、专业目录、教学方式、教学方法、教学设施等方面做出数字化转型的部署。2021年教育部印发新版《职业教育专业目录》，其核心设计导向的改变就是"数字化改造＋专业升级"。2022年中共中央办公厅、国务院办公厅印发的《关于深化现代职业教育体系建设改革的意见》要求"建设职业教育专业教学资源库、精品在线开放课程、虚拟仿真实训基地等重点项目，扩大优质资源共享，推动教育教学与评价方式变革"。职业教育政策层面对数字化转型的前瞻性布局，对学校教学教材教法、教师能力、课程资源、实践实训等智慧化教学支撑提出了全新要求。因此，教学数字化转型要紧盯专业学科产业转型、技能型人才培养新需求、成果转化新课题、职业技能终身教育新使命等关键要素积极应变和主动求变。一方面，应持续加强一体化在线教学平台、课程资源、新形态教材、教学方法、评价改革等线上线下教学过程适应性动态匹配转型；另一方面，根据专业技能培养需要来接轨产业，通过产教融合、校企共建、校企共商形式，加强"一系一品"的产业软件

教学、虚实一体自主实训、虚拟仿真工厂实训等技能实训环境建设。通过线上线下混合式教学改革、情景沉浸式实训两个维度的数字化转型，各院校全面支撑高素质技能型人才培养，提升教学质量，缩短学生实习就业适应期，提高人才的岗位胜任度。

六、典型案例

● 案例1

"三教"改革视角下的专业数字化转型研究
——山东旅游职业学院旅游英语专业的数字化转型探索与实践
（山东旅游职业学院　李盈慧）

（一）实施背景

数字化改革是构建中国特色高水平职业教育的最好契机。把握教育数字化发展的机遇，以实现职业教育从标准化培养向个性化培养的系统性改革，适应快速发展的社会需求和人才多样化发展的成长需求。在智慧旅游发展趋势下，旅游相关专业应围绕数字化发展和旅游新业态发展的需求，调整专业人才培养方案，开展数字化转型，提升旅游人才的综合能力，为满足旅游业的可持续发展提供有效保障。

（二）主要做法

1. 提升专业教师的数字化及"双师"素养

许多英语教师数字化素养欠缺，对信息技术了解不深入，教学设备、软件操作不熟练，因而难免产生抵触心理，因此应采取相应的对策提升英语教师们的数字化素养，帮助其转变观念，积极应对专业数字化转型的挑战。山东旅游职业学院旅游外语系为老师们开办了一系列有关旅游高质量发展和数字化转型的讲座。同时组建了课程教学团队，开展了提质增效的教学改革实践和数字化转型专项课题研究，教研室有7位专业教师获得学院文旅数据研究应用和数字化教改的课题立项。通过各类培训学习行业新技术，老师们获得了多种职业技能等级证书，如英语导游证、实用英语交际职业技能证书、定制旅行管家服务证书、旅游计调师证书等，专业教师的"双师"比例超过85%。

2. 开发基于校企合作的数字化教材

旅游英语专业老师们积极与旅游企业合作，参与撰写并完成了《入境旅游产品组织与营销》《旅游信息编辑》《智慧酒店实用英语》《海外旅游专家计划》等多本校企合作开发的教材，并在教材中融入数字化营销、智慧旅游、跨境旅游、旅游发展新业态等相关知识和数字化资源，提升了教师和学生的旅游数字化素养。

3. 加快建设数字化资源网络课程

旅游英语所有专业课程同步开设在线课程，实现网络课程建设覆盖率100%，通过学习通、钉钉等平台实现了专业课程资源共享。山东旅游职业学院旅游英语专业共有山东省精品资源共享课4门："饭店实用英语""导游英语""跨文化交际"及"机场服务英语"，2门院级精品资源共享课，并着手规划建设2门在线开放课程"中华优秀传统文化"和"领队英语"。下一步目标为整合优秀在线课程和数字化资源，建设省级专业教学资源库。

4. 对接旅游行业发展，引入国际理念

为了与行业需求发展相适应，旅游英语专业引入了"1+X"证书，包括实用英语交际vets证书和定制旅行管家服务证书，助力学生语言能力与职业能力的提升，培养考生面向实践、运用所学技能和知识在职业场景下完成工作任务的综合能力，为其走上职场夯实职业基础。同时，该专业也积极对接国际旅游发展动态和旅游教育国际标准，2021年获得联合国世界旅游组织UNWTO教育质量国际认证，开阔了教师和学生的国际旅游视野。

● **案例2**

数据治理有理性 育人服务有温度
——浙江旅游职业学院数字化治理改革实践案例
（浙江旅游职业学院　张永波　沈功斌）

（一）实施背景

中国现代职业教育正在推进质量内涵式发展，为数字技术提供了丰富的应用场景。浙江旅游职业学院作为"双高计划"建设单位，顺应"互联网+"大融合、大变革趋势，在数字化全面发展的背景下，推进理念重塑、过程重构、场景重建、要素重组，以大数据技术驱动职业教育治理方式、效率和效果提升，通过整体牵动力、需求驱动力、平台联动力、机制推动力"四力协同"，聚焦数据治理，强化数字服务，突出场景应用，创建点、条、块"三维融通"，教、学、管"三线贯通"的数字化改革新范式，打造数据精准化、服务精细化、管理精密化的现代化治理新格局。

（二）主要做法

1. 整体牵动：构建"五个一"改革体系

学校编制《"十四五"学校数字化改革总体方案》，以育人为本、引领创新、系统推进为建设原则，构建全方位、全过程、全天候的一站式服务平台和数据治理体系的总体目标，全面构建了"五个一"整体改革体系，即以数据治理为核心的协同"一中枢"、平台"一体化"、改革"一件事"、服务"一张表"、决策"一张图"。"五个一"工作体系的设计是基于数据中枢可视化采集、交互的技术能力，有效解决"数据孤岛"的痛点，全面实现数字化应用"业务通、数据通、单点登录、一网通办"与校务管理和服务"网上办、掌上办、终端办"，校园数字化具备了"应用随身、服务随行、反馈随时"的治理能效。例如，通过数据中枢的数据采集交互，自动汇集教职工基础信息、教学、科研、教育培训等多项数据，形成教师个人成长信息档案"一张表"。

2. 需求驱动：落实"五个到位"目标体系

学校坚持以需求为导向，聚焦办学治校中的堵点、痛点、难点，做到"五个到位"，力求破解数字化改革"好看不管用"的弊病。一是清单编制到位。按照数字化逻辑，聚焦教学、科研、管理、生活等校园业务场景，梳理和重构职能部门的业务场景，确立了应用系统、业务数据表、话题数据和元数据资产，编制了"网上办"清单、"终端办"清单、填表服务清单、决策看板清单。二是数据价值挖掘到位。完成了办学条件、师生状况、教务科研、智慧思政、招生就业、财务资产、平安校园、图书资料、服务效能、宿舍管理、校园能耗等专题数据看板和二级学院专属数据看板定制。三是场景应用到位。学校上线"浙旅院钉"移动门户，开设资产采购、访客审批等"掌上办"便民业务场景50余个，在师生活动区域推出"一网通办"自助服务终端，集成校内办公、教务、学工、人事、后勤等部门基于线下交互的服务事项，为师生提供"24小时不打烊"的自助服务窗口，打通校务服务"最后一公里"。四是专业教学数字化应用到位，学校出台专业数字化升级改造方案，重点推动新专业目录下的导游、酒店管理与数字化运营、智慧景区开发与管理、餐饮智能管理等专业群核心专业的数字化改造，高标准建设智慧旅游技术、定制旅行管理与服务、民宿管理与运营应用等新专业。五是智慧教学场景改造到位。学校聚焦智慧教室和虚拟仿真实训基地建设，创设了虚实结合的教育教学环境，学校首个"智慧教学示范楼"正式投入使用，75%以上的教室和实训室完成了智慧化改造。学校联合企业共同投资1900多万元建设国家虚拟仿真示范基地——现代旅游虚拟仿真实训基地，系统打造虚拟景区、虚拟酒店、虚拟厨房等7个"云旅游"模块，引入VR、AR等设施设备，为师生提供虚拟实践教学环境，通过沉浸式体验全面提升教学实训质量。

3. 平台联动：打造"五个平台"服务体系

学校着力打造"五个平台"，赋能学校服务能力升级。一是打造科研数字化平台，通过建立中国旅游研究院标准化研究基地、浙江省文化和旅游发展研究院、浙江省智慧旅游体验中心（智慧旅游研究所）、浙江省文化和旅游统计数据中心等十大教学科研平台，融合实现智慧旅游体验展示功能、教学科研功能、社会服务功能，促进信息技术与教育教学的深度融合。二是打造智慧产教融合平台，开展旅游人才集群式培养，校企合作共建"阿里巴巴新旅游人才孵化基地""雷迪森产业学院"等10余个产教融合平台，建设"名师名导工作坊""智慧旅游体验中心"等融合产业工作场景的智慧化场所。三是打造智慧思政平台，构建集学业预警、心理预警、经济预警、行为预警等四种类型预警信息的数据共享"安全舱"、安全教育"防火墙"、分析判断"预警台"、AI辅助"智慧脑"、反馈分析"稳定器"五大功能模块，形成学生个人和校园整体的"安全画像"。四是打造校园安全管理平台，集预警研判、接警处置、留档追溯等功能于一体，将全校火灾监测、能耗监测、车辆管理、寝室考勤融入安全管理平台，实现对校园各类突发事件的实时智能监控。五是打造校园能源管控平台，创新物联网技术应用，为生态节能、用能安全、用能发展、用能经费安排提供决策支持，建立校园能源"大脑"。

4. 机制推动：健全"五个机制"保障体系

学校构建"五个保障"工作机制，确保数字化改革落地见效。一是组织领导机制，学校成立由书记、校长任组长的数字化改革工作小组，校长兼任数字化改革办公室主任，下设7个数字化工作实施推进工作小组，形成专班统领、分头实施、整体推进的合力机制。二是运营管理机制，出台《数据管理办法》，建立"一数一源，一源复用"应用模式，形成每月例会、每周碰头、责任到人的沟通机制。三是两级联动机制，按照"专班化运作＋项目化实施"的方式组建两级工作专班，分级建立项目任务书、时间表、作战图，组建二级部门数据管理员队伍，明确数据采集、维护、使用等全生命周期的管理职责。四是目标责任机制，建立"目标项目化、项目清单化、清单责任化"的闭环式工作责任体系，将数字化改革纳入目标责任制考核。五是数字素养提升机制，面向干部、教师、行政人员、学生等不同对象，通过专家讲座、应用技能和信息素养培训等形式，科学构建分层分类培训体系，将提升信息素养纳入职能部门培训计划，逐步提升干部、师生的信息化意识、素养和能力。

（三）成效

"五个一"改革场景以数据治理为核心，改革取得显著成效。《浙江省教育参阅》以"聚力数字化改革赋能高职教育治理现代化"为题，专刊介绍学校数字化改革的经验与做法。《光明日报》《中国旅游报》《浙江教育报》《钱江晚报》及学习强国等多家新闻媒体进行专题报道。学校先后入选浙江省教育领域数字化改革第一批创新试点、浙江省教育领域数字化改革优秀案例、浙江省教育信息化研究"教育领域数字化改革"认定性课题、浙江省职业教育信息化建设与应用案例、浙江省文化和旅游数字化改革最佳应用及浙江省高校智慧思政特色应用试点项目，为浙江省教育领域数字化改革输出了"旅院模式""旅院样板"和"旅院经验"。

中国旅游职业教育助力乡村振兴发展报告（2021—2022年）①

党的二十大报告指出，要全面推进乡村振兴，坚持农业农村优先发展，加快建设农业强国。推进乡村全面振兴已成为全面建设社会主义现代化国家的重大任务，事关全面建设社会主义现代化的伟大征程。职业教育作为与经济社会发展联系最为紧密的教育类型，在助力乡村振兴的道路上发挥着不可替代的作用。文化和旅游产业是高质量推动乡村振兴的牵引性载体，乡村旅游则是实施乡村振兴战略的重要抓手，旅游职业教育已经成为支撑乡村旅游人才培养、推动乡村文旅产业发展、促进乡村特色文化传承、开展乡村文旅融合研究等的核心力量。为全面了解全国旅游职业教育在助力乡村振兴中的现实状况与存在问题，编制组进行了深入细致的调研，并在此基础上提出了一些对策建议。

一、调查数据分析

本次调查分别从旅游职业教育助力乡村人才培养及乡村旅游发展等维度设计问卷并发放，数据时间为2022年。最后收集旅游高职院校156个有效样本数据，按地域分布，华东、华中、华北、东北、华南、西南、西北分别包含55个、27个、15个、10个、29个、9个、11个旅游高职院校数据。在问卷调查基础上，本报告采用了部分通过"八爪鱼"收集的数据。

（一）助力乡村旅游人才培养现状

1. 旅游职业院校人才培养情况

旅游职业院校乡村人才培养主要有两方面途径。

---

① 负责人：叶乐安，浙江旅游职业学院文化和旅游发展研究院副院长，博士，副研究员。成员：李冬，浙江旅游职业学院，教授；刘晓虎，浙江旅游职业学院，讲师；杨月其，浙江旅游职业学院，讲师。

（1）旅游中职学校。一般而言，旅游中职学校的主要功能是为本地旅游业发展培养人才，但从调研情况看，情况并不理想。旅游中职毕业生很大一部分通过"3+2"，中高职一体化或三校生升学考试到了高职院校深造。问卷调查显示，旅游高职院校中，中职生源占到40%以上的有41.24%（表1-1-1）。

表1-1-1 旅游高职院校中职生源不同比例分布情况

中职生源比例	所占比例
30%以下	38.42%
30%~40%	20.34%
41%~50%	20.34%
50%以上	20.9%

未升造毕业生本地留用率也不高。尤其在新冠疫情期间，旅游业受到很大冲击，很多县（市、区）旅游中职毕业生本地留用率甚至低于20%。

（2）旅游高职院校。目前，旅游高职院校主要通过两方面措施为乡村旅游培养人才：一是开设乡村旅游相关专业。根据2021年《高等职业教育专科专业目录》，旅游大类新增"民宿管理与运营"专业。到2022年，全国民宿数量达9.7万家，相当数量位于乡村或乡镇。浙江旅游职业学院2022年率先以单独考试招生形式招收民宿管理与运营专业学生45人，以适应行业发展需求。二是鼓励学生回乡就业创业。一般高职院校往往会出台政策，对于回到欠发达县（市、区）工作的学生给予1500~3000元的补助。调查结果显示，出台返乡就业补贴政策的旅游高职院校有55.13%。从区域分布来看，华南、华中、华东、西南和西北5个地区的超半数院校出台了毕业生返乡就业补贴政策。这对于引导毕业生返乡就业（创业）起着一定的积极作用，而华北、东北这项政策的出台率不高，分别只占1/4和1/5（表1-1-2）。

表1-1-2 出台毕业生返乡就业补贴政策的旅游高职院校区域分布情况

政策情况	出台毕业生返乡就业补贴政策的旅游高职院校数量（所）							合计	总量占比（%）
	华东	华中	华北	东北	华南	西南	西北		
有	33	16	3	2	18	6	8	86	55.13
没有	17	7	6	6	8	1	4	49	31.41
其他	5	4	3	2	3	2	2	21	13.46
合计	55	27	12	10	29	9	14	156	100.00
有返乡补贴占比（%）	60.00	59.26	25.00	20.00	62.07	66.67	57.14	55.13	—

但是，一般高职院校都设在省会城市或地级市，学生愿意回到所在县域的比例不高，回到乡村工作的积极性更低。问卷调查显示，63.28%的旅游高职院校毕业生赴县域工作比例为20%及以下（表1-1-3）。

表1-1-3 旅游高职院校毕业生初次就业县域工作的比例分布情况

县域工作比例	所占比例
10%以下	25.99%
10%~20%	37.29%
21%~30%	23.73%
30%以上	12.99%

总体而言，不论是高职还是中职，旅游职业院校毕业生去县域工作的比例都不太高。可以说，旅游人才培养与乡村旅游业发展的需要存在一定差距，这是困扰乡村旅游发展的一个重要因素。

2. 师资培训情况

乡村旅游中职教师在为乡村培养优秀的旅游专业人才过程中发挥着重要作用，而他们的教育与培训则直接关系专业水平的提高，继而对学生培养质量产生直接影响。因此，国内众多旅游高职院校都积极发挥自身优势，承担了乡村旅游中职学校教师业务培训的社会服务工作。调查结果显示，2022年，尚无对口培训乡村旅游中职学校教师的旅游高职院校占调查总数的35.26%，培训1~50人的占35.90%，培训51~100人的占13.46%，培训101~150人的占1.92%，培训151人及以上的占13.46%。可见，2022年有64.74%的旅游高职院校开展了相应培训服务，但培养人数普遍不多（图1-1-1）。

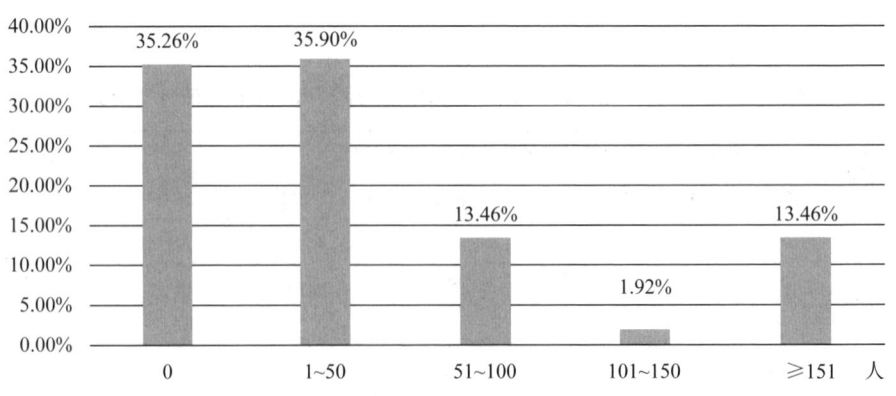

图1-1-1 高职院校对口培训乡村旅游教师占比分布

从区域分布情况看，西南、华东、华中地区旅游高职院校对口培训乡村旅游中职学校教师参与度较高，而东北、华北地区旅游高职院校对口培训乡村旅游中职学校教师参与力度相对较弱，占比均未突破50%，其中东北地区仅30%。总体而言，从全国来看，有64.74%的旅游高职院校提供对口培训乡村旅游中职学校教师的服务（表1-1-4）。

表1-1-4 旅游高职院校对口培训乡村旅游中职学校教师区域分布情况

对口培训人数（人）	对口培训乡村旅游中职学校教师的旅游高职院校数量（所）								总量占比（%）
	华东	华中	华北	东北	华南	西南	西北	合计	
0	15	8	8	7	12	1	4	55	35.26
1~50	15	9	6	1	12	7	6	56	35.90
51~100	11	4	0	1	4	1	0	21	13.46
101~150	1	1	0	0	0	0	1	3	1.92
≥151	13	5	1	1	1	0	0	21	13.46
合计	55	27	15	10	29	9	11	156	100.00
培训占比（%）	72.73	70.37	46.67	30.00	58.62	88.89	63.64	64.74	—

3. 乡村非学历培训情况

乡村非学历培训是旅游职业院校为建设美丽乡村、实现乡村振兴，在农村开展文化教育、职业技术培训等活动的主要抓手。调查显示，2022年，旅游高职院校面向乡村非学历培训的人数在200人次及以下的占69.87%；201~1000人次的占13.46%；1001~2000人次的占10.90%；2000人次以上的占5.77%。总体来看，旅游高职院校乡村非学历培训规模整体较小（图1-1-2）。

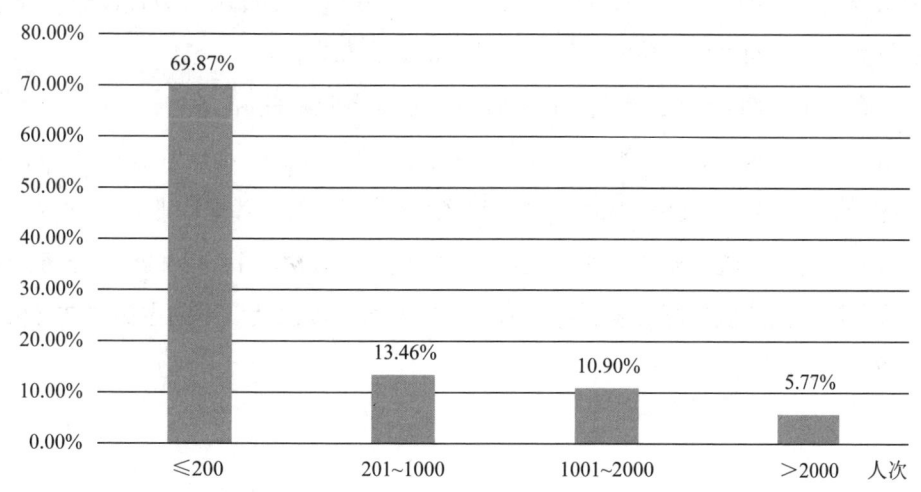

图1-1-2 面向乡村非学历培训数量分布

从区域分布情况看，2022年华东地区旅游高职院校非学历培训人数在200人次以上的占比达到45.45%，在培训人数超2000人次的9所旅游高职院校中，华东地区占到了7所，如浙江旅游职业学院连续15年开展"送教下乡"服务，年培训人次超过5000。全国平均来看，培训超过200人次的旅游高职院校占总数的30.13%，其中，华东、西南占比相对高一些，均超过30%，而华北、华南、西北相对较弱，占比均不足20%（表1-1-5）。

表 1-1-5　面向乡村非学历培训的旅游高职院校区域分布情况

培训人数（人次）	面向乡村非学历培训的旅游高职院校数量（所）								总量占比（%）
	华东	华中	华北	东北	华南	西南	西北	合计	
≤200	30	18	15	8	24	5	9	109	69.87
201–1000	8	5	0	1	4	2	1	21	13.46
1001–2000	10	2	0	1	1	2	1	17	10.90
≥2001	7	2	0	0	0	0	0	9	5.77
合计	55	27	15	10	29	9	11	156	—
≥200人次占比（%）	45.45	33.33	0	20.00	17.24	44.44	18.18	30.13	—

（二）助力乡村旅游智力帮扶现状

1. 智力帮扶数量

（1）常态化帮扶频次。产业振兴是乡村五大振兴之首。常态化帮扶指的是，旅游职业院校立足各自专业，充分发挥能动性，依托旅游专业大类骨干教师，建立帮扶乡村振兴的合作机制，在帮助开发旅游产品、旅游线路等方面展开的常态化服务活动，从而为乡村旅游发展提供持久的动力和支持。

调查结果表明，2022年，无此类服务的旅游高职院校占26.92%；1~5次乡村旅游服务的占50.64%，占比最高；6~10次的占12.82%；11~20次的占2.56%；大于20次的占7.05%，其中，浙江旅游职业学院、青岛酒店管理职业技术学院、宁波城市职业技术学院等旅游高职院校2022年开展了50次以上的乡村旅游服务。总体而言，旅游高职院校服务乡村振兴常态化次数每年5次及以下的占比达77.56%，超过20次的极少（图1-2-1）。

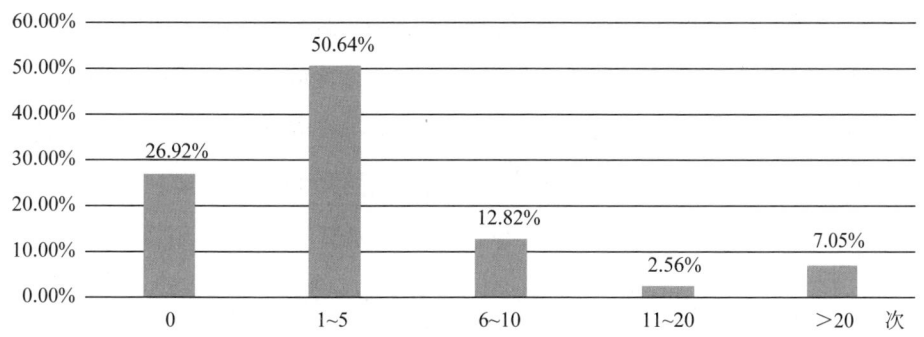

图 1-2-1　旅游高职院校开展常态化乡村旅游服务活动次数分布

从区域分布情况看，2022年，华东地区开展常态化乡村旅游服务的旅游高职院校最多，占该地区总数的83.64%，西北地区占比最低，为27.27%，全国平均占比为73.08%。其中，服务次数在20次以上的旅游高职院校共11所，占总数的7.05%。而服务次数在50次以上学校有5所，分别是浙江旅游职业学院、青岛酒店管理职业技术、南昌职业大学、上海旅游高等专科学校、金华职业技术学院。开展常态化乡村旅游服务比重最高的是西南地区旅游高职院校，占比达该地区院校总数的88.89%，但各校总服务次数不多。比重最低的是西北地区的旅游高职院校（表1-2-1）。

表 1-2-1　开展常态化乡村旅游服务活动的旅游高职院校区域分布情况

活动频次（次）	开展常态化乡村旅游服务活动的旅游高职院校数量（所）								总量占比（%）
	华东	华中	华北	东北	华南	西南	西北	合计	
0	9	7	4	3	10	1	8	42	26.92
1~5	24	12	11	6	15	8	3	79	50.64
6~10	11	5	0	1	3	0	0	20	12.82
11~20	1	2	0	0	1	0	0	4	2.56
>20	10	1	0	0	0	0	0	11	7.05
合计	55	27	15	10	29	9	11	156	100.00
旅游服务活动占比（%）	83.64	74.07	73.33	70.00	65.52	88.89	27.27	73.08	—

（2）村镇旅游发展直接指导频次。"村镇旅游发展直接指导"指的是旅游职业院校以村（社区）或乡镇（街道）为对象，建立双方常态化合作机制，在古村古镇开发利用、村容村貌美化提升、文旅资源保护利用、乡村景区管理运营、乡村人才培训培养等方面进行专业辅导与咨询，这种指导是服务乡村振兴的重要内容。调查结果显示，尚无直接指导村（社区）或乡镇（街道）的旅游高职院校占比为

28.21%；指导 1~5 个村（社区）或乡镇（街道）的占比最高，为 53.85%；指导 6~10 个和 11~20 个村（社区）或乡镇（街道）两个区间的占比最低，均为 5.77%；指导超过 20 个村（社区）或乡镇（街道）的旅游高职院校占比仅 6.41%，其中浙江旅游职业学院、金华职业技术学院、青岛酒店管理职业技术学院等 5 所高校指导的村（社区）或乡镇（街道）超过 50 个（图 1-2-2）。

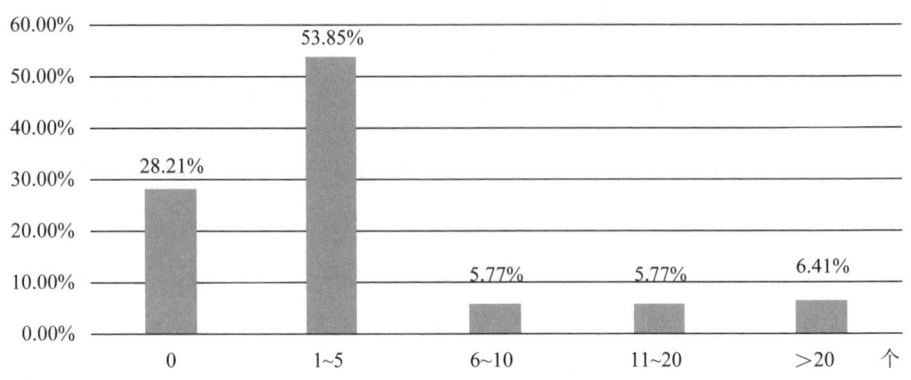

图 1-2-2 服务指导村（社区）或乡镇（街道）旅游高职院校数量占比

从全国看，有 71.79% 的旅游高职院校参与指导村镇旅游发展。从区域分布看，华东地区参与指导村（社区）或乡镇（街道）的旅游高职院校最多，占该地区院校总数达 81.82%，华北、西南、东北的占比均超过 70%，华南和华中地区次之（表 1-2-2）。

表 1-2-2 参与服务指导村（社区）或乡镇（街道）的旅游高职院校区域分布情况

服务指导村（社区）或乡镇（街道）数量（个）	参与服务指导村（社区）或乡镇（街道）的旅游高职院校数量（所）								总量占比（%）
	华东	华中	华北	东北	华南	西南	西北	合计	
0	10	9	3	3	10	2	7	44	28.21
1~5	24	17	11	6	17	5	4	84	53.85
6~10	4	1	1	1	1	1	0	9	5.77
11~20	7	0	0	0	1	1	0	9	5.77
>20	10	0	0	0	0	0	0	10	6.41
合计	55	27	15	10	29	9	11	156	100.00
指导村镇占比（%）	81.82	66.67	80.00	70.00	65.52	77.78	36.36	71.79	—

（3）教师驻村数量。选派教师驻村是旅游职业院校充分利用自身或各类跨界资源优势助力乡村振兴的重要抓手。调查显示，没有派遣教师的旅游高职院校占40.38%；派遣1~4人的占42.95%；5~8人的占13.46%；8人以上的占3.21%，分别是浙江旅游职业学院、江苏旅游职业学院、青岛酒店管理职业技术学院、南京旅游职业学院、惠州城市职业学院等。可见，2022年，超过一半的旅游高职院校派遣了师资赴乡村进行指导，且83.33%的旅游高职院校选派人数小于等于4人（图1-2-3）。

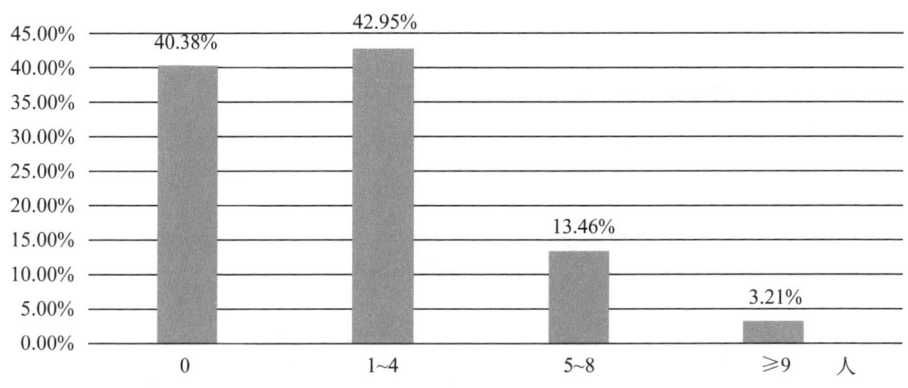

图1-2-3 驻村帮扶指导教师占比分布

从区域分布情况看，有师资驻村帮扶的旅游高职院校中，华东与西南地区占比较高，分别达到该地区总数的72.73%和77.78%，而东北、西北、华北、华南4个地区的旅游高职院校驻村指导的力度相对弱一些，占比均未突破50%，其中东北仅为30%，且院校数量仅有3所，分别是黑龙江旅游职业技术学院、辽宁现代服务职业技术学院、黑龙江农业经济职业学院。总体来看，2022年，有59.62%的旅游高职院校提供派教师驻村服务（表1-2-3）。

表1-2-3 派出驻村帮扶指导教师的旅游高职院校区域分布情况

派出驻村帮扶指导教师数量（人）	派出驻村帮扶指导教师的旅游高职院校数量（所）								总量占比（%）
	华东	华中	华北	东北	华南	西南	西北	合计	
0	15	9	8	7	15	2	7	63	40.38
1~4	23	13	7	2	12	6	4	67	42.95
5~8	13	5	0	1	1	1	0	21	13.46
≥9	4	0	0	0	1	0	0	5	3.21
合计	55	27	15	10	29	9	11	156	100.00
驻村占比（%）	72.73	66.67	46.67	30.00	48.28	77.78	36.36	59.62	—

2. 智力帮扶成果数量

（1）旅游咨询服务数量情况。调查显示，2022年未参与旅游规划、设计、标准等咨询服务的旅游高职院校占23.72%；数量为1~10个的占67.95%；数量为11~20个的占4.49%；数量为21~50个的占3.21%；50个以上的有1个，占0.64%。说明大部分旅游专业大类在为乡村提供规划、设计、标准等社会性咨询服务的数量以1~10个为主，仅有少部分旅游高职院校能够年提供20个以上的规划、设计、标准服务（图1-2-4）。

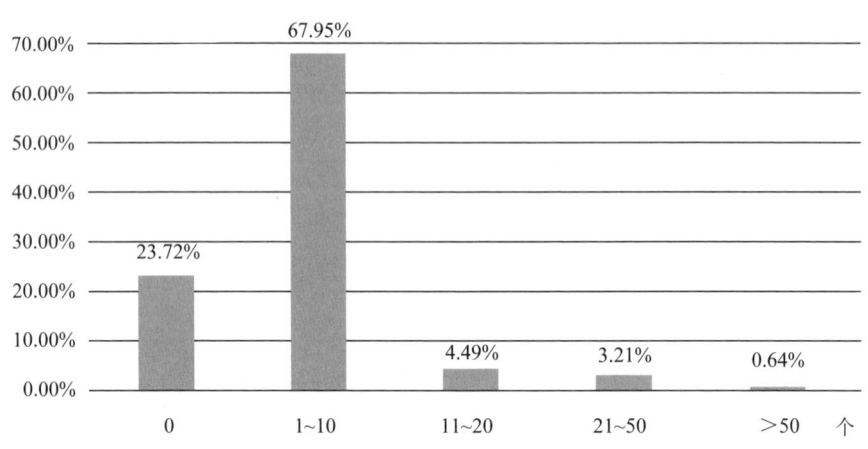

图1-2-4 提供乡村旅游规划、设计、标准等咨询服务数量分布

从地域分布情况看，华东地区开展涉及乡村振兴的旅游规划、设计、标准等咨询服务的旅游高职院校占该地区此类院校总数的83.64%，华南地区为86.21%，占比最高。除西北地区占比仅57.14%外，其他地区占比均高于60%（表1-2-4）。

表1-2-4 提供乡村旅游规划、设计、标准等咨询服务的旅游高职院校区域分布情况

咨询服务数（个）	提供乡村旅游规划、设计、标准等咨询服务的旅游高职院校数量（所）								总量占比（%）
	华东	华中	华北	东北	华南	西南	西北	合计	
0	9	9	4	3	4	2	6	37	23.72
1~10	35	17	8	7	24	7	8	106	67.95
11~20	6	1	0	0	0	0	0	7	4.49
21~50	4	0	0	0	1	0	0	5	3.21
>50	1	0	0	0	0	0	0	1	0.64
合计	55	27	12	10	29	9	14	156	100.00
咨询服务数占比（%）	83.64	66.67	66.67	70.00	86.21	77.78	57.14	76.28	—

（2）研究报告情况。调查结果表明，旅游高职院校在编制旅游有关研究报告的数量上差异十分明显。2022年，没有相关报告的旅游高职院校占比达41.67%，1~10份报告的院校占比达51.92%，11~20份报告的院校有1.92%，21~50份报告的院校占3.85%，超过50份报告的院校占0.64%。总体而言，旅游高职院校研究报告数量以每年10个及以下为主，占比达93.59%（图1-2-5）。

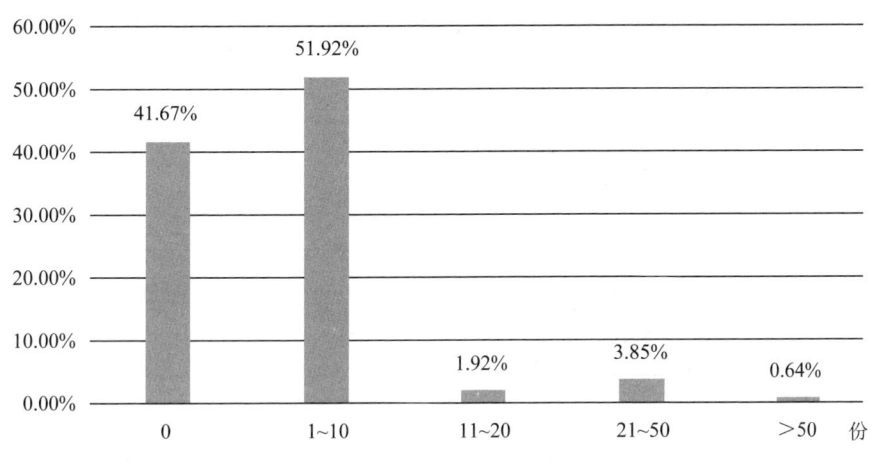

图1-2-5 乡村相关研究报告数分布

从全国看，58.33%的旅游高职院校有相关研究报告，其中，华东地区72.73%的旅游高职院校有相关研究报告；华中、华南地区60%以上旅游高职院校有相关研究报告；西北、东北、华北三地区均只有不到半数的旅游高职院校有相关研究报告，占比最低的西北地区仅为18.18%（表1-2-5）。

表1-2-5 有乡村相关研究报告的旅游高职院校区域分布情况

研究报告（份）	有乡村相关研究报告的旅游高职院校数量（所）								总量占比（%）
	华东	华中	华北	东北	华南	西南	西北	合计	
0	15	10	9	7	11	4	9	65	41.67
1~10	32	15	6	3	18	5	2	81	51.92
11~20	1	2	0	0	0	0	0	3	1.92
21~50	6	0	0	0	0	0	0	6	3.85
>50	1	0	0	0	0	0	0	1	0.64
合计	55	27	15	10	29	9	11	156	100
有研究报告占比（%）	72.73	62.96	40.00	30.00	62.07	55.56	18.18	58.33	—

（3）省部级领导批示情况。旅游高职院校编写的乡村相关研究报告是否得到省部级及以上领导肯定性批示（以下简称批示），是反映其转化价值的重要指标。调查结果表明，2022年，72.44%的旅游高职院校未能得到批示；获得1~2篇批示的占18.59%，3~5篇的占3.84%，6~10篇的占4.49%，10篇以上的占0.64%。获得批示的旅游高职院校仅占27.56%，说明我国大多数旅游高职院校乡村相关研究报告价值转化还有提升空间（图1-2-6）。

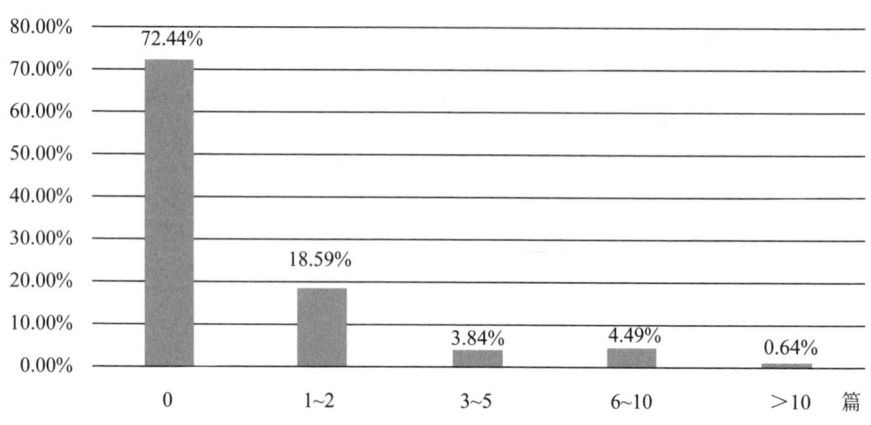

图1-2-6 旅游高职院校乡村相关研究报告获得批示数量分布

全国有27.56%的旅游高职院校相关研究报告获得批示。从区域来看，华东地区占比最高，达到45.45%，而且11所旅游高职院校获批了3篇及以上的资政要报，其成果转化率相对高；占比排在第二、第三位的分别是西南、华南地区，分别有33.33%和24.14%的旅游高职院校获得批示；华北、西北的占比均低于10%（表1-2-6）。

表1-2-6 乡村相关研究报告获得批示的旅游高职院校区域分布情况

获得批示数量（篇）	乡村相关研究报告获得批示的旅游高职院校数量（所）								总量占比（%）
	华东	华中	华北	东北	华南	西南	西北	合计	
0	30	22	14	9	22	6	10	113	72.44
1~2	14	5	1	1	4	3	1	29	18.59
3~5	3	0	0	0	3	0	0	6	3.85
6~10	7	0	0	0	0	0	0	7	4.49
>10	1	0	0	0	0	0	0	1	0.64
合计	55	27	15	10	29	9	11	156	100
批示占比（%）	45.45	18.52	6.67	11.11	24.14	33.33	9.09	27.56	—

（4）旅游智力服务费情况。旅游规划、设计、标准等智力服务的费用是反映社会服务含金量的重要指标。调查显示，2022年，旅游高职院校没有服务乡村振兴的旅游规划、设计、标准等智力服务费的占比37.82%。获得的服务费在1万~50万元的占52.56%，说明大多数旅游高职院校在旅游规划、设计、标准等智力服务方面规模较小，一定程度上表明其社会服务能力还有待提升。获得服务费在51万~100万元的占2.56%；101万~500万元的占5.77%；500万元以上的占1.28%（图1-2-7）。

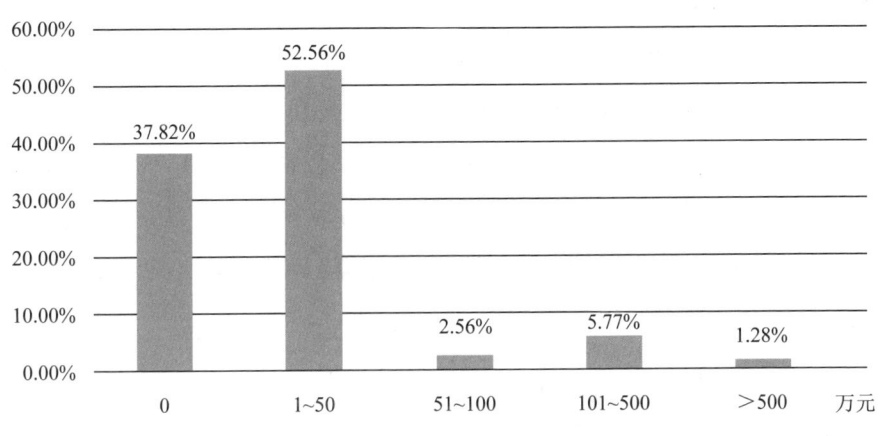

图1-2-7　助力乡村有关智力服务的经费额度分布

全国旅游高职院校有62.18%在助力乡村旅游规划、设计、标准等智力服务中获得一定经费。从区域分布情况看，华东地区共有81.82%的旅游高职院校获得智力服务经费支持，占比全国最高，且21.82%的院校经费在50万元以上。华中地区50万元以上院校占比仅11.11%。西南地区获得经费支持的院校数占比仅次于华东，但支持经费额度并不高，全部为1万~50万元者。其余地区经费支持均超过50万元。可以看出，各地旅游经济发展程度不同，经费支持力度也不一样。华东地区相对而言，旅游业发展程度高，经费支持力度也大一些（表1-2-7）。

表1-2-7　获得助力乡村有关智力服务经费的旅游高职院校区域分布情况

金额（万元）	获得助力乡村有关智力服务经费的旅游高职院校数量（所）								总量占比（%）
	华东	华中	华北	东北	华南	西南	西北	合计	
0	10	11	8	6	11	2	11	59	37.82
1~50	33	13	4	4	18	7	3	82	52.56
51~100	2	2	0	0	0	0	0	4	2.56
101~500	8	1	0	0	0	0	0	9	5.77

续表

金额（万元）	获得助力乡村有关智力服务经费的旅游高职院校数量（所）								总量占比（%）
	华东	华中	华北	东北	华南	西南	西北	合计	
>500	2	0	0	0	0	0	0	2	1.28
合计	55	27	12	10	29	9	14	156	100.00
智力服务额占比（%）	81.82	59.26	33.33	40.00	62.07	77.78	21.43	62.18	—

3. 院校支持情况

（1）院校经费支持情况。调查结果表明，2022年，35.90%的旅游高职院校尚未提供相关费用以支持专业开展助力乡村旅游发展活动；提供5万元及以下经费者占71.8%；提供6万~10万元经费者占10.9%；提供11万~50万元经费者占14.1%；提供50万元以上经费者占3.2%，代表性院校有湖南商务职业技术学院、浙江旅游职业学院、金华职业技术学院、广州华夏职业学院等（图1-2-8）。

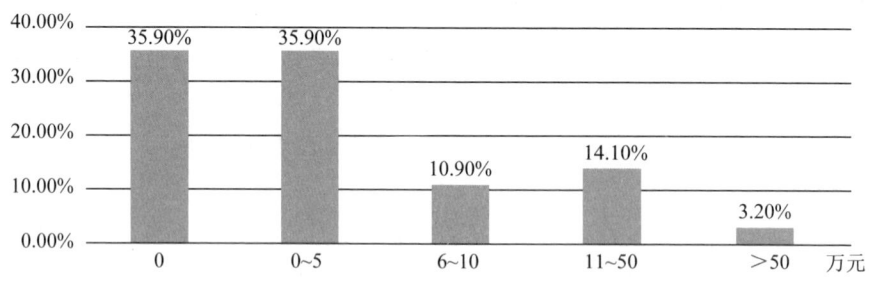

图1-2-8 旅游高职院校支持专业助力乡村旅游发展经费额度分布

全国来看，有64.1%的旅游高职院校有相应经费支持，从区域分布情况来看，华东地区有经费支持者达到76.36%，西南地区则达到88.89%。华北和西北地区则不到50%（表1-2-8）。

表1-2-8 有支持专业助力乡村旅游发展经费的旅游高职院校区域分布情况

经费额度（万元）	有支持专业助力乡村旅游发展经费的旅游高职院校数量（所）								总量占比（%）
	华东	华中	华北	东北	华南	西南	西北	合计	
0	13	9	9	4	13	1	7	56	35.9
1~5	19	11	5	4	8	6	3	56	35.9
6~10	7	2	1	0	4	2	1	17	10.9
11~50	13	4	0	2	3	0	0	22	14.1
>50	3	1	0	0	1	0	0	5	3.21

续表

经费额度（万元）	有支持专业助力乡村旅游发展经费的旅游高职院校数量（所）								总量占比（%）
	华东	华中	华北	东北	华南	西南	西北	合计	
合计	55	27	15	10	29	9	11	156	100.00
有支持经费占比（%）	76.36	66.67	40.00	60.00	55.17	88.89	36.36	64.10	—

（2）院校政策支持情况。调查结果显示，参与调查的156所旅游高职院校中，恰好一半院校出台了促进乡村旅游发展的支持政策，而其余78所旅游高职院校尚未出台或正在筹划相关政策。从区域分布情况看，华东地区出台促进乡村旅游业发展经费支持政策的高职院校占比最高，达到60%（33所），华中、西南、华南也均有半数职业院校出台了相关政策，这在一定程度上有利于毕业生回乡就业创业（表1-2-9）。

表1-2-9　学校促进乡村旅游业发展经费支持政策情况

政策情况	出台促进乡村旅游业发展经费支持政策的旅游高职院校数量（所）								总量占比（%）
	华东	华中	华北	东北	华南	西南	西北	合计	
有	33	15	4	1	15	5	5	78	50.00
没有	15	9	6	7	13	3	4	57	36.54
其他	7	3	5	2	1	1	2	21	13.46
合计	55	27	15	10	29	9	11	156	100.00
有支持政策占比（%）	60.00	55.56	26.67	10.00	51.72	55.56	45.45	50.00	—

（3）相关研究平台建设情况。乡村振兴服务平台的建立有助于旅游高职院校充分发挥自身特色优势，依托旅游业拉动力强、辐射面广的特点，助力乡村旅游高质量发展。调查结果显示，参与调查的156所旅游高职院校中，76所开展了与乡村振兴、共同富裕、乡村旅游相关的研究平台建设，占比达48.72%；其余80所尚未开展与乡村振兴、共同富裕、乡村旅游相关的研究平台建设。从区域分布情况看，华东地区开展与乡村振兴、共同富裕、乡村旅游相关的研究平台建设的院校占比最高，达到67.27%（37所），西南、华南占比次之，分别为55.56%、44.83%。由此可见，华东地区职业院校十分重视建设与乡村振兴、共同富裕、乡村旅游相关的研究平台建设，这对于相关乡村振兴工作推进、研究成果转化乃至标志性成果获取意义重大（表1-2-10）。

表 1-2-10 建设与乡村振兴、共同富裕、乡村旅游相关的研究平台的旅游高职院校区域分布情况

研究平台 建设情况	建设与乡村振兴、共同富裕、乡村旅游相关的研究平台的旅游高职院校数量（所）								总量 占比（%）
	华东	华中	华北	东北	华南	西南	西北	合计	
有	37	11	5	1	13	5	4	76	48.72
没有	15	11	7	7	15	3	6	64	41.03
其他	3	5	3	2	1	1	1	16	10.26
合计	55	27	15	10	29	9	11	156	100
有支持政策 占比（%）	67.27	40.74	33.33	10.00	44.83	55.56	36.36	48.72	—

二、存在问题

通过上述调研分析，编制组发现，旅游职业教育在助力乡村旅游发展方面存在以下方面的问题。

（一）乡村旅游人才培养培训体系难以满足需要

乡村振兴的关键在人。但目前乡村旅游人才培养培训体系还不够完善。

其一，旅游高职院校人才培养难以适应乡村旅游业发展需要。主要体现在以下两个方面。一是相关专业或专业方向开设少。目前高职层次已经开设"民宿管理与运营"专业，但与行业人才需求相比差距较大。高职旅游大类专业有 18 个，中职旅游大类有 9 个，但乡村旅游规划设计、旅游产品开发、乡村旅游营销等都缺乏相关专业方向，相关人才培养明显不足。二是有关乡村振兴的教育内容明显不足。目前，旅游职业院校在始业教育、课程设置、学生实习实训等方面较少涉及乡村旅游发展内容。乡村发展有关国情、省情、乡村旅游发展等行业发展情况相关课程设置不足，学生对城乡差距、区域差距认识不足；院校对学生投身乡村振兴的动员教育不足。随着乡村振兴不断推进，乡村旅游迅速发展，急需旅游职业院校人才培养体系进行完善。

其二，县（市、区）旅游职业院校人才培养难以满足乡村旅游发展需要。县（市、区）对旅游人才需求量大，但其中职学校旅游大类专业招生规模较小，难以满足乡村旅游发展的社会服务和人才培训需要。独立建制旅游中职学校旅游大类专业开设多，招生人数相对多一些。根据《中国旅游中职教育年度报告（2021—2022 年）》的调查数据，独立建制旅游中职学校（全国 99 所）中，招生数在 500

人以上者占20%，200人以下者占50.91%。其他旅游中职学校规模更小。根据2021年浙江省旅游中职学校的调查数据，全省121所旅游中职学校，学生年招生数在100人以下的学校占36.4%，100~200人的学校占37.2%，两者共计73.6%。

目前，大量旅游企业分布在县域和乡村，对旅游人才有强烈的现实需求，却难以吸引旅游职业院校毕业生就业。目前，为本地培养旅游人才的旅游中职学校学生本地就业率一般在30%左右，且流失率普遍比较高。旅游高职学校基本分布在省会城市和地级市，学生毕业后返乡就业比例目前也不高。因而，整体而言，目前旅游人才培养体系难以满足县域和乡村旅游业发展人才需要。

（二）服务乡村旅游发展能力亟待加强

上述调查显示，26.92%的旅游高职院校没有提供常态化乡村旅游服务，28.21%的旅游高职院校没有直接对口帮扶的村（社区）或是乡镇（街道），23.72%的旅游高职院校没有开展过乡村旅游相关规划、设计、标准等的咨询服务等。这说明，整体而言，旅游高职院校服务乡村旅游发展的能力尚难以满足需求。原因有以下两方面。

其一，大部分旅游高职院校的专任教师规模较小。根据"全国职业高等院校人才培养工作状态数据采集与管理平台"统计数据，全国共有909所院校填报旅游大类专业专任教师数量，其中，专任教师中10人及以下的院校占填报数据总数的49.39%，11~20人的占28.93%，21~30人的占10.12%，31人以上的占11.56%。概言之，专任教师规模30人以下的旅游高职院校共计有88.44%。由于专任教师规模小，教学和学生管理任务重，所以对于绝大多数旅游高职院校教师而言，他们都难以兼顾更多的社会服务活动。

其二，旅游高职院校教师旅游行业实践能力不足。当前旅游高职院校大多数专业教师都是从学校毕业后进入学校工作，具备丰富的理论知识，但是乡村旅游从业经验不足，通过创业指导师培训认证的教师数量就更少，创新创业骨干教师和带头人匮乏。教师实践能力不足，是制约旅游高职院校推进乡村旅游产业发展的社会服务的重要因素。

（三）政府部门扶持政策不够完善

1.相关经费支持力度不够

目前，国家非常重视乡村发展，并有专项经费予以支持。2021年，原中央财政专项扶贫资金更名为中央财政衔接推进乡村振兴补助资金，用于支持巩固拓展脱贫攻坚成果同乡村振兴有效衔接工作。为加强资金使用管理，提升资金使用效率，财政部、国家乡村振兴局、国家发展改革委等6部门制定了《中央财政衔接推进乡村振兴补助资金管理办法》，各省也出台了相应配套政策。此外，各省还设立文旅发展专项资金，用于支持省内文旅行业发展。尽管设有各类乡村发展专门经费，但调研发现，旅游高职院校参与乡村旅游发展活动较少受到政府专项经费支持。无论是智力帮扶、人才培训还是其他扶持项目，经费一部分由受援单位按项目支付，如旅游规划、乡村振兴规划等项目，多由参与的旅游高职院校支付。代表性项目，如浙江旅游职业学院2022年暑期开展的"微改造、精提升"项目，每个项目由学校安排0.8万元经费支持，一个团队由两位老师两名学生组成。旅游高职院校并非营利单位，在缺乏外部经费支持的背景下，持续大规模开展促进乡村旅游发展活动的能力受到限制。

2. 乡村旅游就业的薪酬保障机制不够完善

一是目前乡村就业的薪酬待遇相对较低。调查结果显示，目前旅游业一线员工普遍月薪3000元左右，乡村旅游企业薪酬待遇还要略低一些。旅游高职院校实习生月薪2300元左右，旅游中职学校实习生月薪在2000元左右。各地经济发展水平不同，乡村就业薪酬存在一定差异。但总体而言，相对于城市，乡村旅游企业就业薪酬待遇要低一些。二是旅游职业院校毕业生回到乡村就业，还往往会面临子女就学、医疗保障、住房等方面的问题。由于乡村缺乏重点小学、中学，也缺乏优质医疗资源，旅游人才往往因子女就学和就医不得不返回城镇工作。另外，乡村商品房较少，农民往往有宅基地可以建房，而旅游职业院校毕业生如果不是本村户口，则既难以在当地买到商品房，也无法获得宅基地，住房问题一直是一个很大困扰。

三、对策举措

为贯彻落实习近平总书记有关乡村振兴系列讲话精神，根据党中央、国务院等相关文件内容，针对存在问题，现就进一步推动旅游职业教育助力乡村旅游业发展中发挥更大作用，提出一些对策建议，具体如下。

（一）完善助力乡村旅游业发展的人才培养体系

主要以促进"人才共富"为目的，完善旅游人才培养体系。

1. 完善促进乡村旅游人才培养的机制

一是强化有关乡村旅游等方面的专业设置。推动旅游职业院校根据乡村旅游行业发展需要，完善乡村旅游电商等相关专业或专业方向的设置。推动建立和完善根据行业需要设置专业的淘汰机制。二是开发有关乡村发展、乡村旅游基本情况的课程，加强有关乡村发展、乡村旅游发展的国情、省情教育，深化学生对乡村旅游发展的认识。加强旅游职业院校毕业生返乡就业创业的始业教育。三是鼓励优质旅游高职院校与县（市、区）中职合作办学，鼓励优质旅游高职院校在条件合适的县（市、区）举办旅游人才培养和培训的分校。四是鼓励优质旅游高职院校加强通过干部选派、人才培训、优秀教师和专业带头人赴乡村结对旅游中职学校，帮助其提升师资水平。五是开发旅游职业教育"云学堂"平台，推动旅游职业院校建设人才培养和培训的教学资源库，推动优质"云资源"下乡。

2. 加强学生返乡就业创业的激励政策

一是加大旅游类专业学生返乡就业创业的奖励力度。推动旅游职业院校联合地方政府，对于有创业项目的学生根据情况给予一定项目经费支持。二是加强返乡就业创业学生的就业适应性培训，尤其是加强学生返乡旅游业创业培训。三是加强优秀返乡就业创业校友典型的宣传，邀请相关优秀校友返校宣讲。

（二）提升服务乡村旅游发展能力

主要以整合各类资源为特征，加强城乡之间、不同区域之间旅游职业院校对口支援，完善彼此之间的协同机制。

1. 提升旅游职业院校社会服务能力

（1）推动乡村旅游服务活动的常态化。推动旅游职业院校与乡村建立紧密合作关系，鼓励旅游职业院校聚焦乡村文旅行业发展主题，在行业标准编制、行业发展规划制定、政策咨询等方面为乡村旅游业发展提供智力支持。推动旅游职业院校助力乡村旅游发展。主要协助乡村打造地方文化标识，助力打造"乡村博物馆"，开展非遗文化进校园、乡村文化艺人进课堂、乡土文化进课本等活动。针对旅游人才培训和在职人才培养经费支持力度不足的问题，推动各级政府加大经费支持。鼓励各类大型企业捐助经费，支持乡村旅游业人才培养和培训。

（2）鼓励教师下沉乡村驻村、文旅部门挂职。推动旅游职业院校和文旅部门、旅游企业合作，完善教师赴旅游行业企业一线挂职及实践常态化实施机制，推动教师在进行旅游产品设计、旅游项目策划的实践过程中丰富创新能力，推动旅游职业院校教师带领学生走出课堂，深入田间地头，开展劳动实践和技能训练，在帮助学生提升专业技能的同时，也为乡村文旅产业发展积蓄人才，促进乡村人才振兴。

2. 完善旅游职业院校服务乡村旅游的平台建设

联合全国旅游类相关智库，建立旅游类智库，促进乡村振兴协作机制，专注于整合全国旅游相关智库资源，打造旅游业促进乡村振兴智力帮扶平台，整合资源，联合组建专家团队，联合攻关，为旅游业发展提供高质量的智库服务；推动旅游职业院校校企合作建设"共富学院""乡村振兴学院"等乡村振兴平台，强化其支援乡村地区旅游业和旅游职业院校发展的功能。

（三）提高乡村就业吸引力

主要以强化各类基础保障条件为目标，完善各类政府保障政策，以吸引各类旅游人才下乡。

1. 完善子女教育保障体系

加大跨层级跨区域集团化办学力度，创新中小学、幼儿园机构编制管理模式，鼓励跨层级、跨区域组建紧密型教育集团。深化城乡学校互助共同体建设，优化乡村教师支持计划，通过把乡村任教经历作为职称评审的必需条件等措施，增强乡村教师岗位吸引力。分地域、分学科实施"名校名师进乡村"行动，有效提升村镇教育质量和水平。

2. 完善医疗保障体系

推动深化县域医共体建设，持续解决基层医疗人员总量不足、人才流失问题。积极构建"小病"不出乡镇的医疗卫生服务圈。加快推动"智慧医疗"向农村延伸，建立地市统一的互联网诊疗平台，构建起多层次、宽领域、全民覆盖的医疗保障体系，促进优质资源共建共享。

3. 完善住房保障体系

利用集体建设用地建设租赁住房，鼓励城郊镇、中心镇、城郊村等在区位条件好、人口集中度高、市场需求旺盛的区域建设"乡村人才公寓"，并在全镇或周边范围内统一供应、统筹使用，帮助破解乡村旅游人才住房问题。

4. 推进户籍制度改革

在现有"人才积分落户"的政策中，对投身乡村振兴的旅游人才给予积分优惠和落户倾斜，形成良好带动导向。同时，结合集体经济股份制改革等，鼓励探索尝试技术入股等方面的改革，走出一条城乡协同推动"人才下乡"的新路子。

四、典型案例

政校企协紧密合作，赋能乡村振兴发展
——以漳州市文化旅游产业技术分院为例
（漳州职业技术学院　曾咪）

（一）实施背景

党的二十大报告指出，全面推进乡村产业振兴。目前，乡村旅游蓬勃发展，却缺乏专业性人才，高质量旅游服务及经营缺乏创新、文旅融通不深入等问题日渐凸显。高职技术服务平台成为学校补齐科技创新短板、提升技术服务能力、赋能乡村振兴发展的内在要求。针对区域乡村振兴战略需求，漳州职业技术学院发挥国家双高计划校的智力资源优势，联合各部门各组织积极打造不同产业技术服务平台提供技术支撑，充分调动教师、人才、教育智慧纾解乡村旅游发展困惑，充分运用"旅游+""+旅游"融合及催化集成能力，大力推动旅游与农业、文化、休闲康养等协同发展，带动本土文旅经济发展，为乡村振兴助力。

（二）主要做法

1. 政校企协共建战略合作平台

2020年，漳州职业技术学院与漳州市文化和旅游局、漳州市文旅康养集团、漳州市文化旅游产业联盟、漳州市旅游协会、漳州市工艺美术学会共建漳州职业技术学院文化与旅游学院（以下简称文化与旅游学院）。政校企协四方紧密合作，聚焦产业发展需求，陆续在文化与旅游学院内设置漳州市乡村旅游发展研究中心、漳州市文化与旅游发展交流中心、导游服务社会实践中心、漳州工艺美术传习中心、"校中厂"旅游管理实训楼生产性实训基地、职业岗位文明礼仪培训基地等多个平台，全方位支撑技术服务团队助力区域文旅产业经济发展。

文化与旅游学院组建执行委员会作为平台的最高决策机构，负责制定平台发展规划和章程。平台日常由漳州职业技术学院负责，下设办公室，建立一月一会议制度，重大事务各方协商决策，如审定中心年度工作计划、设置技术应用方向及岗位、聘任办公室正副主任和成员、制定年度经费预决算、确定重大研究方向、考核运行绩效和审计并解决文化与旅游学院发展过程中其他重大问题等。平台采用项目负责、指标控制的原则，实行目标量化管理，建立资源共享平台，联盟成员共享技术应用平台、实践基地等，收集、整理和编辑区域旅游文化产业基础数据、资料、信息，建立中心资源库，实现联盟成员创新资源的共享和有效利用。

2. 多元培育乡村旅游人才

文化与旅游学院开展全日制"3+2"联合培养。与漳州第二职业中等学校、南靖第一职业中等学校、东山岛职业中等学校签订联合办学协议书，开展旅游管理（乡村旅游管理方向）、酒店专业（民宿管理方向）"3+2"联合培养，培育"三农"专业人才队伍，为漳州市乡村振兴战略全面实施提供强有力的乡村旅游人才支撑。

依托单位与市旅投旗下漳州宾馆、谷文昌干部学院、官畲风景区及产业联盟旗下漳州康辉旅行社、福建半月山温泉酒店等建立校企协同育人管理机制，先后实施订单班、现代学徒制、二元制等人才培养模式，为文旅企业输送文化创意、动漫设计、文化经纪、营销策划人才等乡村旅游紧缺人才；推进校企之间人员互派互聘，企业师傅到校上课，学校教师到合作企业挂职锻炼和担任科技特派员，促进企业和文化与旅游学院整合互补性资源，发挥各自的优势，加快技术推广应用，协作开展乡村旅游创新创业活动。

3. 乡村旅游从业人员理念与技能培训

聚焦乡村旅游产业发展的各类需求、打造乡村旅游专题培训包，内容包括乡村旅游发展各类政策解读等，建立乡村振兴培训专家库，成立乡村旅游培训工作小组，主动走出去对接，服务各政府企事业，大力开展县乡镇村各类乡村旅游经营与服务人员理念及技能培训，目前已覆盖全省7个市、32个县区，完成近3万人培训。因地制宜实施了"菜单式""订单式""定向式""创业式"等多种培训形式，成为农民文化、实用技能提升的重要载体。

4. 乡村旅游智力帮扶

文化与旅游学院依托平台双高计划高校智库优势，积极开展文旅产业升级与服务创新发展横向课题技术服务活动，承接国家省市三级文旅部门政府企事业文化旅游政策及发展动态研究、文化和旅游资源保护与利用行业调研、文化旅游传播、文旅产品设计、旅游新媒体运营等产业发展智库服务近200项。完成全省11个村的乡村旅游线路规划，17个景区与乡村旅游博物馆导览词的撰写与翻译；16人次省级科技特派员赴11个县开展民宿经营指导，37人次教师参加乡村旅游金牌村、乡村旅游休闲集镇和旅游村评审及验收等工作，为地方政府及各类企事业单位提供问题诊断、政策咨询、策划规划等技术服务。

（三）成效

文化与旅游学院积极发挥文化旅游类专业优势，对接文化旅游产业需求，积极探索产教深融、校企协同育人的人才培养模式改革，通过技术服务平台建设，不仅可以为乡村旅游解决人才问题，也可以为文化旅游类人才提升实践与创新能力搭建平台，有效实现培养旅游人才和社会服务两大功能的契合。文化与旅游学院与合作企业文旅康养集团的校企合作成为全国旅游职业教育示范点，校企合作办学成果荣获全国旅游职业院校教学成果第一名、福建省职业教育教学成果一等奖，影响示范辐射省内外687家旅游职业院校及200多家企业。

第四部分

附 录

图表目录

中国旅游职业教育年度总报告（2021—2022年）图目录

图 3-2-1　一级话题密度指数分布 ································· 7
图 3-2-2　二级话题密度指数分布 ································· 8
图 3-2-3　东北地区话题密度指数 ································· 9
图 3-2-4　华北地区话题密度指数 ································ 10
图 3-2-5　华东地区话题密度指数 ································ 10
图 3-2-6　华南地区话题密度指数 ································ 11
图 3-2-7　华中地区话题密度指数 ································ 11
图 3-2-8　西北地区话题密度指数 ································ 12
图 3-2-9　西南地区话题密度指数 ································ 12
图 3-2-10　港澳台地区话题密度指数 ····························· 12

中国旅游高职教育年度报告（2021—2022年）图目录

图 1-2-1　18个旅游大类专业开设院校数量统计 ···················· 26
图 2-1-1　教师国（境）外学习工作经历不同占比分布 ·············· 31
图 2-1-2　专任教师获市级及以上表彰不同占比分布 ················ 31

中国旅游高职教育年度报告（2021—2022年）表目录

表 1-1-1　各区域旅游高职院校数量分布统计 ······················ 25
表 1-1-2　全国旅游高职院校省域分布统计 ························ 25
表 1-3-1　全国各省域旅游高职院校全日制在校学生数统计 ·········· 27
表 2-1-1　独立建制旅游高职院校课程建设情况汇总（部分） ········ 28
表 2-1-2　独立建制旅游高职院校中央级、省级实训基地汇总（部分） ··· 29

表 2-1-3	旅游高职院校专业师资现状	30
表 2-2-1	主要旅游高职院校省哲社规划课题（旅游类方向）立项数统计	32
表 2-2-2	主要旅游高职院校在旅游类重要期刊发文统计	34
表 2-5-1	全国职业院校技能大赛（旅游大类）获奖情况汇总	40
表 2-6-1	旅游高职院校防控措施及工作典型案例汇总	44
表 2-6-2	旅游高职院校线上教学工作典型案例汇总	45
表 2-6-4	旅游高职院校实习就业工作典型案例汇总	46
表 2-7-1	提质培优行动计划入选超过 2 项的旅游高职院校名单	48
表 3-1-1	"双高"计划中旅游高职院校中期绩效评价等级	49
表 3-1-2	"双高"计划中旅游高职院校 2019—2022 年部分标志性成果汇总	50
表 3-1-3	旅游高职院校入选省级以上"双高"计划典型案例汇总	51
表 3-2-1	旅游高职院校入选国家级课程思政示范课程汇总	53
表 3-3-1	旅游大类高等职业教育专科新旧专业对照	54
表 3-3-2	旅游高职院校入选 2022 年国家在线精品课程名单（典型案例）	56
表 3-4-1	旅游高职院校第七、第八届中国国际"互联网+"大学生创新创业大赛获奖典型案例汇总	58
表 4-1-1	全国部分省、自治区、直辖市"十四五"期间旅游业发展规划	60
表 4-2-1	旅游高职院校助力乡村振兴及赋能共富服务平台汇总	62
表 4-3-1	部分省份高职院校与本科院校"3+2"贯通培养相关指导文件汇总	63

中国旅游中职教育年度报告（2021—2022 年）图目录

图 1-2-1	旅游中职学校各类荣誉占比	67
图 2-1-1	旅游中职学校旅游大类专业开设比例	69
图 2-1-2	旅游大类班级开设不同数量占比	69
图 2-1-3	2022 年不同旅游大类专业新增数量占比	70
图 2-1-4	旅游大类不同专业开设大专班数量占比	70
图 2-1-5	旅游大类不同专业荣誉占比	71
图 2-1-6	专业招生规模不同情况占比	71
图 2-1-7	旅游大类专业招生规模在全校占比不同情况分布	71
图 2-2-1	跨专业选修课数量不同情况占比	72

图 2-2-2　主编旅游大类专业国家规划教材或省级公开出版教材数量不同情况占比 ·· 72
图 2-2-3　校企合作开发教材数量不同情况占比 ······················· 73
图 2-2-4　课程思政精品课程数量不同情况占比 ······················· 73
图 2-2-5　虚拟实验实训教学系统建设不同情况占比 ··················· 73
图 2-2-6　虚拟仿真技术不同应用情况占比 ··························· 74
图 2-2-7　数字化教学资源梳理不同情况占比 ························· 74
图 2-2-8　数字化场馆建设不同情况占比 ····························· 74
图 2-2-9　仿真实训资源不同来源占比 ······························· 75
图 2-2-10　校企合作在线开放资源不同类型占比 ····················· 75
图 2-2-11　学生参与数字化平台学习不同情况占比 ··················· 75
图 2-2-12　数字化平台校外学生参与学习不同频次占比 ··············· 76
图 2-3-1　专任专业教师规模不同情况占比 ··························· 76
图 2-3-2　"双师型"教师占专任专业教师比例不同情况占比 ············· 77
图 2-3-3　旅游行业企业一线兼职教师规模不同情况占比 ··············· 77
图 2-3-4　硕士及以上学位专任专业教师不同比例占比 ················· 77
图 2-3-5　专任专业教师中级职称不同情况占比 ······················· 78
图 2-3-6　专任专业教师高级职称不同情况占比 ······················· 78
图 2-3-7　正高级职称专任专业教师不同数量占比 ····················· 78
图 2-3-8　省级及以上教学名师数量不同情况占比 ····················· 79
图 2-3-9　省级及以上名师工作室数量不同情况占比 ··················· 79
图 2-3-10　行业大师工作室数量不同情况占比 ······················· 79
图 2-3-11　专业教师省级教学能力竞赛中获奖情况 ··················· 80
图 2-3-12　旅游大类专业聘请非遗传承人情况 ······················· 80
图 2-4-1　学生职业证书获取不同情况占比 ··························· 81
图 2-4-2　校内实训基地数量不同情况占比 ··························· 81
图 2-4-3　校企共建实训场馆数量不同情况占比 ······················· 81
图 2-4-4　经营型实训场馆数量不同情况占比 ························· 82
图 2-4-5　校外实训基地数量不同情况占比 ··························· 82
图 2-5-1　省级教学成果奖获奖情况 ································· 83

图 2-5-2 省级及以上教学改革研究项目不同数量的学校占比 …………… 83

图 2-5-3 省部级以上课题立项不同数量的学校占比 …………………… 83

图 2-5-4 获得不同数量专利的学校占比 ………………………………… 84

图 2-5-5 不同数量技术转化项目的学校占比 …………………………… 84

图 2-5-6 省级教学标准建设情况分布 …………………………………… 85

图 2-5-7 省级教学标准建设内容词云图 ………………………………… 85

图 2-5-8 国家级教学标准建设情况分布 ………………………………… 85

图 2-5-9 国家级教学标准建设具体内容词云图 ………………………… 86

图 2-5-10 行业标准建设情况分布 ……………………………………… 86

图 2-5-11 行业标准建设的具体内容词云图 …………………………… 86

图 2-6-1 学生参加创新创业竞赛情况占比 ……………………………… 87

图 2-6-2 毕业生毕业一年收入情况占比 ………………………………… 87

图 2-6-3 毕业生毕业三年收入情况占比 ………………………………… 88

图 2-7-1 社会培训情况占比 ……………………………………………… 88

图 2-7-2 面向村、社（区）开展非学历培训服务情况占比 …………… 88

图 2-7-3 乡村振兴相关旅游规划、政策咨询情况占比 ………………… 89

图 2-7-4 乡村帮扶、支教的教师情况占比 ……………………………… 89

图 2-7-5 面向中小学生开展职业体验活动情况 ………………………… 90

图 2-8-1 中外合作办学项目统计 ………………………………………… 90

中国旅游中职教育年度报告（2021—2022 年）表目录

表 1-1-1 全国旅游中职学校省域分布 …………………………………… 66

表 1-3-1 旅游中职学校专业开设比例汇总 ……………………………… 67

表 1-4-1 旅游中职学校招生情况 ………………………………………… 68

中国本科层次旅游职业教育报告（2021—2022 年）图目录

图 2-1-1 2022 年合作举办本科层次旅游职业教育的院校教师规模统计 ……… 113

图 2-1-2 2022 年合作举办本科层次旅游职业教育的院校教师高级职称比例 … 113

图 2-1-3 2022 年合作举办本科层次旅游职业教育的院校教师博士比例 ……… 114

图 2-2-1 旅游职业本科院校学生规模分布 ……………………………… 116

图 2-2-2　旅游职业本科院校专任教师数量比例 ……………………………………… 116
图 2-2-3　旅游职业本科院校产教融合型企业数量分布 ……………………………… 117

中国本科层次旅游职业教育报告（2021—2022年）表目录

表 2-1-1　2022年主要专本合办本科层次旅游职业教育专业汇总 ………………… 107
表 2-1-2　2022年"4+0"主要专本合作本科层次旅游职业教育专业汇总 ……… 111
表 2-1-3　2022年主要合作举办本科层次旅游职业院校招生情况汇总 …………… 111
表 2-2-1　开设旅游管理专业的职业本科院校情况 …………………………………… 115
表 2-2-2　开设酒店管理专业的职业本科院校情况 …………………………………… 115
表 2-2-3　开设旅游规划与设计专业的职业本科院校情况 …………………………… 115

中国旅游高职教育"三教"改革报告（2021—2022年）图目录

图 2-1-1　各地区"三教"改革相关国家级重大成果（教师类）统计 …………… 134
图 2-2-1　各地区"三教"改革相关国家级重大成果（教材类）统计 …………… 135
图 2-3-1　各地区"三教"改革相关国家级重大成果（教法类）统计 …………… 137
图 3-1-1　2022年旅游大类专业教师高级职称占比分布 …………………………… 138
图 3-1-2　2022年旅游大类专业教师硕士及以上学位占比分布 …………………… 138
图 3-1-3　教师对学校高层次科研人才引进政策的评价占比分布 ………………… 138
图 3-1-4　教师对学校人才引进成效的评价占比分布 ……………………………… 139
图 3-1-5　教师对学校教师培训支持力度的评价占比分布 ………………………… 139
图 3-2-1　旅游大类专业教师中"双师型"教师占比分布 ………………………… 140
图 3-2-2　行业/企业兼职导师占专任教师比例分布 ………………………………… 140
图 3-2-3　专任教师具有行业企业一线岗位实践经历占比分布 …………………… 141
图 3-2-4　专任教师高级职业资格（技能等级）占比分布 ………………………… 141
图 3-2-5　专任教师获市级及以上技能类人才称号或荣誉人次比例分布 ………… 142
图 3-3-1　专任教师对学校考核评价制度满意度占比分布 ………………………… 142
图 3-3-2　专任教师对学校教师发展晋升体系的满意度占比分布 ………………… 143
图 3-4-1　具有省级及以上教学创新团队的旅游高职院校（专业）分布 ………… 144
图 3-4-2　专任教师对学校教学团队建设成效的满意度分布 ……………………… 144

图 4-1-1　旅游高职院校对教材编写的激励政策效果……………………………145

图 4-2-1　2022 年度旅游高职院校校企合作开发教材情况…………………………146

图 4-3-1　北京智启蓝墨信息技术有限公司出版的《中式面点基础》教材
示例……………………………………………………………………………147

图 4-3-2　院校开展教师数字化能力培训的满意度情况……………………………148

图 5-1-1　院校课堂教学质量评价活动开展情况……………………………………148

图 5-2-1　各院校代表性专业人才培养方案中实践学时的分布情况………………149

图 5-2-2　院校开展实训教学的学期分布情况………………………………………150

图 6-2-1　用人单位对 2021 届毕业生的各项能力满意度情况……………………152

图 6-2-2　企业对旅游高职院校人才培养的建议……………………………………152

图 8-1-1　团队协作的"教练式"项目教学模式运行流程…………………………161

中国旅游高职教育"三教"改革报告（2021—2022 年）表目录

表 1-1-1　旅游职业教育"三教"改革的综合类政策文件…………………………127

表 1-1-2　部省共建职教创新发展高地建设方案……………………………………128

表 1-1-3　省级政府发布的职业教育高质量发展政策文件…………………………129

表 1-2-1　旅游职业教育"三教"改革的专项类政策文件…………………………130

表 2-1-1　"三教"改革相关国家级重大成果项目清单……………………………132

表 2-1-2　独立建制的旅游高职院校"三教"改革相关国家级重大成果排行……133

表 2-1-3　非独立建制的旅游高职院校"三教"改革相关国家级重大成果
排行……………………………………………………………………………133

表 2-1-4　"三教"改革相关国家级重大成果（教师类）院校排行………………134

表 2-2-1　"三教"改革相关国家级重大成果（教材类）院校排行………………135

表 2-3-1　"三教"改革相关国家级重大成果（教法类）院校排行………………136

表 6-1-1　2021 年旅游大类专业获国家级课程思政重大成果情况…………………151

表 6-3-1　2021 年部分"全国优秀教材（职业教育或继续教育类）"获奖
情况……………………………………………………………………………153

表 6-3-2　入选国家级教学资源库的旅游大类专业教学资源库……………………154

表 6-3-3　国家级示范性虚拟仿真实训基地培育项目（旅游大类）………………154

中国旅游职业教育产教融合发展报告（2021—2022 年）
图目录

图号	标题	页码
图 2-1-1	有关产教融合政策旅游企业受惠不同项目占比	165
图 2-1-2	有关产教融合政策旅游企业受惠不同额度占比	165
图 2-2-1	第二层次产教融合育人不同活动占比	166
图 2-2-2	产业学院数量分布情况占比	166
图 2-2-3	采用学徒制的旅游高职院校（专业）分布情况	167
图 2-2-4	院校学徒制人数规模不同情况占比	167
图 2-2-5	订单班人数规模不同情况占比	168
图 2-2-6	旅游高职院校校企合作开发教材不同情况占比	168
图 2-2-7	校企合作培养教师不同情况占比	169
图 2-3-1	旅游职业院校产教融合常态化机制建设不同情况占比	169
图 2-3-2	旅游职业院校教师下企业实践锻炼保障政策不同情况占比	170
图 2-3-3	旅游职业院校实践课时要求落实不同情况占比	170
图 2-3-4	旅游职业院校教学管理制度对产教融合是否支持的不同情况占比	171
图 2-3-5	旅游职业院校治理结构对产教融合是否支持的不同情况占比	171
图 2-3-6	旅游职业院校非正式制度对产教融合是否支持的不同情况占比	172
图 2-4-1	旅游企业产教融合经费不同情况占比	172
图 2-4-2	合作旅游企业投入教学设施建设经费不同情况占比	173
图 2-4-3	旅游企业参与产教融合收益的不同情况占比	173
图 2-4-4	参与产教融合项目学生留下实习的不同情况占比	174
图 2-4-5	参与产教融合项目学生留下就业的不同情况占比	174
图 2-4-6	参与产教融合项目成本收益不同情况占比	174
图 2-5-1	旅游企业对参与产教融合项目满意度情况占比	175
图 2-5-2	旅游职业院校对"引企入教"成效评价不同情况占比	175
图 2-6-1	旅游企业对于产教融合政策内容期待的不同情况占比	176
图 2-6-2	旅游企业对学校产教融合行为期待的不同情况占比	176
图 2-6-3	旅游企业对未来参与产教融合的意愿不同情况占比	177
图 2-6-4	成本高于收益情况下旅游企业参与产教融合的意愿不同情况占比	177
图 2-6-5	旅游企业未来参与产教融合经费投入预期情况占比	177

图 6-1-1	集团化办学共育乡村旅游人才实施路线	193
图 6-2-1	职教集团合作育人生态圈	193
图 6-2-2	旅游职教集团校企"双主体"体制下的"一体两翼"治理结构	194

中国旅游职业教育产教融合发展报告（2021—2022年）表目录

表 3-1-1	全国职业院校旅游类特色产业学院	178
表 3-2-1	第一批示范性职业教育集团（联盟）培育单位中旅游职教集团名单	182
表 3-2-2	第二批示范性职业教育集团（联盟）培育单位中旅游职教集团名单	182
表 3-2-3	全国旅游职教集团特色亮点	183
表 3-3-1	全国旅游高职院校实训基地建设的特色亮点	184

中国旅游高职院校数字化转型发展报告（2021—2022年）图目录

图 2-1-1	成立数字化转型（网络安全与信息化）工作领导小组情况	197
图 2-1-2	数字化转型工作领导小组组长职位情况	198
图 2-1-3	数字化转型中长期规划编制情况	198
图 2-1-4	数字化转型年度工作方案编制情况	198
图 2-1-5	数字化转型规划设计牵头部门分布情况	199
图 2-1-6	负责数字化转型（智慧校园）建设工作的独立设置机构级别情况	199
图 2-1-7	数字化建设专项经费和日常运维经费保障情况	199
图 2-1-8	面向中层以上干部开展数字化转型专家讲座情况	200
图 2-2-1	有线网络和无线网络部署情况	200
图 2-2-2	院校多媒体教室占比情况	201
图 2-2-3	院校智慧教室占比情况	201
图 2-2-4	统一身份认证实现情况	202
图 2-2-5	信息门户功能实现情况	202
图 2-2-6	数据中心（中枢）建设情况	203

图 2-3-1　网络教学平台建设与师生教学活动开展情况 203
图 2-3-2　教师熟练运用数字技术进行课堂教学与在线直播情况 204
图 2-3-3　制定数字化教学专项考评激励机制情况 204
图 2-3-4　虚拟仿真资源在教学实验实训中的应用方式 205
图 2-4-1　学校主要业务管理系统建设情况 205
图 2-4-2　掌上办事覆盖率百分比情况 206
图 2-4-3　校园安防监控功能实现情况 207
图 2-4-4　节能管控覆盖情况 207
图 2-4-5　能耗管控中心建设情况 208
图 2-4-6　数据治理开展情况 208
图 2-4-7　建成数据看板（驾驶舱）情况 209
图 2-4-8　当前校务治理数字化转型的重点工作 209
图 2-4-9　影响当前数字化转型工作开展的主要困难 210
图 2-5-1　网络安全管理措施 210
图 2-5-2　网络安全设备配置情况 211
图 2-6-1　全国旅游高职院校数字化转型发展雷达图 211

中国旅游职业教育助力乡村振兴发展报告（2021—2022年）图目录

图 1-1-1　高职院校对口培训乡村旅游教师占比分布 228
图 1-1-2　面向乡村非学历培训数量分布 229
图 1-2-1　旅游高职院校开展常态化乡村旅游服务活动次数分布 231
图 1-2-2　服务指导村（社区）或乡镇（街道）旅游高职院校数量占比 232
图 1-2-3　驻村帮扶指导教师占比分布 233
图 1-2-4　提供乡村旅游规划、设计、标准等咨询服务数量分布 234
图 1-2-5　乡村相关研究报告数分布 235
图 1-2-6　旅游高职院校乡村相关研究报告获得批示数量分布 236
图 1-2-7　助力乡村有关智力服务的经费额度分布 237
图 1-2-8　旅游高职院校支持专业助力乡村旅游发展经费额度分布 238

中国旅游职业教育助力乡村振兴发展报告（2021—2022年）表目录

表 1-1-1	旅游高职院校中职生源不同比例分布情况	227
表 1-1-2	出台毕业生返乡就业补贴政策的旅游高职院校区域分布情况	227
表 1-1-3	旅游高职院校毕业生初次就业县域工作的比例分布情况	228
表 1-1-4	旅游高职院校对口培训乡村旅游中职学校教师区域分布情况	229
表 1-1-5	面向乡村非学历培训的旅游高职院校区域分布情况	230
表 1-2-1	开展常态化乡村旅游服务活动的旅游高职院校区域分布情况	231
表 1-2-2	参与服务指导村（社区）或乡镇（街道）的旅游高职院校区域分布情况	232
表 1-2-3	派出驻村帮扶指导教师的旅游高职院校区域分布情况	233
表 1-2-4	提供乡村旅游规划、设计、标准等咨询服务的旅游高职院校区域分布情况	234
表 1-2-5	有乡村相关研究报告的旅游高职院校区域分布情况	235
表 1-2-6	乡村相关研究报告获得批示的旅游高职院校区域分布情况	236
表 1-2-7	获得助力乡村有关智力服务经费的旅游高职院校区域分布情况	237
表 1-2-8	有支持专业助力乡村旅游发展经费的旅游高职院校区域分布情况	238
表 1-2-9	学校促进乡村旅游业发展经费支持政策情况	239
表 1-2-10	建设与乡村振兴、共同富裕、乡村旅游相关的研究平台的旅游高职院校区域分布情况	240